·杭州·

杭州城市建设运行保障创新实践

宋鸣东　沈伟东　余建民　主编

浙江工商大学出版社
ZHEJIANG GONGSHANG UNIVERSITY PRESS
·杭州·

图书在版编目(CIP)数据

杭州城市建设运行保障创新实践 / 宋鸣东，沈伟东，余建民主编. — 杭州：浙江工商大学出版社，2024.4

ISBN 978-7-5178-5900-0

Ⅰ. ①杭… Ⅱ. ①宋… ②沈… ③余… Ⅲ. ①城市建设—研究—杭州 Ⅳ. ①F299.275.51

中国国家版本馆 CIP 数据核字(2024)第 021534 号

杭州城市建设运行保障创新实践

HANGZHOU CHENGSHI JIANSHE YUNXING BAOZHANG CHUANGXIN SHIJIAN

宋鸣东　沈伟东　余建民　主编

责任编辑	唐　红	
责任校对	沈黎鹏	
封面设计	朱嘉怡	
责任印制	包建辉	
出版发行	浙江工商大学出版社	
	(杭州市教工路 198 号　邮政编码 310012)	
	(E-mail:zjgsupress@163.com)	
	(网址:http://www.zjgsupress.com)	
	电话:0571 - 88904980,88831806(传真)	
排　　版	杭州朝曦图文设计有限公司	
印　　刷	杭州高腾印务有限公司	
开　　本	710 mm×1000 mm　1/16	
印　　张	20.5	
字　　数	335 千	
版 印 次	2024 年 4 月第 1 版　2024 年 4 月第 1 次印刷	
书　　号	ISBN 978-7-5178-5900-0	
定　　价	65.00 元	

编辑委员会

主任

杨铁定　王宇焕　沈卓恒　王益坚

副主任

张　平　顾　靖　周静增　李　亚　胡　卫
虞将苗　王　欢　翁大庆　李　洵　江春威
沈建良　冯其栋　陈　建

主编

宋鸣东　沈伟东　余建民

编辑委员会委员及撰稿人

序 言

城市基础设施是城市赖以生存和发展的基石,对于保障城市运转和城乡百姓生活起着至关重要的作用。近年来,杭州城市基础设施建设不断迈上新台阶,有效提升了城市能级,拉大了城市空间结构,一个现代化国际大都市正跃然眼前。

本书以此为背景,整理了城市基础设施建设运行管理和工程技术应用等两大板块的内容,并将其分为上、下两篇,上篇为城市建设运行管理,下篇为城市建设工程技术,内容涉及城镇污水处理设施建设、地下空间开发、城市河道综合保护治理、排水管网建设、在建工地内涝防治、绿道品质建设等。本书的编写一方面是为了宣传推广城市建设的新技术、新产品、新工艺,另一方面是帮助业内同行了解本领域内有关工程建设运行管理的一些新做法和成功经验,便于他们在各自工作岗位上学习借鉴,不断提升工作技能。

如在城市建设运行管理方面,建设工程管理以工地实名制、远程可视化和在线监测为重点打造覆盖"政府、企业、项目"三级的"智慧工地"建设管理服务体系,整合工地监管信息平台,有效保障了生产安全和施工文明;推进全省工程建设数字化管理平台试点工作,开发上线了工程建设数字化"1369"管理体系。数字化行业监管以"最多跑一次"改革为突破口,从流程再造、联审联办、"互联网+政务服务"等多个维度创新工作方式,上线了"杭州市工程建设项目全流程审批系统",基本实现"全国领先、全省示范"目标,形成可复制、可推广的"杭州经验"。建设项目审批从数月、数日到数小时、数分钟,施工许可证办理实现小时制,联合竣工验收时间缩减70%以上。建筑市场监管部门出台实施招投标管理"一盘棋"政策,打造了"电子化招投标管理系统",该系统集合了电子招投标、远程异地评标、招投标大数据分析等服务功能。

地下设施建设以"规划先行、交通优先、防灾同步、重点突出、开发适度"为理

念,打造"一城五轴、三主八副、十一片"空间结构,建立专项规划—分区规划—城市设计—建设项目选址论证报告的地下空间规划四级体系,并以轨道交通线网为骨架,以公共中心等区域为重点,推动地下空间总体格局的形成,重点推进"地下轨道网、地下道路网、综合管廊网"三网融合。

同时,整合地下轨道、综合管廊、市政场站、物流设施、基础服务设施、防灾安全设施、环境卫生设施、雨洪调蓄设施等"八大系统",实现"宏观定方向、中观定指标、微观塑形态"的管控目标。建筑领域碳达峰行动从统筹经济增长、能源安全、碳排放、居民生活四个维度,并在减少建筑能耗和优化建筑功能结构两个方面,重点围绕标准提升、绿色建造、可再生能源应用、既有公共建筑能效提升、绿色生活等五大领域确定行动任务。

推动老旧小区综合改造提升,将小区智慧安防改造、智慧管理等作为改造重点内容。创建"一区一品"未来社区,并根据未来社区创建指标体系和未来社区数字化建设指引,将物联引擎、空间数据资产、社区数据仓、数字社会等数字基建落实到配套设施布局中。推动农房建设智慧管家系统迭代升级,打造独具农村风貌的景观带和精品村,落实农村工匠在线评价机制,建造"放心的房",打造宜居宜业农房建设全国样板。

在工程技术方面,如参照省级技术标准体系,梳理现有社区边界范围、面积规模、人口数量、结构和空间分布,以及社区建设年代和建筑质量等基础信息,全面摸清教育、医疗、文体、养老、托幼等各类公共服务设施建设情况,着重对存量空间资源进行梳理,查找设施短板,明确核心需求,合理确定城镇社区公共服务基本单元,制定推进未来社区建设的总体规划。

开展智慧灯杆试点改造工作;建造住宅小区电动自行车充电场所;在隧道建设工程中当盾构机穿越铁路、桥梁、大运河、牌楼、古石塔等文物古迹施工时,要以确保沿线文物古迹安全、避免损伤为主要目标,遵循安全、精确、快速的原则。

本书在编写过程中,得到杭州市市政行业协会、杭州市城乡建设设计院股份有限公司、浙江西城工程设计有限公司、浙江明康工程咨询有限公司、杭州热电集团股份有限公司、浙旅湛景置业有限公司、杭州钱南原水有限公司、杭州市市政工程集团有限公司、杭州市路桥集团股份有限公司、上海城建市政工程（集团）有限公司、浙江省长三角城市基础设施科学研究院、中铁二十四局集团浙江工程有限公司、杭州萧宏建设环境集团有限公司、浙江国丰集团有限公司、浙江绿投投资管理有限公司、杭州水电建筑集团有限公司、华运通达科技集团有限公司、浙安数智（杭州）企业管理咨询有限公司、浙江景迈环境科技有限公司、杭州英玛海绵城市科技有限公司等单位的大力支持，在此，一并表示感谢！希望本书出版后，能进一步促进同行间的沟通交流，推动城市建设高质量发展。

因编者学识经验浅薄，不足之处，望读者见谅。

编者

2023 年 9 月

目 录

上篇 城市建设运行管理

地下空间规划管理体系建设浅析 …………………………………………… 003

城市道路内涝治理成效浅析 ………………………………………………… 006

构建现代化水务大格局 ……………………………………………………… 008

建筑领域碳达峰、碳中和行动 ……………………………………………… 011

工程建设招投标市场持续健康发展 ………………………………………… 014

起重机械设备安全管理创新 ………………………………………………… 016

构筑公共场所设施防火"安全屏障" ……………………………………… 018

迎亚运快速路、地铁重建道路工程品质提升 ……………………………… 020

老旧房屋安全监测监管 ……………………………………………………… 022

未来社区创建和老旧小区改造 ……………………………………………… 024

打造绿道品质建设新局面 …………………………………………………… 027

地下绿色智能技术应用 ……………………………………………………… 030

老旧小区综合整治模式 ……………………………………………………… 033

助力未来社区数字基础设施落地 …………………………………………… 035

高质量推进老旧小区改造 …………………………………………………… 038

加强地下空间管控和商业化利用 …………………………………………… 041

崇杭街跨区拓宽实施"北建"战略——拱墅区段拓宽设计方案研究 …………… 046

再生水资源集约化利用 …………………………………………………………… 050

推进高品质绿色农房建设 ………………………………………………………… 052

杭州市临平区"内涝及水环境数智治理"应用 ………………………………… 054

下篇　城市建设工程技术

5G 路灯杆站建设 ………………………………………………………………… 061

住宅小区电动自行车充电场所建造技术 ………………………………………… 064

便民工程建设简讯 ………………………………………………………………… 068

下穿道路工程深基坑渗漏水处置实例 …………………………………………… 073

之江路输水管廊及道路提升工程前期调查与技术措施研究 …………………… 077

沥青路面机械作业智能管控模式 ………………………………………………… 090

城镇道路建设与品质提升研究 …………………………………………………… 094

穿越文物群隧道施工防护指南 …………………………………………………… 102

浅议公交场站建设标准 …………………………………………………………… 110

下穿高铁低净空架梁施工实践 …………………………………………………… 117

建设工程危险源、隐患及风险异同关系的分析 ………………………………… 127

城市排水管网有限空间维护作业安全措施 ……………………………………… 131

环北明挖段跨地铁 1 号线、3 号线施工安全方案研究 ………………………… 135

临江危险废物填埋场工程关键技术及场地防渗成效评估 ……………………… 149

杭州市上城区"迎亚运"窗口道路交通设施整治提升 ………………………… 167

临安城乡供水现状及双林中途加压泵站设计实例 ……………………………… 186

高韧超薄磨耗层在城市道路改造中的应用 …………………………… 204

预制拼装高架桥梁设计施工技术要点 ………………………………… 214

排水管道非开挖整体及点状原位固化内衬修复技术应用 …………… 221

分布式光纤传感技术在沥青路面养护中应用探索 …………………… 227

凯旋路（六期）建设工程提档设计 …………………………………… 241

浅谈市政供排水设施数字化建设 ……………………………………… 251

"迎亚运"项目北支江北岸综合整治工程设计要点综述 ……………… 259

隧道下穿既有高架桥梁变形控制研究 ………………………………… 266

窨井盖周边沥青预加热调平处置工艺在城市道路中的应用 ………… 274

江底隧道修复工程高压气举反循环清淤技术应用 …………………… 282

金联热电烟气余热回收项目建设评价 ………………………………… 291

降低热网蒸汽输送管道管损率研究 …………………………………… 298

无机物透水混凝土路面（砖）性能及施工要点 ……………………… 304

上篇 城市建设运行管理

地下空间规划管理体系建设浅析

为适应新时代城市发展需求,抢抓城市建设的历史机遇,杭州坚持"规划先行、交通优先、防灾同步、重点突出、开发适度"的地下空间开发理念,形成"一城五轴、三主八副、十一片"的重点开发利用布局结构,地下城雏形初现。截至 2021 年底,地下空间开发总量已突破 1 亿平方米。根据《2021 中国城市地下空间发展蓝皮书》,杭州地下空间发展综合实力位居全国第四,治理体系和建设指标位居全国第一。

一、统筹地上地下规划布局

遵循综合开发、合理利用、安全环保、公共利益优先、地下与地上相协调的原则,《杭州市地下空间开发利用专项规划(2021—2035 年)》建立了专项规划—分区规划—城市设计—建设项目选址论证报告的地下空间规划四级体系,形成了以轨道交通线网为骨架、以公共中心等区域为重要节点的地下空间总体格局,并重点推进"地下轨道网、地下道路网、综合管廊网"三网融合。

同时,整合地下轨道、综合管廊、市政场站、物流设施、基础服务设施、防灾安全设施、环境卫生设施、雨洪调蓄设施等"八大系统",实现"宏观定方向,中观定指标,微观塑形态"这一管控目标。

二、制定地下空间法规及制度

《杭州市地下空间开发利用管理办法》《杭州市地下空间开发利用管理实施办法》等法规,明确了地下空间开发涉及的规划管理、用地管理、建设管理、产权登记、使用管理等方面内容,为地下空间高效开发利用、科学管理提供了有力的法律支撑。为规范地下公共连通空间的设计和建设管理,杭州市建委发布了《杭州市重点

区域地下公共连通空间设计导则(试行)》;为完善地下空间不动产登记和建设用地使用权三维登记制度,探索地下空间数字化确权登记,杭州市规划和自然资源局印发了《杭州市不动产登记操作规范(试行)》,从规划编制、土地出让(划拨)、建筑设计和施工批准、房屋销售等环节,明确地下空间使用权利归属界定的路径和方法。

三、建立地下市政基础设施综合管理信息平台

2021年杭州被列入浙江省城市地下市政基础设施建设试点城市名单。根据试点城市实施方案要求,杭州市规划和自然资源局(以下简称市规资局)开展了地下管线管廊、地下通道、地下公共停车场、人防工程等设施的产权归属、功能属性、建设年代、结构形式、地理信息、运行安全状况等信息的详细普查。

杭州市建委建立了地下市政基础设施综合管理信息系统。该系统导入了市规资局地下设施普查成果和市城管局隐患排查成果,形成地下市政基础设施"家底一张图"和"隐患一张图",并与城市信息模型(CIM)深度融合。由此,可依申请、按权限适度对外开放地下市政基础设施信息,提供查询服务,可定期进行城建档案系统内的数据核查,提高地下市政基础设施产权单位存量资料的汇缴率和准确率。

四、创新地下市政基础设施技术管理

通过推广地下市政基础设施数字化感知技术、地下管廊分类及应用技术,优化重点区域地下公共连通空间设计,建立了地下市政基础设施管理信息及管廊管控应用平台,并依据相关平台基础信息,实现了对地下市政设施设计技术的管理。同时,按地下管线工程施工许可验收备案办理和城市废弃地下管线处置工作方案的要求,动态更新地下管线政策管理,并依据城市地下市政基础设施运行安全风险评价,确保地下市政基础设施安全。

五、实施地下空间设施隐患智防监控

目前,在全市109.5平方千米试点区域内,已通过地下隐患智防系统监测分析

及时处置高、中风险点,完成近 2.8 万次闭环处置。

通过"一库、一图、一模型、一平台、一体系"的"五个一"建设,实现城市地质三维可视化、数据集成应用体系化,为地质安全、城市运行安全提供保障。目前已采集主城区约 700 平方千米已建工程项目的地质数据,并对采集的数据进行了地质分层处理与归集,搭建了城市三维地质模型,编制了城市地质风险"一张图"。

人防工程数字化维护管理平台采用物联感知系统布点和智能预警,对人防工程内的温湿度、有毒有害气体、风机运行状态、警报音响发放、人防门启闭状态等指标参数进行动态采集和预警,2021 年完成人防工程的布点建设,2022 年完成亚运村的试点建设。同时,将早期人防工程和公用人防工程的安全隐患排查工作,纳入地下隐患智防系统统一管理。

城市道路内涝治理成效浅析

2022 年前,杭州市基本消除重点易涝区域。预期到 2025 年,全市建立完善的城市内涝治理工程体系,基本消除严重内涝灾害现象。

一、内涝治理总体情况

2021 年,杭州成立市内涝治理工作专班,按"完善工作体系、突出规划引领、加快提标改造、加强长效监管"等要求,根据实际编制城区内涝治理系统化实施总体方案,针对重点区域、突出问题,完成多项内涝治理任务。今后一个时期,杭州市还将结合地块区域开发、老旧小区改造、海绵城市建设、城市河道综合保护治理、排水管网建设、在建工地内涝防治等方面工作进行整治,不断提升城市排水防涝能力。

二、对策措施

(一)从长远考虑加强地下排水管网建设

自 2016 年起,杭州全面启动全域海绵城市建设计划,所有建设项目均落实海绵城市建设要求,"十三五"期间共完成海绵城市建设项目 699 项,达标区域 156 平方千米,2021 年杭州市成为全国首批系统化全域推进海绵城市建设示范城市。首先,发布《杭州市排水(雨水)防涝综合规划(修编)》,明确全市域范围内涝治理目标和原则,评估内涝防治能力,对竖向管控、雨水源头控制、雨水管网系统、排涝除险等进行规划。

其次,重点加强随路排水管网建设,累计新建雨水管网 960 千米。实施艮山东路管廊雨水舱试点工程,收集高架雨水进行储存、回用。

（二）新室外排水设计标准应用

根据《室外排水设计标准》（GB 50014—2021）和《城镇内涝防治技术标准》（DB 33/T 1109—2020）要求，杭州市中心城区的雨水管渠设计重现期为3～5年，非中心城区为2～3年，中心城区重要地区为5～10年，下穿立交、隧（地）道和下沉广场等为30～50年。新标准发布以来，主管单位举办培训，进行设计审查，严格要求相关单位按现标准设计排水管网的重现期，在条件允许情况下按照规范上限取值。

（三）建立联合抽检机制

针对新建市政道路施工的过程质量监管，杭州市建委邀请城管部门提前介入，并建立联合抽检机制。建设单位在报请质量监督机构节点抽检时，也报请城市管理部门参加。监督机构和城管部门共同选取质量监督抽检的点位和路段，实施监督检测并分别派专员参加检测，从严把控城市道路竣工验收工作，杜绝路面积水。

（四）整治内涝路段

结合历年积水情况，推进易积水点治理，目前大多已完成整改，个别正在整改或计划结合地铁、道路整治等项目整改，现均已落实了应急处置方案。同时，制订雨水口标化改造三年行动计划，重点对亚运通勤道路、比赛场馆、训练馆、宾馆周边低标雨水口实施标化改造，2022年已完成雨水口改造6000多个。

三、相关工作措施

杭州市内涝专班牵头，形成市区合力、部门协作机制，统筹协调规划项目建设、小流域治理、管养维护、应急处置等内涝治理工作，开展河道综保工程、海绵城市建设、老旧小区改造、在建工地内涝防治工作等，提升城市内涝治理能力。

对市政项目全过程把关，对排水设计进行审查，施工阶段督促建设单位按设计图纸施工，不得随意变更管位、标高等，确保新建市政项目满足内涝设计要求。对下穿桥隧、地下空间的内涝防治设施等重点风险部位进行专项检查及通报，落实查漏补缺措施；按照标准规范要求，落实排水管网清疏、河道清淤、道路积水处置等工作。

构建现代化水务大格局

一、水务一体化改革步骤

1. 出台指导性政策

根据杭州市委、市政府的部署,2020 年杭州市政府出台了改革指导性文件《关于推进杭州市水务一体化改革的实施意见》,并发布《关于杭州市区水务一体化改革方案的批复》《关于桐庐县、淳安县、建德市水务一体化改革方案的批复》,明确了市区及三县(市)水务一体化具体改革方案。

2. 推进市区水务一体化

2019 年 12 月,杭州市水务集团和滨江区政府合资挂牌成立杭州滨江水务有限公司,为水务一体化改革迈出坚实的第一步。至 2020 年 9 月,临安、富阳、余杭、萧山分别成立合资公司,签订合作框架协议,市区水务一体化改革取得阶段性成果。2021 年 4 月,富阳、临安两区相继完成水务合资公司工商变更和登记注册。自滨江、富阳、临安的合资公司实现实质性运转以来,各区应急保障能力得到提高,服务运营水平得到提升,水务工程建设得到保障,改革由点及面实现互利共赢,一体化改革成效显著。

3. 推进三县(市)水务一体化

根据三县(市)改革方案,三县(市)立即行动,摸清家底,制订方案,有序推进改革。淳安县制订了《水务一体化改革工作实施方案》,并取得县政府批复同意。桐庐县根据实际启动市场化运营的水务资产回购谈判工作。建德市在前期已与杭州市水务集团合作的基础上,正积极探索后续合作事宜。

二、水务一体化改革主要做法

1. 成立改革专班

为加强萧山、余杭和临平等一体化改革工作,余杭区、临平区成立了由常务副区长担任组长的改革专班,并建立定期协调机制。余杭、临平两区针对水务一体化改革工作召开工作推进会,并正式发函征求各方对改革方案的意见。萧山区根据市政府备忘录精神,梳理改革推进情况和存在问题,并提出下一步工作建议,及时跟踪改革进程。

2. 打造统筹管理水务平台

为建设一张高质量的水网,实现高水平运营,形成高效的现代化配供水格局,依据国土空间总体规划和最严格的水资源管理制度,杭州市建委组织编制了《杭州市供排水专项(一体化)规划(2021—2035 年)》,完善水资源、供排水、节水、排水等多个专项规划,促进水务的集约化布局和水资源的优化配置,全面实现"水务一张网"。

3. 用好用足现有政策

鉴于各区和主城区财政体制存在的差异,各区应创造条件,稳妥推进供排水特许经营、水价动态调整、污水处理政府购买等服务工作。

三、整体谋划现代化水务格局

市级改革专班与各县(市、区)改革专班对接沟通,两者形成合力,共同研究解决改革推进过程中遇到的困难和问题。对于两级专班无法解决的问题,由市级改革专班上报市政府,由市政府决策解决。市城投集团、市水务集团要主动与各县(市、区)水务集团对接,着眼于提出适合各地情况的具体改革方案。

依据《杭州市供排水专项(一体化)规划(2021—2035 年)》总体布局,重点关注与改革密切相关的重大涉水项目工程,统筹年度各项涉水工程项目建设安排,共同推进项目建设。市水务集团主动对接各县(市、区)政府,确保项目落地,实现"规划布局、资源调配"统一。

目前,水务一体化改革涉及的业务领域主要是供排水设施的投资、建设、运营,还未实现涉水地域的全覆盖。后续将按照打造高质量发展共同富裕示范区的目标要求,进一步深化水务一体化改革,构建高质量的水务建设管理运营机制,提升群众满意度、获得感、幸福感。

建筑领域碳达峰、碳中和行动

我国力争 2030 年前实现碳达峰，2060 年前实现碳中和。实现碳达峰、碳中和，是我国实现可持续发展、高质量发展的内在要求，也是推动构建人类命运共同体的必然选择。

一、建筑领域减碳目标

全面贯彻新发展理念，高质量实现碳达峰、碳中和，明确顶层制度设计，其实施范围包括能源、工业、建筑、交通、农业、居民生活及科技领域，其中建筑领域碳排放占比达到 20％，是下一步减碳的重要领域。

二、建筑领域碳达峰行动

建筑领域碳达峰行动从统筹经济增长、能源安全、碳排放、居民生活四个维度，科学分析建筑领域碳排放历史变化和发展趋势，并从减少建筑能耗和优化建筑用能结构两个方面着手，重点围绕标准提升、绿色建造、可再生能源应用、既有公共建筑能效提升、绿色生活等五大领域制定碳达峰行动任务。

"十四五"期间，杭州市高星级绿色建筑、超低能耗建筑、（近）零能耗建筑、高替代率可再生能源建筑应用，太阳能光伏建筑一体化，既有建筑节能改造等任务指标，将层层分解落实。

三、碳达峰行动目标任务

1.碳达峰行动目标

按建筑领域碳达峰行动部署，围绕标准提升主要有以下任务：一是实施低能耗

设计标准,新建建筑设计节能率达75%,鼓励在建项目参照执行;二是推行高星级绿色建筑、超低能耗建筑、(近)零能耗建筑示范项目,"十四五"期间,计划实施高星级绿色建筑示范项目85个,超低能耗建筑示范面积95万平方米,(近)零能耗建筑示范项目13个;三是推出绿色生态城区建设示范项目,实现绿色建筑集中连片推广。

以亚运村绿色生态城区为例,根据《2022年19届亚运会绿色健康建筑设计导则(亚运村部分)》,亚运村按不低于绿色生态城区二星级要求进行规划设计,全域打造高星级绿色健康建筑,二星级及以上绿色建筑占比达到100%,三星级绿色建筑占比超过50%,高星级绿色建筑示范面积超200万平方米。

以钱江新城二期、西站枢纽等区域为重点开展绿色生态城区建设示范,规模化推进绿色建筑建设,实现绿色建筑集中连片推广。

2."十四五"期间的任务

"十四五"期间,完成节能改造的公共建筑不少于465万平方米,改造后综合节能率不低于15%;完成节能改造的居住建筑不少于54万平方米。公共建筑节能改造范围包括国家机关办公建筑、社会写字楼建筑、商场建筑、宾馆饭店建筑、医疗卫生建筑、体育建筑、文化教育建筑、交通建筑等。

同时鼓励和引导市场化改造模式充分参与,重点支持合同能源管理改造模式推广应用。结合既有建筑节能改造鼓励各类既有建筑充分利用屋顶及立面、车棚顶、雨棚顶、闲置用地等加装太阳能光伏系统并深挖建筑周边区域的太阳能、空气源热泵、地热能等可再生能源应用潜力。

3.推广绿色建筑和绿色建材

杭州被列为政府采购支持绿色建材促进建筑品质提升试点城市。为推动绿色建材试点工作和绿色低碳发展,杭州市因地制宜出台了《杭州市绿色建筑和绿色建材政府采购(投资)需求标准(试行)》,广泛征集了本地龙头绿色建材企业的意见,增补和收录了符合条件并紧扣绿色节能、低碳环保等要求的建材产品,如保温装饰一体化板、可再生能源设备等,体现地方特色,形成包含36大类78小类的绿色建材产品的目录。

此外,市财政局依托政府采购交易平台,建设政采云绿色建材馆。截至2022

年 3 月底,政采云绿色建材馆共入驻供应商 134 家,上架 49 款商品,供应绿色建材采购目录中的钢结构构件、预拌混凝土、保温隔热、防水卷材等主要材料(系统)。

后续,国家机关办公建筑、政府投资(或以政府投资为主)的工程将率先采用绿色建材,逐步提高城镇新建建筑中绿色建材的应用比例。

四、培育装配式建筑产业基地

1. 总产能全省领先

按政府引导、市场主导、企业发挥主体作用的工作思路,以装配式建筑发展为契机,积极推动建设、设计、施工等建筑业企业结合自身特长多元化转型发展,培育了国家级装配式建筑产业基地 9 家、省级示范企业(基地)20 家,混凝土年产能达 113 万 m^3,钢结构年产能约 220 万吨,总生产能力全省领先。

2. 推广产研结合模式

产研结合模式适应装配式建筑发展需求,例如绿城等本地大型房地产企业以及省建筑院等骨干科研设计单位全面参与装配式建筑开发与技术研发,基本形成与杭州市装配式建筑发展相适应的部件生产能力。下一步,还将继续按照建筑工业化发展规划推进工作的部署和要求,坚持问题导向,强化政策保障,创新思路举措,推进装配式建筑高质量发展。

3. 装配式建筑占比

2025 年前,实现装配式建筑占新建建筑面积的比例达 35%,装配式建筑品质显著提升,绿色发展成效明显。建立完善技术标准和质量保障体系,培育一批装配式建筑产业基地,建立涵盖研发设计、部件生产、施工安装、培训教育的装配式建筑全产业链。

工程建设招投标市场持续健康发展

2021 年杭州市完成建筑业总产值 5574.6 亿元,同比增长 13.2%,位居全省第一;建筑业增加值按可比价格计算同比增长 5.7%,位居全省第二,在生产总值排名全国前 11 的城市中位居第三。

一、"惠企减负"为企业发展保驾护航

全市招投标管理"一盘棋"格局基本形成,建筑市场开放程度大幅提升,市场竞争愈加充分。为促进杭州市建筑业高质量发展,市政府支持本地骨干建筑业企业做大做强,推出一系列"惠企减负"政策措施,为优秀企业发展保驾护航。

二、推进招投标制度改革

1. 推进招投标制度改革

推进招投标制度改革,破除建设工程招投标领域围标、串标等顽疾,重点查处围标、串标、招投标程序和流程不规范等问题,及时发现问题,限时整改到位。

2. 完善招标文件示范文本

完善《招标文件示范文本》,落实转包、违法分包、挂靠行为专项治理的管控要求,即投标单位项目班子配置、有关人员提交劳动合同和在本单位缴纳社保(已到账)的证明,项目主要人员更换程序等。同时,实行项目负责人答辩制,评标过程中,建设单位要求投标单位项目负责人到场答辩,答辩质量列入评审内容。

3. 探索将行政执法与刑事司法衔接这一模式

提升数字化治理能力,开发招投标大数据智慧监管系统,推出"统计分析"和

"预警提示"两大功能,对时间、地区、专业类型等多维度数据进行统计分析,提供围(串)标、廉政风险和评标专家异常评审预警,为监管部门治理乱象及时提供有效线索。还将与公、检、法联动,探索将行政执法与刑事司法衔接这一模式,让两者形成合力,加大转包、挂靠、围标、串标违法案件查办的力度。

三、明确招标人主体责任

1.实行"评定分离"改革试点

针对评标专家权责不对等、招标人主体责任落实不充分、招投标"择优"作用发挥不明显等问题,实行"评定分离"改革试点,以发挥市场在资源配置中的决定性作用,明确招标人主体责任。

2.制定合同履约评价标准

制定合同履约评价标准,划分企业履约评价等级,强化建设单位合同履约管理,压实建设单位项目管理首要责任。建设单位定期对中标单位合同履约,以及是否转包、违法分包等情况进行评价,企业履约评价等级与招投标市场挂钩。如果企业履约过程中,存在违法违规行为,则按规定受处罚,并会被依法纳入严重失信名单,受信用惩戒。

3.优化营商环境

围绕统一开放、公平有序的目标,不断深化招投标制度改革创新工作,不断加强建筑市场行业监管,优化营商环境,保障各方市场主体合法权益。

起重机械设备安全管理创新

牢固树立"隐患就是事故"的风险意识和"发展绝不能以牺牲人的生命为代价"的红线意识,通过管理制度创新、模式创新、科技创新,不断提升建筑起重机械安全管理水平。

一、起重机械设备安全管理

杭州有 3300 多个在建工地,塔吊、汽车吊、人货梯等建筑起重机械安全管理问题比较突出。针对这些问题,采取相应措施。

一是实行起重机械备案登记制度,对起重机械的安装拆卸及使用进行安全监督,健全了制度。

二是实行起重机械租赁、安装拆卸、维修保养一体化管理模式,整合原先小、散、弱起重机械单位,使其做大做强。提高了相关单位的专业化水平,使租赁、安装、拆卸、维修、保养各环节管理到位,责任也更加明晰。

三是自 2012 年起,现场塔式起重机安装了塔机监控系统,并接入杭州市建设工程施工安全质量物联网管理应用平台。该系统可以实时保存塔机的运行记录,及时处理超载等违规行为,一定程度上提升塔机施工安全管理。

近年来又开发推广流动式起重机械云平台。该平台可有效记录每一台流动起重机械的施工、转场、维保、维修等各个流程,大大提升现场起重机械的管理效能。另外,还依托"浙里建"数字化平台,建立全市建筑起重机械的"健康档案",将每台起重机械出厂以来的所有信息,均纳入"浙里建",实现起重机械"一机一档案"全寿命数字化管理。

二、落实起重机械设备新举措

一是从源头入手,打通各薄弱环节,实行起重机械及大型设备的运输、安装拆卸、维修保养、检测评估等安全管理举措。

　　二是发挥杭州市建设职业教育联盟的作用,利用建设院校资源,深化产教融合,培养专业人才,特别是加强对起重机司机、司索信号工、安装拆卸工等特种作业人员的培训考核,以订单式、新型学徒制等形式培训相关人员,将考核合格者及时录入全省建筑产业工人职业技能培训信息系统,实现一地考证全国通用。

　　三是压实企业的主体责任,安全监督机构履行监督执法职责,特别是要加大对第三方检测单位、设备安全评估单位的检查执法力度,发现检测评估走过场、检测结果与实际不符、检测评估造假、伪造检测报告等行为,将依法依规处理。

构筑公共场所设施防火"安全屏障"

自 2019 年 7 月 1 日起,建设工程消防设计审查验收工作由消防救援机构划转至住建部门。

一、建设工程消防设计审查验收

根据建设工程消防设计审查验收的职责、要求、流程等的有关规定,推广由甲级设计单位牵头的第三方消防验收现场评定"杭州模式",通过指导服务和现场评定,如期正常开展建设工程消防设计审查验收这项新承接的重要任务。

二、提前介入,提供审查验收服务

1.各部门协作

各部门协作,建立杭州市建设、交通和电力工程消防设计审查验收和消防安全监督管理协作机制,组织开展消防设计审查验收管理政策体系相关课题研究,初步构建起消防审查验收政策体系,满足工程项目消防设计审查验收的需要。

2.消防审验

自承接建设工程消防审查验收任务以来,共办理消防设计审查事项 3000 多项、建设工程消防验收和竣工验收备案事项近万项。其中包括地铁、亚运场馆及望江隧道、博奥隧道、浙江省口腔医院、浙江医院、中小学和安置房等重点项目。

3.成立消防专家委员会

邀请国家建筑防火规范组的主要审查人以及国内建筑消防方面的专家为重点项目把关,提供技术支持。针对省、市重点项目,如西站枢纽、大会展中心、地铁、隧道、亚运场馆,累计召开消防设计专家评审及疑难问题专家论证会议30余次,从源头上把控设计质量。

4.开展消防验收

由甲级设计院牵头,成立第三方消防技术服务联合体。由第三方消防技术服务联合体开展消防验收工作,该模式通过试点、推广、优化,目前已成为"杭州模式"。

三、调研反馈提案意见

1.探讨建筑材料的烟密度和烟毒性等级

依据国家建筑内部装修设计防火规范对公共场所阻燃制品及组件的燃烧性能要求,结合提案意见,许多专家认为材料的烟毒性、烟密度等级要求过低,经反复探讨,省市业内专家以及应急管理部四川消防研究所专家一致认为现行规范指标的设定还是合理的,是否需要做进一步更新或修改,还须与《建筑内部装修设计防火规范》(GB 50222-2017)、《建筑材料及制品燃烧性能分级》(GB 8624-2012)等管理组沟通、讨论、研究后明确。

首先,自职能转隶后,省住建厅与省消防总队共同成立了建设工程消防技术专家库,发布《浙江省消防技术规范难点问题操作技术指南(2020版)》,为杭州市建设工程消防审查验收技术指导及研究提供了全方位、强有力的技术保障。

其次,把有关提案意见积极向省建设部门反馈,协助省级部门充分研究有关建筑材料的无毒性等级、烟毒性要求等技术参数,为后续技术标准的修订提供依据。同时,选择合适时机开展建设项目防烟新型材料示范性应用指导工作。

2.推行300 m²以下项目消防验收抽查

依据住建部第51号令,除特殊工程以外,其他工程需进行消防验收备案并接受抽查,其中覆盖了不需要取得施工许可的建设工程。因此,工程投资额在30万元以下或者建筑面积在300 m²以下的项目,备案现场检查的抽取比例为5%,实行消防验收备案抽查制度。

迎亚运快速路、地铁重建道路工程品质提升

围绕"拓展城市空间、提升城市品质"两个重点,统筹推进迎亚运快速路、地铁重建道路工程的高品质建设。

一、历时三年的道路整治行动

以快速路为"骨架"拓展城市空间,于 2018 年启动了现代综合交通大会战,并在亚运会前建成十城区一体化发展的快速路网系统,构建"一核九星"新城市空间格局,为亚(残)运会期间快速通勤创造良好的交通环境。

结合地铁在建项目沿线及周边道路整治,完善道路交通功能,提高道路绿化和景观品质,并带动道路两侧立面整治、生态保护、城中村改造、地块开发等,推动"城市有机更新",提升城市品质。

二、加快推进道路建设工程进度

成立市区两级"迎亚运"道路建设行动工作专班,建立健全例会、协调、督查、赛马通报等工作机制,市区两级形成合力。同时建立项目"路长制",明确工作责任,市区两级专班全过程参与项目建设、施工、验收、移交等。

围绕全面收官总体目标,倒排工程进度,并按项目编制任务书,地铁重建道路管线、快速路电力迁改书,以及隧道永久接电任务书,集中力量攻坚推进。

组织召开各管线产权单位推进会,主动靠前服务,以推进单和抄告单的方式,明确管线迁改目标及控制节点。同时,加大责任领导督办的力度,加快了项目的推进速度。

三、工程材料质量源头管控

联合市场监管部门建立工程材料质量源头管控联动机制,形成监管合力;与市城管部门建立施工过程联合抽检机制,由城管部门提前介入、参与质量抽检验证,落实"建成即移交"新模式。

与市交警部门建立实时工作联系群,并开通车次、时长绿色报备的应急通道,有效保障即时拌水稳混合料和热拌沥青拌和料的运输。

落实建设单位首要责任制和监理驻厂监理制,重点对基层拌和料、沥青拌和料源头的质量进行管理,对道路施工质量进行现场管控。

四、增添道路文化元素及景观特色

结合道路沿线的历史文化碎片、城市特色编制绿化景观方案,例如:杭行路沿线栽种了四季花卉,每个季节各有不同,当下已成为一条樱花大道;江南大道通过城市景观公园串联起沿线的自然景观和人文景观;金城路种植早樱、银杏、香樟等多种树木,并在周边种植红叶石楠、毛鹃加以点缀,层次分明;建国路绿化带路缘石特别增加了南宋文化元素,多了一分宋韵气息等。同时,还见缝插针建设非机动车停车点,共计2770平方米,给市民出行带来便利。

老旧房屋安全监测监管

采用技术监测手段对未达到危房标准的老旧房屋进行安全监管非常有必要。

一、老旧房屋安全监测的可行性

老旧房屋结构安全性低，应制定相关技术标准，统一监测流程，统一部署，科学规划，分层管理，杜绝平台系统重复建设和信息孤岛的形成。同时，为加快推广动态监测技术，培育示范项目，应增加必要的配套政策，鼓励在自动化监测领域加大研发投入和实践应用，鼓励企业进行技术合作，以形成有效的老旧房屋安全监管体系，实行监测监管。

二、城镇房屋基本情况

城镇及农村老旧房屋的安全管理是城市公共安全管理的重要组成部分，关系公民的切身利益。20世纪70—80年代和90年代初期建造的房屋进入使用阶段中后期，这些房屋由于构件老化、维护保养不到位、装修拆改、周边施工影响和灾害天气等，存在一定的安全隐患。从2014年开始，房管局组织开展了多轮既有房屋建筑调查登记和危旧房屋的改造工作，逐渐形成了以"立""查""控""治"四项内容为核心的房屋安全管理目标体系。2021年的排查数据显示，主城区1980年之前建造的住宅约有2100幢，主管单位已对其中的52幢危旧房采用在线监测技术进行安全防控管理。

三、城市物联感知体系建设

老旧房屋结构安全监测物联网技术应用受制于监测技术水平、资金效应、社会影响等多方面因素,目前还未能大面积开展。

城市物联感知基础平台即将上线,该平台将支持大规模、多制式、多协议感知终端接入,并遵循"全量全要素"接入的原则,实现全域物联感知设备统筹管理。已建的区级和行业平台也可按照规范要求接入市级平台,未建的部分将直接赋能,分级分层进行管理。为此,将接入平台的老旧房屋结构安全监测物联感知数据进行清洗,依托一体化、智能化公共数据平台,即可进行数据编目和共享。

四、老旧房屋安全监测问题与对策

根据《浙江省危险房屋结构监测技术导则》,房屋安全的在线监测主要项目有沉降、倾斜、裂缝等。但通过调研,发现自动监测技术仍存在两方面缺陷:一方面是自动监测技术的可靠性无法保障。如沉降监测采用的北斗卫星监测和静力水准(传感器)监测法,存在北斗卫星监测精度不足、可靠性较差,静力水准(传感器)监测仅能测量房屋相对的沉降变形,且易受周边环境和人员影响,发生数据偏差。同时,房屋在线监测的整套系统,除传感器外,其数据收集、传输系统和信息分析系统,均无相应的资质管理或权威的能力认证(如检验检测的 CMA 认证),其难以确保最终数据的可靠性。另一方面是房屋在线监测报警预警指标不明确、未标准化。

另据介绍,某在线监测项目曾多次发出预警,但事后查明均为误报。因此该项工作还待积累经验,目前宜人工巡查测试与在线实时监测同时进行。

五、探索老旧房屋安全监测监管新模式

根据不同区域情况,梳理安全性低的旧房、危房占比情况,扩大在线监测范围。探索光纤监测、三维扫描建模分析等新方法、新技术,创新老旧房屋安全监测的动态监管模式。

发挥政府统筹和引导作用,创新政企合作新模式,建立城市物联感知联合实验室,并通过对老旧房屋行业的动态监测,推动物联网产业创新发展。

未来社区创建和老旧小区改造

浙江是高质量发展建设共同富裕示范区,浙江的老旧小区改造是未来社区建设的重要内容。

一、老旧小区改造融入未来社区创建

2020 年 12 月,浙江省政府发布全面推进城镇老旧小区改造工作的实施意见,鼓励城镇老旧小区分类开展未来社区试点,形成具有浙江特色的高级改造形态。杭州老旧小区综合改造提升又将小区智慧安防改造、智慧管理等作为改造重点内容,并根据未来社区创建指标体系和未来社区数字化建设指引,将物联引擎、空间数据资产、社区数据仓、数字社会等数字基建落地到配套设施布局中。

老旧小区所有改造项目因地制宜并融入未来社区的先进理念,将未来社区数字化首先引入到老旧小区改造过程中,要求新创建的旧改类,包含已开展或计划开展老旧小区改造项目的未来社区不少于 60%。

二、未来社区建设初见成效

1. 老旧小区综合改造技术提升

老旧小区综合改造技术提升,其中的智慧安防是老旧小区综合改造的重点内容,现已改造智慧安防小区 454 个。同时根据方案评审、项目验收要求,软、硬件数字基建已覆盖所有未来社区项目。目前,已有 13 个项目申报第一批、第二批省级未来社区验收,其中有上城区的红梅社区、滨江区的缤纷社区等老旧小区改造项目。这些项目基本满足创建指标体系对数字化建设的要求。

2.一体化、智能化系列助力社区

借助智能感知终端助力社区获取信息,运用智能技术,构建事前预警、事中处置、事后备查的服务型智能处置闭环,实现主动监管、实时监测,提高社区治理水平。依托一体化、智能化公共数据平台,对智慧消防智能管控系统、CIM(城市信息模型)基础信息平台系统、亚运在线等多个应用场景进行数据赋能,使城市治理涉及的各个应用系统得以有效贯通。物联感知基础平台将正式上线,平台的接入设备类型将超100种,设备终端达100万个,归集数据突破100亿条。

3.推进智慧物业管理平台试点

住房保障和房产管理部门正大力推进此类智慧物业管理服务平台建设,并以平台为载体和抓手,加快5G、互联网、物联网、云计算、大数据、区块链和人工智能等技术在住宅小区中的应用,对接城市信息模型(CIM)和城市大脑应用平台,打造集智慧物业服务、智慧政务服务、智慧公共服务和智慧生活服务于一体的应用场景,构建"政府监管、业主主导、物业服务、多元支撑"的住宅小区物业管理服务在线运行新格局,为未来社区"平台+管家"应用场景建设提供坚实支撑。

目前,杭州智慧物业管理服务平台已建立覆盖全市的住宅小区"人—房—楼幢—小区"精准关联关系,并在部分县(区)完成功能试点运用。400余家物管企业和900余个物业管理委员会已完成平台注册备案;1500余个住宅小区完成物业合同备案,并具备线上响应业主报事报修能力;平台累计支持各小区发起业主大会线上投票1900余次;电子业主卡注册用户突破30万户,业主累计登录次数突破800万。在此基础上,市物业综合管理工作模式已在全市推广,并明确提出与未来社区"平台+管家"应用场景建设等工作相结合,提升住宅小区物业管理服务的整体水平。

4.统筹协调社区数字化建设

利用政府与市场化资源,明晰政府侧和市场侧的职责边界,鼓励采用建设、管理、运营一体的建设模式,组建由建设方、实施方等组成的技术业务支撑团队,统筹协调规划设计、数字化、运营等方面,建立立体协同推进机制,确保数字化建设有序、有质推进。另外出台老旧小区综合改造提升市级补助资金和城镇未来社区创建市级专项奖补资金管理等文件,由此老旧小区改造可获得市级补助400元/m²,

老旧小区改造项目创建未来社区成功的,可在原市级补助标准上,再增加补助300元/m²。

三、多端互通,提高数据服务效率

老旧小区改造提升是未来社区建设的重要内容,按照"一区一规划、一社一画像"的要求,形成以社区建设规划引领未来社区落地的体制机制,并与老旧小区改造计划相衔接,全面摸清各社区的人员情况、资源禀赋、重点需求、问题短板,实施老旧小区滚动改造。

通过建设统一、共享的数字平台和应用商城,开发标准化功能模块和应用组件,衔接县(市、区)现有数字化系统,使数字基建快速、低成本覆盖辖区内全部未来社区项目,避免平台重复建设,减轻资金压力。

打造绿道品质建设新局面

经过近 3 年高标准建设,杭州市已建成环湖、沿山、沿江、沿路、沿河、湿地、公园、乡村 8 种类型约 4200 km 绿道,绕城范围内绿道密度达 1.5 km/km²,主城区实现步行 5 分钟可达绿道网,基本实现省域市域间绿道互联互通。

一、营造绿道品质建设氛围

一是通过工作例会、年度现场会、民生实事部署会、谈天论道座谈会、现场检查活动、政策宣贯活动、最美绿道评选等会议和活动,并参照"红黄黑"三榜评比做法,建立定期督查通报及抄告制度,将平时考核作为年度考核的重要组成部分。同时,组织各县(市、区)开展"互看互学互查互比互帮"活动,营造"比学赶超"的良好氛围。

二是举办评选活动。举办"杭州市最美绿道"评选活动,候选项目经人大代表、政协委员、行业专家等综合比选,由公众网络票选,最终评选出 15 条"杭州市最美绿道",其中 2 条获评当年的省级最美绿道。举办绿道"品质提升大比武"活动,各地同台竞技,接受专家和市民的检验,最终有 8 条精品绿道成为大比武优胜项目。

三是组织邀请"两代表一委员"、市政府督查室工作人员、专家学者、热心市民代表和省市媒体记者等参加民生座谈活动。此类活动举办了 20 余场,收集民意 131 条,打通建设者与使用者之间的"断点"。为营造亚运新氛围,连续三年开展绿道健身月活动,参与人次达 100 余万。创新宣传,在"抖音"平台上开设"杭州绿道"官方账户,上线"跟着绿道去旅行"系列趣味短视频。

二、打造绿道品质建设新局面

2019 年,全国首创将绿道信息植入高德地图导航系统,实现绿道定位、导航、

反馈功能,并将绿道周边 100 米范围内的驿站、厕所、共享单车等信息同步录入高德地图导航系统。根据市民、游客等不同人群的需求,升级打造了"绿道管家"小程序,使市民、游客可通过手机端获取绿道以及周边的运动、休憩、娱乐、健身、住宿等信息,让绿道成为日常生活中"好看"更"好用"的开放公共空间。

重点推出金沙湖绿道环、铜鉴湖绿道环、滨江中心绿道环、城北亚运公园绿道环、钱塘江两岸绿道等一批精品绿道,擦亮杭州绿道品牌。同时,围绕迎亚运实施运道提升工程,打通从石祥路到凤起路运河两岸现存断点,打造连续贯通的高品质公共空间,建设融文化、旅游、健身等功能于一体的"杭州运道"。

三年来,通过绿道系统建设,建成了一步一景的余杭区大径山绿道、妙不可言的桐庐县分水镇九龙绿道、串珠成链的建德市"三江两岸"绿道。又将自然与人文、传承和保护串成一线,打造了丁兰街道的"中国家规文化绿道"、"美丽公路"良渚绿道、富阳江滨绿道等。

绿道又与城镇老旧小区改造、未来社区建设、美丽城镇建设、美丽乡村建设等深度融合,如富阳区通过绿道连接新沙岛、富春山居,建德市通过绿道连接梅城古城和玉泉寺在内的一批旅游景区,促进绿道沿线旅游、度假、运动、食宿等产业发展。

三、绿道建设以绿为本的对策

绿道建设以绿为本,配置地域性植物,低影响开发,低成本建设维护。

一要遵循"少征地、少拆迁、少补偿""接公园、接水面、接山体"的绿道建设原则,挖掘地域特色,打造名山系列、森林系列、河湖系列、滨海系列、田园系列、古道系列、诗路系列和红色系列等精品绿道。

二是沿湖、湿地、块状公园绿道等应形成环通或局部环通,保证绿道的连通性和可达性。从 2019 年以来,已打通 13 个区市间、区县间共 34 个交界面。"十四五"期间,计划打通 50 处以上绿道断点,连通一批断头、不连续的绿道。其中,重点包括:运河小河油库段、江滨西大道北渠口、富春绿道青江口段、葛溪绿道(万市—洞桥)交界段、贴沙河云雀苑小区段、备塘河尧典桥路以西段等。

三是绿道品质建设应破解"三年变古道"的难题,首先从源头发挥"绿道设计师联盟"作用,其次抓方案联审、项目全过程品质管控。现已从最初的石板路、水泥路,到塑胶路面,到透水混凝土和透水沥青路面,再到 MC 新型面层材料等,绿道的品质有了极大的提升。

四是坚持生态干预最小原则,主要是依托大项目开发,如南湖片区、大城北、双西一体化区域、望江新城、云城、三江汇流区、富春湾新城等城市重点发展地区,跟进绿道系统的建设。

四、展望

重点打通省级绿道,加密城市绿道,新增乡村绿道,打通绿道断点,完善绿道衔接,尽快形成"两轴、两连、九射、多环"的空间结构。打通三江两岸绿道(钱塘绿道)、运道(石祥路—嘉兴段)、萧绍运河绿道等;加密新开河绿道、临平城区绿道、临西绿廊、同协路绿道、桃花湖公园绿道、良渚—瓶窑绿道等;接通小河油库段、江滨西大道北渠口、富春绿道青江口段、葛溪(万市—洞桥)交界段等绿道断点。

"十四五"期间,将持续以三江两岸绿道(钱塘绿道)和三湖两湿地绿道为轴线,推动市域整体空间环境提升;以运河、上塘河、西塘河、余杭塘河、萧绍运河、北塘河、东苕溪等骨干河道为主打造中心城区精品绿道线路;挖掘"绿道＋"模式的发展潜能,让大径山美丽乡村建设项目、传芳村沿山绿道、大慈岩乡村旅游绿道、勤丰村绿道、山里王村沿溪沟绿道"活"起来。

落实各县(市、区)绿道管理机制,实现建管无缝衔接,避免财政资金浪费,共同努力使绿道实现良性发展。

地下绿色智能技术应用

杭州承担了全省工程建设数字化改革试点任务,其中,以推广装配式建筑为重点,促进建筑产业转型升级,打造绿色智能的地下空间管理体系。

一、地下设施普查及隐患排查

地下设施隐患防范面临家底不清楚、隐患成因不清楚、如何防治不清楚等问题,其本质是城市地下空间高强度开发与粗放管理之间存在矛盾。而要实施地下设施家底普查,首先要全面了解其基本属性,并收集地质条件、道路条件和深基坑、地下管线、人防工程、重载车规定线路、地铁盾构作业等各类与地下隐患形成相关的动态、静态数据,并对这些数据分门别类进行标准化三维加工,形成地下家底一张图。同样,通过对人防设施普查,更新了基本数据,居民可通过"民防码"了解身边的人防工程。

中科院、浙江大学专家团队经研究,建立了综合风险分析模型和算法,计算出路面安全指数,进行了地下设施隐患排查,标识出高、中、低风险区域,绘制了路面塌陷风险图。同时,将普查及隐患排查数据导入信息系统,系统自动生成中高风险区域预案,并由浙政钉推送至相关部门。目前,累计分析处置杭州市十城区试点区域内的 139 处高中风险点,实现了地下隐患防治的机制重塑和协同智治。

不同层级、不同部门之间数据共享。后续,计划将数据接入浙江省政务"一朵云"内,实现市域乃至省域内空间数字化治理平台的场景应用,并通过省级部门确定的交换机制和安全手段实现对全省共享应用系统的信息动态更新。城市地质调查。截至 2021 年底,杭州多要素城市地质调查重要内容和成果转化应用基础的"一库(杭州城市地质数据库)、一模(杭州市多尺度三维地质模型)"建设工作基本完成,完成 5 万余个地质钻孔数字化及标准化处理,初步建成了杭州多要素城市地质数据库;同时初步完成了杭州十个区第四纪区域层的结构建模、古地貌建模。

二、城市路面塌陷防范技术

运用数字孪生和城市信息模型技术,收集与地下隐患形成相关的动态、静态数据,对这些数据分门别类进行标准化三维加工,形成地下家底一张图。另依据综合风险分析模型和算法,计算路面安全指数,并利用 CIM 平台基础能力标示出高、中、低风险区域,直观展示路面塌陷风险,并针对风险自动生成预案推送至相关部门处置。后续,探索物联感知设备的直接监测法,将风险研判结果由"面"缩小到"点",提高路面塌陷隐患治理水平。

三、地下空间绿色建材应用

2020 年底,浙江省装配式建筑占新建建筑比例达 30%,提前 5 年实现目标,初步建立了装配式建筑的产业基础,形成较为完善的市场机制。当前地铁预制管片、地下预制管廊及预应力混凝土管桩技术已较为成熟,应用也较为广泛,特别是对装配式基坑支护结构也有较深入的研究,如工字型混凝土预制桩水泥土连续墙技术荣获中国岩石力学与工程学会科技进步奖等。

四、数智应用场景建设

依托地下市政基础设施信息系统平台,开发相关数智场景应用,制订地下设施建设及维护计划;地下空间开发建设场景分析应用,使设计更加合理,互联互通更易实现。深基坑监测应用场景已完成程序开发,现在临平、拱墅、余杭三区有序开展试点,相关业务逻辑也基本确定。以地面塌陷事故的数字化场景为试点,实现了地下空间事故应急处置全流程的智能化处理,实现应急处置与救援的资源信息共享,重塑突发事件应急处置与救援机制。突发事件应急处置与救援应用已与杭州市地下隐患智防系统对接,其中有全市 789 支应急救援队和 371 个物资储备库、13 万件物资装备的数据,实现应急处置与救援的资源信息共享,并可针对不同类

型事件,自动精准匹配资源。

五、地下空间大数据库建设

地下空间设施数据库现包含部分地下市政公用设施数据,但还未涉及商业、民用地下空间数据,对全方位数据分析有一定影响,后期应研究出台相应的政策,加大相关数据收集力度,完善数据库建设,从而形成地下空间大数据库。

老旧小区综合整治模式

老旧小区的改造以综合整治模式为主,通过改造提升,改善公共环境,重点是充分挖掘小区潜力,提升小区公共服务能力。截至 2021 年底,杭州市已累计完成改造 714 个老旧小区,改造建筑面积超 3000 万 m^2,惠及住户超 36 万户。

一、利用存量用地增建公共服务用房

通过老旧小区改造,杭州市已新增养老、托育等公共服务设施场地约 12.9 万 m^2,提供行政事业、国有企业存量用房给街道社区约 3.2 万 m^2,并有 50 余个老旧小区列入未来社区创建清单。同时,编制"全市城镇社区建设专项规划",全面梳理老旧小区的养老、托育、停车及小区周边公共服务设施情况,一并提出建设方案。为发挥"老旧小区＋未来社区"市级补助资金的激励作用,挖掘存量资源,推动相邻老旧小区实行成片联动改造,统筹布局公共服务资源。

二、实现居住房屋和小区环境的内外双提升

通过前期调研发现,以"拆改结合"的方式对老旧小区进行改造,目前尚存在居民意见统一难、现状制约多、改造资金平衡难等困难,在各方权利义务关系、规划指标支持、项目审批流程和规范标准等方面也存在较多的争议和不确定性,短时间内出台"拆改结合"政策较难。

而老旧小区改造是一项民生工程,必须以群众需求为核心,以未来社区建设理念为引领,连片谋划公共服务设施布局,为居民提供共享区域内的公共空间和配套服务,构建 5 分钟和 15 分钟生活圈。因此,实现居住房屋和小区环境的内外双提升,"拆改结合"是老旧小区改造的主要模式。

分析市域范围内老旧小区建筑年代、房屋类型、建筑结构、现状规划指标、养老托育停车等配套设施情况,制定城镇社区建设专项规划,并按规划确定住宅小区改造单元,提出改造模式、功能定位、指标管控要求、基础设施和公共服务设施建设要求等。

同时深入分析存在的各类问题,厘清老旧小区"拆改结合"中各方权利义务关系,研究容积率、建筑高度、绿化率等规划指标支持政策,以及"拆改结合"项目的审批流程,并提出后续的政策或立法建议。

三、探索电梯改造利用社会资本市场化运作模式

加装电梯已建立了定期沟通协调和考核激励机制,全市结合"旧改"实施的加梯量约占项目总量的50%。探索电梯改造利用社会资本市场化运作模式,鼓励社会力量通过捐赠、资助、技术服务等方式,参与老旧小区住宅加装电梯项目。目前,上城区采荷街道青荷苑、临安区锦城街道碧桂苑等加梯项目中已引入社会资本,开展租赁电梯、公交电梯试点,以减轻居民出资压力和管理负担。

推进成片、整小区加装电梯项目,还需借助加梯"帮帮团"志愿者队伍等社会力量,做好政策宣传、动员指导、民意协调等工作,有序推进老旧小区住宅加装电梯项目。

四、以党建为纽带,提高小区治理水平

启动老旧小区改造以来,在改造中突出党建引领作用:一是以旧改党组织为纽带,吸纳政治素质高、有公心、有热情、有能力的离退休干部和热心居民,担任党组织成员或项目监督员,常态化监督改造进度和质量;二是构建"小区党组织、业委会、物业服务企业"新三方治理架构,按照"民主事项党组织先议、重大事项党组织先审"的原则,定期讨论小区建设重大问题,协调解决小区居民普遍关注的问题,共同为小区居民服务;三是通过设立老旧小区物业服务提质提价奖补资金等形式,创新物业管理区域性管理模式。如上城区创新小营街道"红管家"一体化准物业模式、采荷街道"金牌管家"大物业服务模式。

助力未来社区数字基础设施落地

　　浙江省率先提出创建未来社区,而数字化建设是未来社区"一统三化九场景"的重要内容,未来社区数字化建设,将推动数据软、硬件资源共建共享,助力数字基础设施落地未来社区,保障社区创新服务供给、促进数字化转型。

一、制定标准,全面加快数字化基础设施建设

　　制定《杭州市城镇未来社区验收办法(试行)》《杭州市未来社区数字化建设指南》,将物联引擎、空间数据资产、社区数据仓、数字社会"12 个有(8 条跑道)"等数字化基础设施建设列入配套设施布局中,并在方案评审、项目验收等环节中落实,实现软、硬件数字基础设施建设在未来社区项目中全面覆盖。

二、凸显高频应用建设成果

　　按照数字社会"五个一批"重大应用建设及未来社区"一统三化九场景"要求,以高频应用为重点,打造一批未来社区数字化建设标杆,如:上城区杨柳郡社区、余杭区葛巷社区打造专门小程序,与社区智慧平台贯通,实现社区智治,并得到《新闻联播》报道,杨柳郡数字社会活跃度在全省未来社区中排名第一;余杭区良渚文化村社区主打文化社区与智慧旅游场景,通过社区公众号、数字平台实现文化宣传推介,得到《人民日报》等媒体报道;萧山区七彩社区通过线上线下结合,实现教育、文化、养老等跨场景展示。

三、保障人、财、技支撑到位

　　针对数字化建设专业要求高、建设难度大的问题,指导各县(市、区)充分发挥

党委的领导作用,并召开多次培训会,明确有关部门职责分工,配齐专门的数字化建设人员。充分利用政府与市场化资源,明晰政府侧和市场侧的职责边界,鼓励采用集建设、管理、运营于一体的模式,组建由建设方、实施方等组成的技术业务支撑团队,加强内外部统筹协调,强化规划设计、数字化、运营等专业衔接,建立立体协同推进机制,确保数字化建设有序、有质推进。联合市财政局出台《杭州市城镇未来社区创建市级专项奖补资金管理暂行办法》,加大资金支持力度,指导县(市、区)明确数字化建设的软件、硬件边界,降低建设成本。

四、整合数据资源

建设区级数字化平台。按照"共性普惠"和"个性可塑"要求,采用区级平台统建共性+单点自建个性的模式,实现共性数字化全域使用,提高社区场景应用、统一管理和快速分发的能力,可充分衔接县(市、区)现有数字化系统,使数字基础设施建设快速、低成本覆盖辖区内未来社区项目,避免平台重复建设,减轻资金压力。

加强数据贯通性。增强数字化平台功能,横向调动各条线数据资源,纵向争取省、市各级部门支持,提升平台的贯通性,积极与现有数字化治理平台联动,特别是基层治理四平台、智慧物业、雪亮工程等,打通数据孤岛。

提升多端融合性。数字化平台在治理端已得到广泛展示,治理端范畴内的各种数据举不胜举,但运营端和居民服务端等"神经末梢"建设不够,未能很好惠及物业公司和社区居民。因此为加强运营端和居民服务端建设,扭转当前"重管理轻服务,重展示轻实用"的局面,运营端要为物业公司和生态链服务企业提供相应端口,引入更多社区服务;而居民服务端应优化支付宝、微信小程序、浙里办等接入路径,提高应用的质量和活跃度,增强实用性。

五、创建"一区一品"未来社区

首先,创建未来社区要按"省级试点、省级创建点、市级创建点"三级梯度布局,实现"创建类型、创建地域"两个全覆盖。为此,制定未来社区创建专项奖补资金管理办法,以老旧小区创建未来社区项目补助为重点,进行分级分类奖励。

其次,参照省级层面技术标准体系,梳理现有社区边界范围、面积规模、人口数量、结构和空间分布及社区建设年代和建筑质量等基础信息,全面摸清教育、医疗、文体、养老、托幼等各类公共服务设施建设情况,着重对存量空间资源进行梳理,查找设施短板,明确核心需求,合理确定城镇社区公共服务基本单元,制定全域推进未来社区建设的总体安排和年度计划。

老旧小区改造与未来社区建设应在规划统筹、项目建设、技术标准、政策资金四个方面协调的基础上推进,并依据城镇社区建设专项规划,提升城乡风貌使多个社区连片开展创建。同时整合社区及周边空间资源,重点落实邻里活动、养老托幼、健康管理、商业服务、社区治理等基础公共服务项目,因地制宜地打造特色场景,加快社区范围内公共服务均等普及。统一搭建未来社区智慧服务平台,构建数据驾驶舱、社区物联引擎、应用能力中心、空间数据资产等一体的数字平台,融合治理、服务、营运三端,落地 N 个应用,赋能九大场景。以社区网络层、终端层以及物联网设备接入层为核心建立智能感知系统,实现社区数据的实时采集与快速传递,为未来社区全面数字化建设提供支撑。

新建项目鼓励带方案或带详细规划条件的土地出让,使未来社区场景空间配置和功能要求、设施开放共享、运营维护等内容标准化、规范化。对于旧改类项目,应加快完善社区存量更新政策,研究支持存量用地建设公共服务设施等方面的政策举措,着力破解审批难、消防绿化验收难、房屋确权难等突出问题。同时统筹盘活闲置空间、改造既有空间、依托周边新开发用地等多种方式,补齐老旧小区公共服务的短板。

五、留住记忆，彰显小区人文特色

发挥居民主体作用。尊重居民改造意愿，改造前详细了解居民意愿，对于确定改造的项目，居民同意改造和认可改造方案的人数均达到 2/3；搭建红茶议事会、居民议事团等平台以共商改造方案，邀请居民代表、居民小组组长和楼道长全过程参与工程监督和竣工验收；改造后构建"小区党组织、业委会、物业服务企业"新三方治理架构，协商确定小区管理模式，制定管理规约及议事规则，引入专业物业来实施小区维护管理。

留住记忆。以城市乡愁记忆和社区历史文脉为基础，突出地域特色和文化传承，充分挖掘小区历史文化、社区文化内涵，持续推进社区文化家园，建设温暖的精神家园，努力打造"一社一品"。如上城区复兴南苑依托海月未来社区和数字化管理平台，整合置换 4 处近 6000 m² 房产，改造建设城市书房、社区会客厅、邻里服务中心，并面向历史，充分挖掘南星地区千年宋韵及百年工业文化，最大限度保留地域市井气息。拱墅区和睦新村二期改造中开展"和睦迹忆"征集活动，广泛征集关于和睦的老物件、老照片和老故事，在旧改工程中设置专门空间进行展示，进一步激发小区居民的情怀记忆。

彰显小区人文特色。把彰显文化特色作为旧改工作的重要组成部分，充分挖掘当地历史文化、地域特色、文化背景，并对其实施"个性化"改造。在梳理小区风貌的基础上，对极具历史文化底蕴的小区进行文化溯源，并将红色文化、历史文化等元素很好地体现在城市家具、小品中，同时，融入公共空间、景观、外立面的方案设计中，让历史和时代的烙印重回居民生活中，满足改善居住条件和延续历史文脉的双重要求。

加强地下空间管控和商业化利用

一、地下空间规划设计标准依据

编制新版《杭州市地下空间开发利用专项规划(2020—2035年)》,提出了"十四五"期间地下空间开发利用战略目标、政策举措和重大项目,描绘2035年地下空间开发远景目标,打造地下空间开发升级版。并启动制定重点区域地下空间标准化设计导则,明确重点区域地下空间设计的各项技术指标,为地下空间标准化建设提供依据。

首先,按照国家、省、市部署,开展地下设施普查、安全隐患排查和提标改造,建立地下市政设施综合管理信息平台;开展以城市地质环境为重点的地下智慧感知系统建设,实现地质环境安全"整体智治";开展城市地下隐患智防系统建设,以"新城建"试点为契机,结合CIM平台建设和安全生产三年行动计划实施,研究提出地下公共空间、综合管廊、地下管线等领域建设管理的应用场景,防控地面塌陷,实现地下设施全生命周期管控。

其次,重点研究地下空间重点区域地下、地上空间开发规模,多功能设置标准,互联互通标准化设计,动静态交通及慢行系统标准化设计,下沉广场及出入口设置标准,并在功能与业态、建筑与公共空间、环境景观、交通与运输、人防与无障碍、节能与节水、高效运营管理等方面提出控制要求。

二、地下空间实施信息化管控

地下智慧感知系统由城市地质数据库、地质环境安全监测感知系统、智慧感知应用平台三大部分构成,城市地质三维可视化、地质环境监测智慧化、数据集成应

用体系化等技术的应用,为发现并处置地质安全风险隐患、城市运行安全提供地质保障。

至 2025 年底,将完成所有存量地质勘察资料的汇交和主城区重点区域地质环境安全风险监测网络的布局,从而形成地质环境安全风险监测感知工作闭环,并将其纳入市应急响应平台管控。

三、提升商业化利用水平

商业化利用方面,首先鼓励地下连通通道(空间)建设,鼓励开发自有用地红线范围内的地下空间。符合一定条件的地下连通通道(空间)可以设置经营性功能,面积不超过总建筑面积的 30%。连通通道(空间)可以设置一定比例经营性功能,以便提升连通通道的使用效率,也弥补地下连通通道的建设成本,为促进地下互联互通营造良好的社会氛围。

"十三五"期间,地下人防场所、重点建设项目地下空间、地下连通通道等资源,按照平战结合、公益性等要求,积极做好地下空间的商业化利用,比如各地铁站台地下连通通道的小商业集聚区、武林广场地下商城、西湖文化广场地下商场、砂之船奥特莱斯、湖滨 in77 地下车库等,都取得了一定的成效,尤其是市人防办利用人防工程开发建设的 803 地下粮库,已经成为全国的标杆,更是平战结合的典范。

"十四五"地下空间专项规划更强调商业化功能布局,对接国土空间总体规划,协调"地下道路""轨道交通""综合管廊"三张网,统筹地下交通设施、地下公共服务设施、地下市政设施、地下人防设施等多个相关规划,谋划出地下空间开发重点实施区域,纳入城市重点建设项目名录。重点区域分"商务办公、商业中心、交通枢纽、综合节点"四种类型。

对于已建的存量地下空间,如武林广场商业区域、钱江新城中心区作为两大商业集聚的标志性区域,优化招商引资环境,提升区域活力,打造地下商业样板区。而对于在建的重点区域,如亚运场馆、云城、三江汇、西站交通枢纽等,把建设开发与商业化利用充分结合起来,做好业态策划和布局,形成与地上商业的"差异化"经营,确保建得好,用得好。

四、典型地下空间商业定位

1.奥体博览城

滨江区块的奥体主体育场、网球中心、滨盛路下穿隧道以及萧山区块的亚运三馆等，是一个以体育和博览功能为主，集文化、商贸、旅游、居住、演艺、美食、休闲、度假、购物等功能的大型城市综合体。

其中，奥体博览城滨江区块地下空间总面积 312800 m^2，主要分布在主体育场、网球中心、奥体商业及配套车库、滨盛路下穿隧道。主体育场地下一层，总建筑面积 60000 m^2，主要用于"一馆两中心"（印学博物馆、杭州市群众文化活动中心、杭州非物质文化遗产保护中心）展馆用房，为赛后利用、以馆养馆提供保障。此外，地下一层还配套 120000 m^2 的商业用房，计划亚运前完成业态布局及招商，亚运后逐步对外开放。

奥体博览城萧山区块的亚运三馆中，体育馆、游泳馆地下商业面积为 29200 m^2，定位主题为"运动＋娱乐、生活、文化、社交"。地下一层西部计划打造"运动＋文化"空间，引入影院、体育主题文化店等类型业态；地下一层中部计划打造"运动＋社交"空间，引入夜店、酒吧、观赛餐饮等类型业态；地下一层东部打造"运动＋生活"空间，引入精品超市、体育零售、少儿培训等类型业态。综合训练馆地下一层商业面积为 5857 m^2，计划引入体育零售、快捷餐饮等配套性商业。

2.武林广场区域

以武林广场地下商城为核心，与周边商业综合体通过地下通道互联互通，成为杭州最繁华的地下商业核心圈。武林广场地下商城地下一层通过地下通道连通杭州大厦、国大城市广场和武林银泰，未来还将连通杭州中心、恒隆广场等商业综合体，联合成为一个巨大的城市商业中心；地下二层则与武林广场地铁站无缝对接。经过多年的发展，武林商圈不仅积聚了很旺的人气，还具有非常成熟的商业形态，商业集中，交通便捷，基础设施完善。涉及的业态也非常丰富，不仅有高档购物中心、百货商场、便利店，还有很多品牌专卖店、特色餐饮连锁店、咖啡店以及各类饰品店、服装店等，使得武林商圈成为四通八达的航母级商业综合体。

恒隆广场为在建项目,目前结合项目开发,拟计划新建 4 条地下连通通道,串联武林广场地铁站与凤起路地铁站,优化整个武林商圈地下步行系统,目前已做好互联互通方案,下一步督促拱墅区政府,在充分论证其必要性和可行性基础上,加快推进实施。

3.运河亚运公园

运河亚运公园位于拱墅区,承办 2022 年杭州亚运会乒乓球、霹雳舞和曲棍球比赛,是杭州主城区范围内唯一新建场馆,也是仅有的集公园、场馆、商业于一体的运动综合体。总用地面积为 701 亩,总建筑面积为 185000 ㎡,配建地下机动车位2246 个。公园四周被住宅环绕,以居住、商业、教育业态为主,距离地铁 2 号线虾龙圩站约 700 m,距离地铁 5 号线萍水街站约 1 km。

该公园由"一场一馆一广场两中心"组成,南馆北场通过地下商业峡谷,即26000 ㎡ 下沉步行商业街紧密联系在一起,在兼顾无缝衔接两地块和保证行人过街安全的同时,实现良好的地下室内空间通风和采光。商业街北区将是以音乐酒吧＋特色餐饮为主题的花园式步行街,南区是以"体验娱乐＋文创艺术＋休闲美食"为主题的全龄互动休闲空间,最终呈现为集多元美食、音乐酒吧、脱口秀、相声馆、文创艺术等于一体的品质社交生活后花园。地下商业峡谷将以时空隧道主题概念塑造一个愉悦惬意、充满活力的商业空间。

地下商业街 24 小时不夜城的主题不仅给消费者提供休闲娱乐的空间,更是拉动了整个街区的经济效益;音乐发布中心首进杭城,其自带的媒体及粉丝流量,不仅为街区增加了艺术文化的气息,更为街区增加了多样化的宣传途径;拥有国内唯一广电直播资质的明星、网红直播,不仅使街区零售产品多样化,也增加了街区曝光及传播宣传的途径;明星品牌店、脱口秀、相声、密室逃脱、桌游、剧本杀、汉服、二次元 cosplay 等深受年轻人喜爱的业态,为 Z 时代消费群体打造一个休闲惬意、充满活力的网红打卡地;在南北区的连廊下定期或者不定期举办创意市集,邀请众多创意摊主加入,为消费者提供一场场富有创意的体验盛宴。

4.城东新城 0901 人防工程

城东新城 0901 人防工程是杭州市人防办工程建设历史上规模最大、功能最多的新时期平战结合经典工程。项目位于火车东站枢纽东侧,明月桥路下方,是集人防功能、轨道交通、综合商业、公用停车等多种功能于一体的人防综合体。该工程以杭州城东新城为依托,以高端互动娱乐、运动休闲、餐饮小吃、服装零售等功能为主体,通过专业运营管理,为商家营造一流的商业经营体验;通过统一的开街优势,为商户提供长期、稳定获益的创富平台。项目坚持以"规划、研发、招商、运营"为核心,赋能彭埠地下商业,打造下沉广场、地下街区、运动公园等多维度社交场景,引入网红品牌及潮流时尚,打造杭州示范性 CBD 城市地下商业空间。

　　该工程坚持人防平战功能引领,不断提升和完善业态开发整体方案,进一步挖掘地下空间商业潜力,促进多元业态融合发展,力争年内运营。结合业态开发进度,逐步开放工程全域 27 个地面出入口及 13 个地下连通口,与港龙城、三花国际、杭州之翼等 9 处周边地块互联互通。将分散独立的周边商业地块连片成网,融合了平时交通出行及休闲娱乐,战时应急疏散掩蔽功能,既实现了地下空间的高效利用,也提升了城东新城的综合防护能力。

崇杭街跨区拓宽实施"北建"战略
——拱墅区段拓宽设计方案研究

崇杭街是杭州大城北区域重要的东西向交通干道,共分两段,东段为秋石高架匝道口至崇贤第一小学,现为双向四车道。西段为崇贤第一小学向西至京杭大运河,双向六车道。随着机动车保有量的持续快速增长,东段由秋石高架上下匝道进入崇杭街的车流量越来越大,高峰期拥堵已成为常态。为了缓解崇杭街交通拥堵,提升交通能力,对拱墅区段崇杭街(临平区界至 320 国道)进行拓宽改造已势在必行。

一、道路现状调查

崇杭街(临平区界至 320 国道)路段西起临平区范围内崇杭街(崇超路至临平区)路段终点,即临平区和拱墅区区界,东侧至 320 国道。设计道路起点为沿山港桥,距起点约 90 m 处为宣杭铁路,并在道路 K0+488.780 处通过上下匝道与秋石高架相接,秋石高架南北两侧的地面辅道与 320 国道相交。现状道路标准段宽为 29 m,双向 4 个车道。

目前,崇杭街高峰期交通流量较大,存在拥堵情况,尤其集中在秋石高架上下匝道路段,且在崇杭街掉头的需求量也比较大,目前从东往西行驶的车辆若要掉头只能在距离崇杭街和 320 国道交叉口以西 1.3 公里处的崇超路掉头。崇杭街道路南侧布置有排水沟体,水流由东向西排入起点沿山港,其中起点段约 160 m 为箱涵,剩余约 160 m 为明渠。

二、总体设计思路

拱墅区段崇杭街西起沿山港桥,东至 320 国道,道路总长约 660 m。拓宽改造后的崇杭街标准段宽度达到 42 m,由双向 4 车道改为双向 6 车道,并设置机非隔离带,道路拓宽后将南侧明渠改造为暗渠或栈桥形式。

三、改造设计方案

(一)下穿铁路节点

现状崇杭街道路下穿宣杭铁路崇贤桥,桥跨均为标准 32 m 简支梁,并行且布置稍有错孔,道路中心线与铁路交角为 62°,铁路桥下承台间的净距为 19.8 m,在现状道路宽度范围内无法改造为六车道。宣杭铁路上行线侧约 25 m 处有一港湾式公交站,约 80 m 处为规划沈家桥路,该段道路东侧衔接 320 国道秋石高架上下匝道,考虑到公交站位置对宣杭铁路存在安全隐患,取消该位置公交站,并移至 320 国道交叉口出口道。作为一条重要的交通干道,崇杭街没有全封闭施工条件,施工过程中须考虑交通导改等问题,且需保证半封闭施工下既有铁路安全运营。

经现场调查和对管线物探资料分析,铁路主跨范围老路下管线较多,且大部分管线需要保留,因此,仅对路面面层进行整修。根据铁路设计规范,道路下穿工程应按较高等级设置防撞护栏,防撞护栏距离铁路桥墩的净距不宜小于 2.5 m,且不应侵入铁路桥梁承台范围。

考虑道路线形与铁路相对位置关系,崇贤桥 26-27♯墩跨间现状人行道、非机动车道、机动车道只能改造为五条机动车道,另需考虑在南侧 25-26♯墩跨间或北侧 25-26♯墩跨间增设一条机动车道。在南侧 25-26♯墩跨间存在一 6.0 m×3.0 m 排泄半山流域山洪的暗涵,且靠近沿山港河路段已为明涵,涵顶面标高已接近现状路面,上无覆土,且箱涵无法直接承受汽车荷载,该涵洞不具备迁改条件。因此,铁路桥主跨以南增设一条机动车道的方案不具备可实施性,推荐从北侧 25-26♯墩跨间增设一条机动车道。具体车道布置方案如下:

①主路:现状崇杭街即宣杭铁路崇贤桥 26-27♯墩跨间的道路改造为 5 车道,其中由东向西 3 车道,由西向东 2 车道;

②北侧道路:现状道路北侧即宣杭铁路崇贤桥 27-28♯(140A 号 26-27♯)墩跨间新增 1 条右转专用车道以及人非车道;

③南侧道路:现状道路南侧即宣杭铁路崇贤桥 140 号 25-26♯(140A 号 24-25♯)墩跨间新增人非车道。

下穿段平面如图1所示。

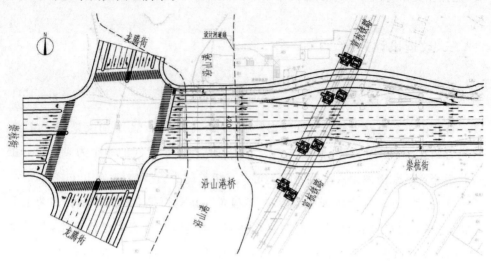

图1 崇杭街下穿宣杭铁路段平面设计图

由于地下管线错综复杂,管线迁改暂无条件,管线和刚性结构桩基布置相互影响,同时考虑到崇杭街已运行多年,路基结构已处于安全稳定状态,故根据铁路桥下少挖少填的原则,主道由现状人、非、机混行改为机动车道,道路基层结构保留,仅进行路面面层整修。

由于原道路下电力、通信管线需迁改至南北人非车道下,为方便管线铺设和检修,北侧人行道采用路基形式。参考《公路与市政工程下穿高速铁路技术规程》中道路下穿高铁技术标准,结合现场实际情况,综合考虑填挖土方、地质条件、施工对铁路桥的影响,北侧新增的机、非车道采用桩板结构下穿铁路。其余路段拓宽改造采用路面结构翻挖新建方案。

(二)下穿铁路节点至秋石高架匝道段

本段道路主要考虑到远期相交道路沈家桥路交叉口的影响,通过压缩机非绿化隔离带宽度,设置0.5 m宽硬隔离,增加一条机动车道。拓宽后设置双向8车道,道路整体拓宽设计较大地缓解了崇杭街的交通压力,同时也考虑了交通渠化,为远期规划沈家桥路建设做了准备。

(三)秋石高架匝道段

秋石高架上下匝道段两侧辅道以基本不改动现状断面进行设计,仅在引桥北侧辅道上新增一座港湾式公交站台。考虑到机动车和非机动车之间画线互有交通干扰、安全性较差的问题,在机动车和非机动车之间增加机非隔离设施。

(四)道路南侧排水渠改造

道路南侧排水渠改造分为两段:道路桩号 K0+230—K0+270 范围内新建栈桥,长度约 40 m;道路桩号 K0+270—K0+450 范围内新建 4.5×1.7 m 箱涵,长度约 180 m。

新建栈桥段在明渠北侧设置栈桥,占用部分明渠投影面,明渠的过水不受影响。栈道一端支撑在路侧挡墙上,另一端支撑在新建钻孔灌注桩上。

新建箱涵段由于过水要求,将原 2.5 m×1.5 m 排水渠及 2.5 m×2.5 m 明渠拆除后均改为单孔暗涵,正截面净尺寸为 4.5 m×1.7 m(宽×高),顶、底板厚度均为 50 cm,侧板厚度为 50 cm,以①—1 粉质黏土作为持力层,地基处理后箱涵地基基底承载力不小于 110 kPa。箱涵顶部每隔 60 m 设置钢筋混凝土检查井。

四、结语

崇杭街的跨区拓宽改造建设,短期内将缓解崇杭街高峰期交通拥堵状况,但秋石高架进入崇杭街的上下匝道为双向 2 车道,此处仍为高峰期易拥堵节点。因此,建议与崇杭街相交的南北向干道应尽早按规划建设,缓解高峰期经崇杭街进出秋石高架的交通压力。

再生水资源集约化利用

一、再生水利用总体情况

杭州主要对 49 座城镇污水处理厂深度处理后的水进行再次利用,2021 年再生水利用率为 16.26％。其中,景观环境用水约占 40％,工业用水约占 26％,城市杂用水约占 1.8％,绿地灌溉水约占 5％,其他用水约占 27.2％。

目前已建成的主要有七格三期中水回用项目、临平净水厂尾水利用工程、临安污水处理一厂人工湿地项目、新安江综合保护工程、江滨公园等再生水利用项目。

二、再生水利用规划建设

对城镇污水处理厂再生水利用情况、规模、水质、去向、效果进行普查,研究国家和政府有关政策、规范和标准,以及国内外具体做法和经验,杭州市城镇污水处理厂项目规划时,已按深度处理进行建设,并对尾水排内河预留了人工湿地等后处理的用地。因尾水再生用途多样,如低质工业用水、河网水系的补充水和杂用水,所以建议新区应统一建设再生水管道,老城区可结合综合管廊及道路改造同步实施再生水管道布设。

例如之江净水厂出水标准符合地表水"准 III 类标准",其尾水排放包括人工湿地和管线工程两部分,人工湿地的处理采用复合垂直潜流工艺,总占地面积约 14 万平方米,已投入使用。

三、研究再生水利用激励机制

市区水价改革。自 2019 年千岛湖配水工程完成开始通水以来,市发改委先后核定了千岛湖配水工程价格,开展了市区供排水成本监审工作,并及时开展水价改革方案研究工作,适时启动调价程序。

研究税费优惠政策。为推动资源综合利用,市税务局积极落实有关税费优惠政策,对纳税人利用污水处理厂出水、工业排水(矿井水)、生活污水、垃圾处理厂渗透(滤)液等销售再生水的,符合相应条件的,可享受增值税即征即退50%政策优惠;企业以上述再生资源为主要原材料,生产符合标准的产品取得的收入,可以享受减按90%计入收入总额的企业所得税。同时,符合条件的再生水资源综合利用的纳税人还可以享受高新技术企业、研发费用加计扣除等普惠性税费优惠。今后,税务部门将继续精准落实上述各项税收优惠政策,并及时将有利于促进再生水资源综合利用的建议意见向上级部门反映,构建更加有效的税收激励政策体系。

四、提升污水处理厂出水水质标准

1.再生水利用推广

对于符合回用标准的再生水,按照优水优用的原则,积极推广利用,将其用于城市绿化、道路清扫、车辆冲洗等,增加再生水实际使用量。按照《杭州市供排水专项(一体化)规划(2021—2035年)》要求,依托七格等7座污水处理厂建设教育基地,大力开展居民节约用水宣传教育,培养良好的节水习惯,提高公众对再生水的认知度。

2.提高出水水质标准

按照《城镇污水处理提质增效三年行动方案(2019—2021年)》及省清洁排放标准要求,积极推进城镇污水处理厂提标改造工作,实现杭州市运行城镇污水处理厂尾水处理标准从一级A提升至准Ⅳ类。

推进高品质绿色农房建设

一、绿色农房建设意义

绿色农房是按照安全实用、节能减碳、经济美观、健康舒适原则进行建设的高品质农房,建设高品质绿色农房是推进乡村绿色发展的重要环节,同时也是推进共同富裕,促进"碳达峰、碳中和"目标实现的重要抓手。

随着美丽乡村、乡村振兴等政策的落实,农房建设的力度不断加大,虽然已积累了一些好的做法,但农房绿色建筑技术的系统性应用仍处于初级阶段,现有农房能耗较高、资源浪费、室内舒适度低等问题仍普遍存在。推广绿色农房的建设,对有效提升农民生活质量,增强其获得感、幸福感,具有积极意义。

二、塑造具有地方特色的村落风貌

农房建设应遵循杭州市相关村庄规划,充分考虑农村的地域特征,尊重农村的文化传统和风土人情,顺应自然环境,在延续原有乡村风貌的基础上塑造富有地方特色的村落风貌。

农房建设结合气候条件、地理位置、自然资源条件和农村地区特有的生活模式、经济条件,采用适宜的建筑形式、建筑材料、技术措施和能源利用方式。

三、农房建筑绿色技术应用

农房建筑绿色技术主要包括围护结构节能技术、节水与水资源利用、设备设施节能技术、节材与绿色材料、可再生能源利用、绿色建造技术等内容。

农房建设应充分考虑当地的资源条件，积极利用太阳能、空气能等可再生能源，减少常规能源消耗，减少温室气体的排放，并应注意与整体城乡风貌相协调。

四、农房建设场地及结构安全性

农房建设场地应避开滑坡、泥石流等易发生地质危害的地段，易发生洪涝的地区应有可靠的防洪涝基础设施；场地应无危险化学品、易燃易爆危险源的威胁，应无电磁辐射、含氡土壤的危害。

农房建筑结构应满足承载力和建筑使用功能要求。建筑外墙、屋面、门窗、幕墙及外保温等围护结构应满足安全、耐久和防护的要求。建筑的非结构构件、设备及附属设施等应连接牢固并能满足主体结构变形要求。

五、节约土地和建设维护成本

推广利用经济合理的新技术、新材料，运用新工艺，提升农房的建设质量和居住品质，同时有效利用和节约土地，合理使用绿色建材和乡土材料，禁止使用实心黏土砖，提倡建筑材料的循环利用，综合考虑农房全寿命周期的资源消耗，节约建设、使用和维护成本，实现农民居住环境的健康、舒适、安全。

杭州市临平区"内涝及水环境数智治理"应用

习近平总书记强调:"城市是人民的,城市建设要贯彻以人民为中心的发展思想,让人民群众生活更幸福。"杭州市临平区深入贯彻落实习总书记指示精神,聚焦地下管网摸清难、城市内涝治理难、污水偷排监管难、地下隐患排查难等痛点难点,开发"内涝及水环境数智治理"应用,构建城市排水防涝动态监测管控和应急响应机制,实现城市内涝防御和安全治理的科学化、智能化、现代化。

一、需求分析

治水是一个庞大复杂的系统工程。当前,在推进城市管网和水环境治理过程中,还面临四大难点:

一是地下管网摸清难。由于管理方式落后、产权单位变动、市政不规范施工等,地下排水管网资料普遍存在不同程度缺失、数据模糊等问题。同时,现有的部分管网数据和检测报告主要以纸质形式存放,难以进行保存、查询、统计和数据利用,亟待数字化管网信息库,夯实数字化应用开发基础。

二是城市内涝治理难。城市涵洞、隧道广泛分布,强降雨天气容易形成积水,极端暴雨天气下甚至会短时间形成雨水漫灌,对老百姓出行影响大,甚至对出行安全构成威胁,亟须通过信息化手段及时调配排涝资源,及时预防预警,科学调度资源。

三是污水偷排监管难。临平区工业园区较为集中,排水企业较多,周边水系发达,排口隐蔽,管网错综,生态环境保护工作压力大。传统巡查手段已经难以适应新的监管要求,不利于及时发现污水偷排事件并收集和固定证据,亟待通过数字赋能解决污水排放发现难、取证难问题。

四是地下隐患排查难。道路地下病害体和塌陷事关老百姓出行安全,社会关注度极高,通过道路地下病害体普查可以发现部分隐患,但由于道路地下病害动态变化性,随着管网老化、渗漏或破损,新的病害会不断产生,亟须通过开发数字化应用来解决地下病害体变化规律不掌握、监测检测重点不突出等问题。

二、场景建设

围绕四大难点问题,临平区在星桥街道进行了示范建设,通过建设六大应用场景系统重塑城市管理的业务逻辑和流程规则。

(一)排水管网资产数字化管理应用场景

本模块录入了星桥街道雨污水管网的基础数据,全面掌握雨污水管网设施的分布、类型、管径、流向等情况。基于管网 GIS 数据,可以实现以下功能:区域查询、条件查询和综合查询等查询功能可以查询某个特定区域或道路满足某个特定条件(例如:管径>300 mm、材质为混凝土)的所有管段和井点数据,并可导出 excel 表格;通过道路统计、区域统计、设备统计、管线统计、分段统计和自定义统计等多种统计方式,可以统计各个区域和各种情况下的各类管网设施信息;根据管网之间的拓扑关系,实现了各排水设施之间的连通性分析;等等。

基于上述功能,达到了按"图"索"迹"的效果。一是可以辅助管理人员快速、精确的定位排水设备,找到要检查的管段或要排查的问题点,且掌握该排水设备的详细信息;二是可以帮助养护人员高效、科学地进行管网日常养护工作。

(二)桥涵隧道内涝积水预警应用场景

首先,基于压力水位计、电子水尺和雨量筒等物联感知设备和信息化平台,实现对桥涵隧道低洼点的积水深度和泵房集水池液位的监测,并借助内涝分析预警算法,进行内涝积水的三级预警,同时将工单派发给对应的内涝应急人员和管理人员;再通过视频监控,可以查看桥涵隧道进出口的人员和车辆进出情况、低洼点的积水情况和泵房运行情况,以及应急人员到达现场的处置情况;最后,通过 LED 告示牌实时告知行人和车辆桥涵隧道的积水深度和通行建议,为市民的安全出行增加一道保障。

本场景实现的功能,一是为内涝应急人员赶赴现场和应急处置提供宝贵的响

应时间,将涵隧的内涝问题消灭在初级阶段;二是帮助管理人员实时掌握涵隧的现场情况,为领导进行科学决策提供依据和数据支撑,辅助管理者以更直观、更高效的方式实现城市内涝治理的精细化和智能化。

(三)地表易涝点实时监测预警及长效治理应用场景

本场景通过物联感知设备实现窨井液位和易积水点地表水位的实时监测和预警。当窨井未发生满溢时,通过压力水位计和雷达水位计进行井点的液位监测;当已经满溢时,则通过电子水尺进行地表积水的监测;同时,通过视频监控,可掌握现场的积水情况和应急人员到达现场的处置情况。实现了地表积水前的预警,积水时的告警,为内涝应急处置提供宝贵响应时间,为易涝点整改提供可靠依据,提升城市防洪排涝应急能力。

(四)污水偷排的主动感知应用场景

根据晴天雨水管网无水流、无流速的特性,借助多普勒超声波流量计实现晴天污水偷排的主动感知。在星桥街道北部工业园区重点排污企业的雨水总排口处安装多普勒流量计,实时监测管网的流速和流量,当无降雨且雨水管网流速大于零时,系统进行排污预警,并通过派单系统自动告知监管人员赶赴现场、收集偷排证据。

污水偷排的主动感知系统辅助环保监管者及时发现、处置污水偷排情况并及时监督对方整改,从而进一步完善雨污分流工作,推进"污水零直区"建设100%的目标。

(五)河道水质环境在线监测应用场景

根据一体式水质自动监测站和实验室水质取样检测的方式,星桥街道采取多种方式对河道水质进行监管。通过一体式水质自动监测站对关键河道断面的重点水质指标(pH值、溶解氧、氨氮、高锰酸盐指数、总磷、浊度)进行实时监测,并根据《地表水环境质量标准》(GB 3838-2002)自动进行水质等级的判定,对劣V类的河道进行水质超标报警,再通过派单系统告知监管人员赶赴现场进行污染源排查;同时,通过每月3次的常规取样检测,以解决水质监测站因资金难以全面铺开的问题,全面覆盖星桥街道27条河道的重点断面,并且取样检测也可以定期进行水质自动监测站的数据校验,以保障水质监测站的数据准确性。

以多种监管方式,帮助管理者全面掌握星桥街道 27 条河道的水质情况,有针对性地进行污染源排查,及时有效地进行水质整改,保障星桥居民的生活质量。

(六)道路病害数字化及可视化应用场景

通过规范道路检测流程,开发信息化道路检测管理工具,建立了地下病害隐患的全流程追踪机制。

对道路进行检测,建立了道路基本信息和道路病害信息的电子档案,进行可视化的点位图和热力图展示,并结合历年数据,进行大数据分析,指出病害的高发区域和重点道路;再通过工程处理,记录空洞和脱空病害的工程处理单位、处理方式和照片,落实各个环节的责任;最后通过对病害复测,追踪已处理病害的修复效果和不需要工程处理病害的发展趋势,将病害处置在道路塌陷之前,在减少工程处理次数的情况下,保障城市道路的安全运行。

道路病害全流程追踪机制和各阶段记录的大量数据,可帮助管理者实现道路病害检测的精细化管理,为道路检测计划的制订提供科学依据,通过有限的检测投入,保障市民的出行安全。

三、项目总结

(一)构建城市内涝精细化治理体系

基于不同类型的城市内涝特点,创新性地建立各种内涝状况下不同监测预警治理体系。以内涝系统联动感知设备、监控设备和警示设备,通过内涝预警算法,帮助内涝应急人员提升处置效率,帮助管理人员实时掌握涵隧的现场情况,为科学决策提供依据,实现城市内涝分阶段、分类型的精细化治理。

(二)建立地下隐患全流程追踪机制

基于城市道路地下病害体探测工作规范,打造城市道路病害检测管理系统工具,建立道路病害全流程追踪机制,依托道路病害检测、病害工程处理和病害复测等数据,制订科学有效的道路检测计划,实现道路病害发展的趋势分析、病害检测的全流程追踪和精细化管理。

(三)创新污水偷排常态化监管模式

基于晴天雨水管网无流速的特性,借助流量计感知晴天污水偷排情况,实现污水偷排 24 小时监管,对于污水偷排行为,做到及时发现、及时处置和及时监督责任人整改,助力污水零直排长效管理机制建设。

系统平台于 2022 年 6 月上线,截至 2022 年 11 月底,实现积水发生次数降低 75%(比较上年相同降雨条件下统计),内涝应急工作响应时间缩短 68%;城市道路地下病害体检测工作量减少 30%,有效问题发现数量增加 45%,工程处理响应时间降低 60%。

下篇　城市建设工程技术

5G 路灯杆站建设

一、开放路灯杆

5G 路灯杆建设采取备案制,坚持统分结合,由杭州铁塔公司统筹实施。城市河道两侧和路灯杆等资源向 5G 基站建设开放,共同完成项目选点、现场踏勘和建设方案设计等工作,稳步推进站点建设项目。截至目前,完成城市河道两侧站点建设 27 处,之江东路上杆灯合杆改造试点 3 处,九堡大桥 5G 路灯杆改造 8 处,复兴大桥桥头堡站点建设 1 处,秋石高架 20 处 5G 路灯杆站点改造正在稳步推进中。

二、"智慧灯杆"试点

利用智慧灯杆进行试点改造,例如之江东路以及建国南路等道路存量路灯试点改造,辐射带动副城区智慧灯杆试点建设,指导未来科技城良睦路、临平北大街等路段开展智慧灯杆试点工作,还将在火车东站东、西广场和河坊街等位置试点改造不同种类智慧灯杆。

三、现有 5G 路灯杆站的政策

开放政府机关、事业单位、国有企业等所属公共设施资源以及城市道路、绿化带、公共绿地、公园广场、公交站台、校园、机场、港口、客运站场等场所和设施,支持 5G 及通信网配套设施建设;利用住宅建筑、公共建筑、商业建筑等的附属设施开展 5G 通信网建设,确保 5G 网络深度覆盖;整合利用路灯杆、信号杆、监控杆、电力杆(塔)等社会杆(塔)资源,推进"一杆多用"。

支持 5G 企业的商用和产业化发展,鼓励企业在 5G 核心设备、芯片、器件、模组及终端等领域开展产品研发,并突破一批关键技术。2019 年和 2020 年,共扶持 5G 技术创新项目 47 个,市、区两级资助杭州 5G 企业 1.15 亿元。深化 5G 与物联网、人工智能的融合,推进 5G 在工业制造、娱乐消费、城市治理、民生服务等方面的应用。全市每年认定一批产业带动作用明显的 5G 新技术、新产品、新业态、新模式示范项目。

完成对 5G 基站转供电主体的摸排梳理工作,按照"分类分批、稳步实施"原则处理:对于具备户表改造条件的,则应改尽改、直接供电;对于暂不具备条件的,则严格按照清理规范转供电加价行为政策要求,据实分摊使收支平衡。据运营商测算,在推出公共资源免费开放、转供电改直供电和租金限价等组合拳后,每个 5G 基站年运维成本降低 4 万多元,总运维成本降低 33%。

推进 5G 基站建设"一件事"集成改革,并在全市推广,改变以前基站建设多头管理难以形成合力的被动局面,精简了审批事项,优化了审批流程,缩短了审批时间,规范了基站建设,实现了"一次性规划、一平台受理、一次性踏勘、一揽子审批"目标,为 5G 网络及智慧灯杆建设打开了新的局面。

四、路灯杆站租赁管理

主城区路灯杆上挂载 5G 微基站(通信基站),有利于促进移动通信基站布局优化,促进资源共建共享。根据杭州市人民政府公文处理简复单和主城区路灯杆综合利用采购合同,2018 年 10 月,市城管局已按程序将主城区 5.6 万盏路灯的空间资源经营权授予杭州市路灯管理所,涉及该区域的 5G 微基站(通信基站)占用、改建等相关费用,原则上由杆站建设单位与国网杭州供电公司本着互利共赢原则进行协商谈判,形成共识后报市城管局同意实施。利用 5.6 万盏路灯之外的路灯杆空间资源挂载 5G 微基站(通信基站),可结合市城管局即将开展的路灯杆综合利用改造二期项目统筹实施。

五、宣传引导

一是根据"最多跑一次"改革要求,指导各通信基站建设单位履行环境影响登记表备案手续。

截至 2023 年底已完成对约 3600 个 5G 基站的监测。根据监测结果,各发射频段功率密度测量值均符合《电磁环境控制限值》(8702-2014)规定的公众暴露控制限值。

二是妥善处理 5G 基站信访投诉,对查实的违法建设基站依法严格处理,对合法运行的基站,以实测数据为支撑,与信访群众沟通交流,耐心答疑解惑,打消信访群众对于基站电磁辐射问题的担忧疑虑。

住宅小区电动自行车充电场所建造技术

一、概述

为消除电动自行车充电时的安全隐患,防止和减少火灾危险和危害,各住宅小区应提供电动自行车充电场所。电动自行车充电场所是住宅小区非机动车库的组成部分,配建指标可计入非机动车库。电动自行车充电场所分为充电车库和充电车棚两类,用于停放电动自行车、机动轮椅车,服务半径范围宜为 100－200 m,并配套安装充电设施。

充电场所内部防火单元应由防火设施分隔而成,并能延缓火势向同一建筑的其余部分蔓延。新建住宅小区充电场所应与建设工程同步设计、同步施工、同步交付使用。

二、住宅小区充电场所特征

1. 建筑防火等级

住宅小区宜独立建造单层建筑的充电场所,其建筑面积不大于 300 m²,耐火等级不低于二级,内部按每组车位防火墙划分防火单元。如果与耐火等级为一、二级的其他建筑物相邻也应设置防火墙。

2. 平面位置布置

充电场所设置不应占用消防车道、建筑防火间距和消防车登高操作场地,不应影响室外消防设施、疏散通道、安全出口、救援通道的正常使用,不应是高温、易积水、易燃易爆场所。在贴近托儿所、幼儿园和老年人活动场所的地方不应设置充电场所。

3.车位分组设计

充电车位应分组设置,每组不宜超过 20 辆充电车,车位面积不少于 2.2 m^2/辆;每组间距小于 6 m,用防火墙分隔。机动轮椅车车位至少设置一个,其面积不小于 2.7 m^2/辆。

4.消防设施配置

充电车库消防设施配置包括:(1)消火栓或消防软管卷盘、轻便消防水龙;(2)建筑灭火器;(3)自动喷水灭火系统;(4)火灾自动报警系统或火灾探测器。充电车棚应配置建筑灭火器。

其中,火灾自动报警系统应与运营平台联网,按平台要求上传信息。其他应急照明、疏散指示标志和排烟系统应符合有关规定。

三、充电场所防火建筑的规定

1.新建住宅小区充电场所规定

新建住宅小区充电场所分为地下充电车库、半地下充电车库、地上附建式充电车棚、地上独立式充电车库或充电车棚;既有住宅小区充电场所分为独立式充电车库、附建式充电车库和充电车棚。当充电场所位于地下室及半地下室时,其提升改造应符合新建住宅小区充电车库的要求。

2.新建住宅小区充电场所的防火面积要求

(1)地下或半地下充电车库防火面积不大于 200 m^2。

(2)地上附建式充电车棚面积不大于 250 m^2。

(3)地上独立式充电车库或充电车棚面积不大于 300 m^2。

3.既有住宅小区充电场所的防火面积要求

(1)地上附建式充电车库面积不大于 250 m^2。

(2)独立式充电车库或充电车棚面积不大于 300 m^2。

4.充电车库防火安全要求

充电车库与同一防火分区的其他区域之间应用防火墙分隔,相互间可以防火

便民工程建设简讯

一、新能源营运车辆"车桩"融合

出租汽车服务管理信息系统的功能侧重于巡游、网络预约两类，约租车监管系统的功能侧重于出租汽车运输服务与行业监管，后期主管部门将根据"数智交通"建好系统集成、数据互通与深化应用。

建设车桩一体的多跨应用场景，去除中间环节，提高行业效率，杭州新能源汽车充电设施智能化管理系统，实施公共充电设施线上管理。在新一轮数字化改革中，将积极推进车辆和基础设施等平台的信息共享，探索建立统一找桩、方便结算、智能服务的多跨场景应用，促进车桩融合，优化充电设施，加强监管服务，促进杭州绿色交通、智能交通高质量发展。

新能源汽车充电桩建设。按照新能源汽车充电桩建设总体思路，引导桩企开展公用充电桩建设。目前，已有国网公司、西湖新能源、万马联合新能源、特来电新能源等百余家企业，参与了杭州市充电设施投资建设。但由于加油站增建充电桩相关专项安全规范尚未完善，增建充电桩的综合能源站试点中，部分项目安评报告暂未通过。

相关政策明确了新建公共停车场和居住小区充电设施的配置要求，因此，对于具备充电设施安装条件的公共停车场，政府还是鼓励相关企业增建公共充电设施，目前主城区绝大部分公共停车场已配建充电设施。在居住小区，新能源汽车用户可在其自用固定车位上报装自用充电桩，对于车位不固定、自用充电桩安装存在困难的老旧小区，可在小区共有车位上试点安装专用充电桩，供小区新能源车用户共享使用。

二、大城北建设初见成效

根据杭州新一轮国土空间规划、综合交通规划提出的新型城市发展格局,大城北地区依托区位优势,助力杭州都市圈建设,实现长三角地区更高质量的一体化发展。"五大板块"重点工程建设带动区域内大片项目落地,合力攻坚,突破瓶颈。

大城北建设初见成效,未来可期。大城北地区蓬勃发展,先后完成了运河文化艺术中心、运河文化发布中心、拱康路、香积寺路隧道、千岛湖饮水北线工程、华师大附校、杭钢云计算数据中心产业项目等一批重大项目。新三年行动计划(2021—2023年)涵盖规划落地、路网建设、水电设施、民生改善、生态修复五大板块,29个子项共计500多个项目。

启动打通"断头路"三年(2021—2023年)行动计划,计划实施77个项目,2021年累计建成12.4公里。另外,大城北地区"断头路"仍然较多,现已多次组织余杭、临平、拱墅等区进行现场走访协调,研究新建道路方案,并合理安排建设时序,希望早日根除"断头路"这一顽疾。

而新一轮综合交通研究规划调整了快速路架构,打破固有的主城联通思路,提前研究规划主要道路连接绕城北环线的方案。

制约拱墅区道路建设的主要外部因素是涉铁(老宣杭铁路、新建地铁线路)和老工业区土壤环保修复,未被影响的道路工程段正在加快实施,受影响的工程段正在积极研究方案。目前,康园路(金昌路—北秀街)段已完工;康园路(独城路—金昌路)段预计年内完成;下塘路(龙腾街—崇杭街)段已完成,建设标准提高至20米城市次干路;康贤路(康桥路—平炼路)段2024年初开工;康园路(康桥路—独城路)段预计2024年完成;拱墅段崇超路、崇文街2023年开工;下塘路(康桥路—朱家坝路)段待油库等重要设施征拆问题解决后开工;康园路(北秀街—北站路)段、崇杭街因涉铁进行前期研究;康贤路(康乐路—区界)段进行选址论证;康贤路(金昌路—石祥路)段因涉铁分阶段实施;康贤路(平炼路—码头路、码头路—金昌路)段进行前期研究。

随着该区块的外部影响因素逐步排除,大城北必将迎来互通交融的新面貌。

三、清江路改造提升方案研究

1. 工程概况

清泰街—清江路区位优势突出,功能作用强,西连湖滨中心区,东接秋涛路,与钱江三桥相接,是老城核心区往东部、南部(滨江、萧山、机场)主要通道之一,随着望江新城的建设,该路段通行需求进一步增加。清江路(建国路—秋涛路)改造提升方案研究旨在通过系统性分析和研究区域现状及发展,提出合理可行的方案,治理"乱"象,破解交通问题,促进区域协调发展。

2. 方案比较研究

通过对清江路现状用地、交通、商业出行等综合情况分析,结合区域路网、清江路自身功能定位等因素,提出下列两个提升改造方案,供相关部门参考。

方案一。小改方案主要实施以下工程内容:改造清泰立交东侧引桥,加大纵坡,使其于规划凯旋路西侧落地,与规划凯旋路平交;清泰立交主桥断面调整为双向四车道,非机动车道单独下穿铁路通过;夕照新村路段两处人行过街改为地下立体过街;清江路与凯旋路交叉口建设地下过街通道,清江路与杭海路交叉口建设人行天桥。工程总投资约 4.3 亿元,其中工程费用约 2.4 亿元,工期约 1 年。

优缺点:小改方案的出发点是打通凯旋路平交节点,道路改造与环境治理相结合,尽量减少对周边的影响。该方案重在交通环境治理和秩序整治,不打破原有交通平衡状态,基本满足交通稳定需求,实现功能提升,工程实施难度相对较小,造价低,工期短,可实施性强。

方案二。保留跨铁路处桥梁,新建两层高架、落地匝道和地下空间,形成多层次立体交通;对环城东路节点上桥匝道进行改造;新建人行天桥和非机动车隧道跨越铁路;铁路东侧两层高架与清江立交连通,凯旋路西侧设匝道落地,平交实现交通转换;人行过街改为地下立体过街,清江路与杭海路交叉口建设人行天桥;布局地下空间和两层连廊慢行系统空间,与南北片区规划衔接。

优点:大改方案立足于增强通道功能,在保留跨铁路桥梁的前提下,实现各方向的互联互通,该方案通行能力更高,铁路两侧联系更加紧密。但建设标准高于规划,建成后东西向功能过强,拥堵节点西移至清江路至建国路交叉口。

缺点:建设规模较大,建设工期长,约3年,对沿线居民、企事业单位影响较大,新建高架桥梁需征收住宅约1.8万 m²,需属地政府做好沿线住宅、公建涉及群众工作,并拆迁铁路桥下客运站和给水工区约1343平方米,对既有铁路运营有一定影响。投资较高,约是小改方案的5倍。

四、手机充电便民工程启动

杭州作为数字经济第一城,以"城市大脑"创新城市治理,数字产业蓬勃发展。在线娱乐、在线阅读、在线教育、远程医疗、手机支付、疫情防控等智能化服务新模式不断出现,激活新兴消费市场,推动消费能力不断升级,手机已成为群众出行的必备工具。以不断满足人民对美好生活的向往和追求为目标,在创造数字经济时代、拥有新亚运记忆的杭州,为了能在户外便捷地给手机充电以解人们的燃眉之急,推出了一项接地气的便民工程。

目前,部分新能源公交车的车厢内带有 USB 接口,安装在公交车横排座位旁的车厢壁上,插上数据线,乘客就可以给手机等电子产品充电。今后,公交集团将陆续购置带 USB 接口的新能源公交车,逐步替换老款车型。

杭州火车东站多个候车区域也都设置了手机充电服务站,可以供旅客及时补充手机电量,以免出现等待时间过长导致手机没电或关机的情况。

今后,将在火车站、汽车站、商场、医院、地铁站等人流密集的室内公共场所,推广设置公共插座,最大限度地与现有场地布局完美契合,提供优质手机充电服务。同时,鼓励餐饮企业在室内装修时考虑设置桌边的 USB 接口;公共建筑方案设计时可增设用于手机充电的公共插座,并在新建公共建筑的方案审查时,提出合理布置公共免费插座的要求。

五、解决三官堂周边道路积水及如厕难题

三官堂周边道路为余杭塘河绿道,由于河道综合整治时间久远,园路沉降、老化,道路存在积水问题。此段余杭塘河绿道提升改造项目现已列入政府投资项目

建设计划。项目建设可行性研究报告与初步设计方案经相关部门审查已取得批复。这期间还通过媒体、城建档案馆公示，与沿河街道社区居民进行多次民主恳谈，征求多方意见并广泛采纳。

经与设计单位专题研究，此段绿道提升改造中，首先，将整体抬高三官堂前沥青道路基础，调整园路高程使其向河道侧放坡，防止积水；重新整理地形，调整绿化布置，增强道路两侧绿地的雨水消纳能力，并铺设沥青面层，修缮破损路面。通过上述措施解决了三官堂周边园路积水与破损问题。

其次，解决市民上厕所难问题。三官堂周边有 2 座公厕，即杭三大桥公厕（距三官堂步行约 350 m）和余杭塘路紫荆花北路口冠苑公厕（距三官堂步行约 300 m）。鉴于公共厕所普遍存在的"邻避效应"，单独新建公厕难度确实较大，极易引发群体信访事件，根据《杭州市人民政府关于杭州市公共厕所布点规划的批复》（杭政函〔2020〕100 号）精神，考虑以社会对外开放卫生间形式，解决三官堂周边园路如厕难问题。经西湖区政府与三官堂东侧五洲国际、印象城等综合体产权单位协商，同意 2 楼卫生间 24 小时对外开放，过往市民可随时进入如厕，并在三官堂周边园路以及主要出入口位置设置指向牌。

下穿道路工程深基坑渗漏水处置实例

一、概况

杭州某道路工程基坑深 39.3 m,采用明挖顺作法施工,叠合墙结构。围护结构为 1200 mm 厚 C40 钢筋混凝土地下连续墙,十字钢板接头,墙长 47 m,入岩大于 2 m,由 7 道混凝土支撑和 1 道直径 800 钢支撑;淤泥质地层段采用三轴搅拌桩槽壁加固;承压水及降水由地墙隔断,坑内布置 2 口降水井,坑外南北两侧各设置 2 口备用降压井。后续按 4% 纵坡调整,相较于原施工图抬高约 4 m,当时处在已开挖面以上。

二、发生三次渗漏水

第一次渗漏水:当年 10 月 2 日,第七层土方开挖至 31 m 处,西北角围护结构发生第一次渗漏水险情,造成北侧地表沉降约 59 cm。发现险情后,采取了回灌水和地面注浆加固措施。

第二次渗漏水:次年 1 月 2 日,基坑抽水过程中,西侧第六道支撑位置发生第二次渗漏水,出现了地面沉降监测数据预警。发现险情后,采取基坑回灌水和地面注浆加固措施,坑内水位回灌至第三道支撑位置。

第三次渗漏水:次年 2 月 27 日,完成第二次抽水,在基坑第八道钢支撑以下位置探挖时,东侧中部位置发生第三次渗漏水,采取基坑回灌水和地面注浆措施,坑内水位回灌至第一道支撑以下。

第三次渗漏水造成基坑东侧地表沉降 59.29 mm,管道直径 1000 mm 的自来水管最大沉降 19.56 mm,管道直径 200 mm 的燃气管最大沉降 2.48 mm。同时,

造成盾构区间 220－240 环变形较大,隧道结构收敛最大变形 42.5 mm,沉降 134.72 mm,位于 226 环;水平位移最大变形 29.2 mm,位于 230 环。

三、临时应急处置

按照施工应急预案,现场立即布置以下处置措施:

(1)采用水泵回水至第一道冠梁顶下。

(2)基坑与机场快线左线盾构之间,布置 3 台注浆机对土体注浆填充。

(3)基坑东侧漏水点地连墙外引孔注聚氨酯。

(4)DN1000 自来水管旁进行引孔注浆。

四、第三次渗漏水原因分析

围护结构地连墙施工中,第三次渗漏处,因地连墙首开幅存在混凝土绕流现象,绕流混凝土无法清除干净,导致地连墙连接处存在间隙。

基坑开挖前,此处地连墙接缝缺陷外,补打一幅宽 3 m,厚 0.8 m,深 44.5 m 的素墙进行补强,且素墙两端均施打一根 MJS 旋喷桩进行封堵。后期对素墙及 MJS 旋喷桩进行取芯发现,素墙承压水层存在 50 cm 断桩。

因在素墙背后进行双液注浆,共引 5 个孔,注浆量约 45 吨水泥,注浆深度约 44 m。从漏水情况来看,注浆未达到理想的封堵效果,未将素墙断桩位置封堵牢固。

此渗漏处,开始采用钢板焊接再进行水平注浆,水平注浆的竖向间距为 0.8～1 m,再采用人工掏槽验缝的方式进行开挖,但在承压水压力下,该方法已无法防止承压水突涌现象发生了。

五、坑外加固及水下封底措施

1.坑外加固

(1)基坑东南侧采用直径 1500 mm 全回转套管进行清障,清障深度为 13 m,确保地连墙施工下方无障碍物影响。地连墙深度均为 44.5 m,厚度为 1 m,采用水下

C35P8 混凝土进行浇筑。

（2）坑东侧整个地连墙外侧施打 3 幅贴边玻璃纤维筋地连墙,总长 21 m,分三幅完成,墙深到强风化底,灌注至地面,接头采用锁口管柔性接头形式。

（3）基坑北侧与盾构平行位置,施做 5 幅素墙与盾构隧道隔开,素墙混凝土灌注至地面,接头采用锁口管柔性接头形式。

（4）基坑东侧、西侧玻璃纤维筋地墙接缝外侧,以及南北两端采用 MJS 旋喷桩进行止水加固,MJS 旋喷桩直径 2 m,深度 44.5 m,有效桩长至盾构顶 5 m,水泥掺量 40%。

（5）新地连墙施工完成后,新老地连墙空隙中施打 5 根 $\varphi2000$ 的 1700MJS 旋喷桩进行补强,每个地连墙接缝外侧与玻璃纤维筋地墙两端各施打 1 根 $\varphi2000$MJS 旋喷桩进行止水封堵。

（6）MJS 旋喷桩施工完成 7 天后,基坑东侧则施打 2 口降压井对下部承压水进行降压。

2. 水下封底

（1）水下掏挖清理。

第一步:根据上述工况,采用一台码头吊进行水下开挖施工,将中间位置可能掏挖的土方通过码头吊进行掏挖;支撑及环框梁下部掏挖不到的位置,由潜水员使用高压水枪配合泥浆泵进行清理。

第二步:初步清理到地面下 35.5 m 深度时,由中间向东西两侧扫底作业。边冲洗边对标高复核,基坑垫层底标高以冠梁顶为基准面采用测绳进行多点位测量,完成第一次大面积清底作业。

第三步:技术人员对底标高进行第二次复核,同时水下作业人员对墙角、地墙接缝区域进行局部处理。而后对标高差异处再次进行扫平。基底标高验收,垫层浇筑前再次扫底清查。

第四步:对地连墙墙角、墙边、接缝、降水井区域进行高压水枪冲洗,清洗完成后手工探触,确保清洗干净方可停止冲洗,避免垫层与特殊部位夹泥。

（2）水下垫层浇筑。

该垫层混凝土标号采用水下 C30,塌落度控制在 220—240 mm 之间,并应保证在水下均匀摊铺。垫层浇筑厚度为 1 m,共浇筑 413 m³ 混凝土。

第一步:采用挖机均匀抛掷毛石,并由潜水员下水进行整平,防止毛石堆积。毛石直径不大于20 cm,下部毛石摊铺厚度不大于30 cm。

第二步:基坑四个角落位置安装固定导管,采用40b槽钢搭设架子,导管安装时保证一定的倾斜角度,使导管尽量靠近角落。基坑中部采用两根移动式导管进行浇筑。导管移动采用25 t汽车吊进行缓慢移动,每次移动距离不大于10 cm,保证导管在混凝土中埋深深度不小于50 cm。

第三步:完成浇筑后,由潜水员对水下混凝土浇筑情况进行摸排,不到位的地方进行补打。

(3)底板施工。

第一步:完成水下垫层浇筑7天后,由潜水员确认水下混凝土封底质量情况及混凝土凝结情况。

第二步:抽水前,从河边预先安装2台紧急回水水泵,并将管道铺设至基坑,随时可启动回水工作。

第三步:完成水下垫层浇筑10天后,分阶段抽水。该抽水作业要求在25 m水深范围,每降水5 m,须停3小时进行水位观测;水深25 m至33 m范围,为每降水2 m,须停5小时进行水位观测。水位观测无异样后,可继续向下抽水。抽水过程如发现特殊情况,可立即进行回水反压。

第四步:完成抽水后,对垫层进行必要的修整,凿除垫层上部浮浆及高于垫层的部分,之后进行底板施工。

3.标高控制

水下浇筑标高控制难度较大,为了更好地控制水下混凝土浇筑标高,标高测量采用多点密集测量方式。

水下混凝土自流性较强,垫层浇筑过程中现场技术人员采用平底测锤对垫层顶标高进行控制。测锤重量约2 kg,测绳长35 m,采用带钢丝芯的尼龙测绳。浇筑过程中以边浇边测方式进行高频次观测,根据测量数据调整混凝土灌注的位置和数量。混凝土灌注接近封底高程时,潜水员复核测锤位置是否达到设计高程。

因水下浇筑混凝土无法进行振捣作业,浇筑面可能会出现坑洼不平现象,因此水下垫层浇筑时,高程按照比设计高程高40 cm控制,待基坑回灌水抽排后清理浮浆,凿除标高高出垫层顶的部分。

之江路输水管廊及道路提升工程前期调查与技术措施研究

一、工程概述

之江路输水管廊及道路提升工程位于杭州市西湖区与上城区,沿之江路敷设,全线长约 6.3 km,是以隧道为主的大型市政公用工程项目。项目区域的工程地质、水文地质条件极其复杂,周边环境极其敏感,管廊和道路临近或下穿多处文物古迹,沿线涉及钱塘江大堤、地铁四号线运营区间、紫之隧道等其他邻近建筑,既有建(构)筑物和管线密布。

1. 采用明挖法、盾构法工艺

工程采用的工法主要有明挖法、盾构法。工程涉及多期交通导改、管线与绿化迁改及恢复、桥梁与地下停车场的拆复建。明挖段存在文物附近区域岩石层的非爆开挖,盾构段采用 4 台 15.03 m 超大直径、1 台 11.71 m 大直径泥水盾构施工,同时还需实施道路及其附属配套工程、机电安装工程、装饰装修工程。

2. 沿线的管线、建(构)筑物及文物

本工程用地红线范围内涉及管线种类多,主要有抗咸渠道、污水压力管、中压天然气管、高压电力管、雨污水重力管线、通信管线以及国防光缆等。施工存在的困难有:对无法迁改的管线在施工期的保护措施要求高;用地红线涉及或毗邻多宗建(构)筑物,主要有九溪玫瑰园、珊瑚沙水库、之江旅游度假区管委会、农贸市场、浙江铁道发展集团有限公司、的士之家等,明挖隧道或盾构隧道与之净距较小,且目前有些建(构)筑物附近已经出现圬工或边坡坍塌现象;用地红线涉及或毗邻 1 个世界文化遗产(西湖风景区),5 个国家重点文物保护点(之江大学旧址、六和塔、钱塘江大桥、闸口白塔、中河),1 个省重点文物保护点(古海塘)。

3.上跨下穿的建(构)筑物

下穿多处箱涵或管道,主要有九溪、虎跑溪、进龙桥河、中河等河道排江通道,以及沿途泵站进出水管,同时下穿九溪的房屋、钱塘江大桥的引桥等建(构)筑物;东端匝道上跨运营的地铁4号线;沿线临近钱塘江、结构物等。

4.隧道毗邻江河开挖断面大

工程沿线基本平行且紧邻五浦河、钱塘江等,地下水位高,同时盾构隧道埋深较大且直径达到14.5 m以上,对开挖及结构的防水工艺要求高;同时大纵坡(3%)、小曲线半径的掘进,沿线出现的坚硬大块孤石、坚硬石英砂岩、上软下硬地层等均对盾构施工造成影响,对盾构机的选型、设计、制造的适应性要求高。

二、自然环境条件调查结果

1.地形地貌

杭州西湖风景区属千里岗余脉,为低山丘陵区,是浙西褶皱带东北端的主要部位,山脉走向与地层构造线一致。地势总体由西南向东北倾斜,西部(临安区)和西北部(余杭区)属天目山系及余脉,地势最高,主峰清凉峰海拔1787 m,切割深度为700~1000 m。南部(萧山区)属龙门山余脉,地势中等,为中低山丘陵区,切割深度为560~720 m。

杭州西湖风景区由东往西分别有老焦山、天竺山、五云山、天马山、美人峰、南高峰、玉皇山、凤凰山、紫阳山,海拔依次由430 m降为78 m,而飞来峰、南高峰、玉皇山、石龙山等地,由溶沟、溶洞发育组成岩溶地貌,因此杭州城市覆盖性岩溶地面塌陷灾害主要发生在这一带。

市区中部和东部,属浙北平原,除孤山残丘以外,地势低平,海拔仅3~6 m。地表江河纵横,湖泊密布。根据地貌与第四纪地质图,项目工程属于山前斜谷坡洪积平原地貌(Ⅱ2)、低山丘陵地貌(Ⅰ3)、坡洪积、冲海积地貌(Ⅲ1)单元。

2.气候条件

杭州属于亚热带季风气候区,四季交替明显:冬季受蒙古高压控制,盛行西北风,以晴冷、干燥天气为主,是低温少雨季节;夏季受太平洋副热带高压控制,以东南风为主,海洋带来充沛的水汽,空气湿润,是高温、强光照季节;春季降水丰富,且降水时间长;秋季干燥,冷暖变化大。

常年平均气温16.5℃,极端最高气温为41.5℃(2013年8月7日),极端最低气温为-9.6℃(1969年2月6日)。历年平均降水量1400.7 mm,年最大降水量2354.6 mm,年最小降水量951.7 mm;年均大雨(日雨量≥25 mm/d)以上日数16天,年均暴雨(日雨量≥50 mm/d)以上日数3.5天,年均大暴雨(日雨量≥100 mm/d)以上日数不到0.5天。降水主要集中在4~6月(梅雨季)和7~9月(台风雨季),日最大降水量191.3 mm(2007年10月7日),1小时最大降水量77.6 mm(1987年7月22日)。年均蒸发量1252.8 mm,多年平均相对湿度80%—82%;多年平均雷暴日数36天,最多雷暴年56天;多年平均大雾51天,最多大雾年64天;全年平均日照1899.9小时,无霜期209天;最大积雪厚度为30 cm。

夏季盛行南—西南风,风速1.3—2.4 m/s,冬季盛行西北风,全年主导风向以西南风和西北风为主,其频率为10%~25%。全年0~3.0 m/s风速所见比例为92.4%。7~9月份易受台风影响,据杭州气象台实测历史最大风速为28 m/s(1967年8月),风向ESE(东南偏东)。

3. 河流水系

钱塘江是浙江省最大的河流,发源于安徽休宁县境内怀玉山主峰六股尖,在浙江省海盐县澉浦注入杭州湾,汇水面积达3.13万 km²。其洪汛受梅汛控制,汛期时,江水暴涨,据富春江芦茨水文站资料,钱塘江径流有明显的年际和年内变化,多年平均流量为952 m³/s,实测最大洪峰流量达29000 m³/s(1955年),最小流量15.4 m³/s(1934年)。

钱塘江属感潮型河流,呈不规则半日潮型,水位直接受潮汐影响,变化幅度大,场区地处强潮河口,独特的地理环境形成了举世闻名的钱江涌潮。据杭州钱江一桥上游的闻堰水文站资料,钱塘江历年最高潮水位为8.36 m(1997年7月11日),历年最低潮水位为1.30 m(1954年8月11日),多年平均高潮位为4.48 m,多年平均低潮位为4.06 m。据杭州钱江一桥下游的闸口水文站资料,钱塘江历年最高潮水位为8.11 m(1997年8月19日),历年最低潮水位为1.24 m(1954年8月10日),多年平均高潮位为4.45 m,多年平均低潮位为3.96 m。钱塘江径流具有明显的年内和年际变化。年内有丰水期和枯水期之分:3~6月或4~7月为丰水期(或

称梅汛期),径流量占全年 70%,大洪水主要在 5~7 月;8 月至次年 2 月或 3 月为枯水期。径流量年际间变幅较大,最大与最小年径流量之比达 4.15。

五浦河为钱塘江水系上泗片区内一条山溪性河流,是转塘镇、之江度假区及周边山区的防洪排涝河道,在汛期和枯水期水位变化较大,现状河底标高 2.0 m,常水位 5.5 m,20 年一遇洪水位 7.5 m,河面宽约 40 m。

九溪发源于翁家山杨梅岭相家坞,途中汇合了青湾、宏法、方家、佛石、百丈、唐家、小康、云栖、渚头的溪流,最后与十八涧在溪中溪交汇,由北往南流入钱塘江,沿途分布有九溪烟村等比较著名的旅游景点,全长约 5.5 km,平均常水位 3.0 m,河面宽 5~8 m。

珊瑚沙水库位于杭州市城区西南钱塘江畔,总库容近 190 万吨,有效库容约 160 万吨,属于涌潮型河流避咸蓄淡调节水库,是钱塘江发生咸潮时杭州市城区供水最主要的应急水源,水库自钱塘江取水,输送至下游清泰水厂、南星水厂及赤山埠水厂等。

进龙桥河位于杭州市城区南,距西湖约 3.5 km,为钱塘江杭州段左岸支流。流域范围为西起满觉陇路西南侧龙井山园,东至玉皇山,北至南高峰,南至之江路,控制流域面积 4.16 km²,平均坡降 16.32‰。进龙桥河为山溪性河流,现状河底高程为 4.64 m,出口两岸地坪标高最低位为 7.13 m,无通航要求。

中河开凿于唐代,南北纵贯杭州城区中部,南接龙山河,水流由南向北汇入上塘河,是京杭大运河连通钱塘江的重要河道。现状河底标高 2.0 m,常水位3.5 m,河面宽 8~15 m。中河属钱塘江灌区水系,水深 2~3 m,河底淤积物为 30~50 cm。河水位、流量主要受季节和大气降水控制,丰水期河水位迅速上升至河堤表面,区内河水位主要以闸门方式控制,水位高时,开闸排水,水流进入钱塘江。

三、地震地质调查结果

工程区域新构造运动不明显,工程区及周边地区近代地震为微震,震级均在 4 级以下。抗震设防烈度为 7 度,设计基本地震加速度值为 0.10 g。

1. 地质状况

根据工程地质测绘、勘探孔揭露,场地内第四系及前第四系地层按地质时代、成因类型地层结构、岩性特征、埋藏条件及物理力学性质,可分为 15 个大层,细化为 40 个亚层。所经过区域基岩均为非可溶蚀的泥质粉砂岩、凝灰质含砾砂岩、粉砂岩、石英砂岩,未分布如石灰岩的可溶岩地层。项目场地特殊性岩土,包括填土、软土、风化岩、坚硬的石英砂岩、上软下硬、左硬右软地层,以下进行分述:

(1)填土:本次钻孔揭露显示,抛石的埋深在 1.2~15.2 m,高程位于 -7.09~5.44 m;碎块石粒径以 10~30 cm 为主,最大粒径约 50 cm,对盾构井的围护结构、明挖暗埋段围护结构及抗拔桩施工影响较大,施工前要挖除下部抛石层中的抛石。如图 1 所示。

图 1 现场揭露的抛石层

根据杭州市文物考古研究所提供的《之江路提升改造工程项目地块补充考古勘探小结》的结论:在杭州市渔政监督管理总站东侧存在疑似与古海塘相关的遗迹,整体分布呈现北高南低状,这可能与海塘外的淡水有关。

(2)软土:场地主要为④、⑥层淤泥质土。该层土具高灵敏度、触变性、大孔隙比、高压缩性等特点,工程性能差。大面积厚层软土分布会给本工程建设带来一系列岩土工程问题。

(3)风化岩:沿线分布着白垩系下统朝川组泥质粉砂岩及凝灰质含砾砂岩、泥盆系上统西湖组石英砂岩、志留系上统唐家坞组粉砂岩、志留系中统康山组粉砂岩。中风化岩层中夹强风化以及泥质夹层,泥质粉砂岩遇水易软化、崩解,对隧道

（1）盾构长距离硬岩（包括软硬不均）掘进。本工程盾构隧道全断面岩层占全线 80％以上，盾构设备选型设计应满足长距离硬岩掘进要求，盾构机各系统、各部件必须有较高的可靠性，要求故障少、维修方便、使用寿命长。

隧道穿越软硬不均地层，刀具易损坏；推进速度慢，对地层扰动大，同时由于岩层破碎后比重大，掘进过程易发生滞排。因此，应根据隧道地质及施工环境选择适宜的盾构机。地层软硬不均易导致刀盘受力不均而使主轴承受损或密封破坏，刀具磨损严重，因此盾构选型过程中应充分考虑主轴承和密封盒的安全性可靠性，同时需做好刀盘刀具设计，减少不良地层对刀具的损坏。针对滞排情况，盾构机环流增加前仓直排掘进模式。

（2）盾构穿越建（构）筑物。本工程中盾构隧道侧穿钱塘江大桥、六和塔、之江学院，下穿中河河道、上穿地铁区间等，其中世界文化遗产 1 项、国家级文物 5 项、省级文物 1 项，建设环境非常复杂。盾构掘进过程对盾构设备的同步注浆、二次注浆的有效工作及灵敏度要求较高，因此在设计过程中对配套设备应予以充分考虑。

（3）盾构在浅覆土地层掘进。盾构始发段地层处于强透水粉砂层，易出现涌水、涌泥沙、地表塌陷等问题，盾构设计时应在密封的设计与管理及泥水管理等方面充分考虑防止涌泥突水的措施。

2. 盾构掘进软硬不均地层

穿越上软下硬地层时盾构掘进方向易发生上漂，造成地面坍塌。同时由于岩层破碎后比重大，掘进过程易发生滞排。

措施一：优化盾构刀盘刀具设计，可采用 19 寸整体式刀圈及双轴双刃滚刀，提高抗冲击及耐磨性，减少上软下硬层对刀具的损坏。

措施二：盾构机采用前仓直排掘进的模式，可增强泥水仓环流力度，减小渣土滞排或刀盘泥饼的概率。

措施三：控制切口水压力的上下限值，计算盾构推进的土体损失，同时根据地面监测数据，及时调整切口水压力。

措施四：根据送排泥流量和密度，绘制土砂量、干砂量计算曲线，观察盾构每环掘削下来的土体量，以判断开挖面是否超挖。

措施五：盾构通过时和通过后的沉降主要由同步注浆和壁后二次注浆进行控制。盾构推进中，同步注浆量与掘进速度必须匹配，同样根据地面沉降情况，经分析判断,调整压浆量、部位和注浆压力。

3.盾构机安全始发与接收

(1)端头加固质量控制。a.旋喷加固前先做成桩试验,试验成功并确定水泥掺入量、注浆压力、钻杆提升速度和旋转速度等参数,再大面积施做。b.加固完成后按照设计及规范要求比例对桩间咬合部位抽芯检查,若检查不合格,则继续补桩,直至合格。c.在连续墙和加固体之间增设袖阀管并注浆,对潜在的透水通道进行补强,并在洞门钻水平孔,检验洞门注浆效果,如不能满足要求继续补注,直至达到设计要求。d.在端头加固范围内施做降水井,一旦洞门出现涌水涌沙险情,立即启动降水,确保水位降至洞门以下 1 m。e.必要时进行进出洞端头冻结法施工。

(2)堆载反压。浅覆土段掘进时地面适当预堆载反压,平衡盾构掌子面压力,避免击穿掌子面。对地表采用钢板或堆砌沙袋压重,换算覆土厚度为一倍盾构机直径,满足要求后方可通过。

(3)切口水压控制。由于盾构顶部覆土浅,给切口水压控制增加了难度。切口水压力波动太大,会增加正面土体的扰动,导致正面土体流失。因此应尽可能减少切口水压的波动。在技术上要求中央控制室有关操作人员由自动控制改为人工手动控制,以人工调整施工参数,把切口水压波动值控制在 $-20 \sim 20$ kPa 之间,保证正面稳定。在实际施工过程中,由于加固地层有较高的强度和较好的自立性,一般实际泥水压力要小于设计值,要根据监测信息,及时调整。

(4)洞门密封装置安装质量。提高洞门密封装置安装质量,确保密封效果,防止盾构始发掘进时泥土、地下水及循环泥浆从盾壳和洞门的间隙处流失及盾尾通过洞门后背衬注浆浆液的流失。保证盾构掘进施工能够及时建压和保压。

(5)控制掘进参数。重点控制推进速度、总推力、排泥量等,减少压力波动,以低速均匀推进,避免对土体大的扰动,加强泥浆管理和出土量监控,防止超挖和欠挖。

(6)泥水质量控制。为了加强对正面土体的支护,防止地面冒浆,采用重浆推进方式。进浆比重控制在 1.8 g/cm³,泥浆黏度控制在 $25 \sim 35$ s。为了确保泥水质量,在推进过程中,泥水处理人员要加大对泥水的测试频率,及时调整泥水质量,保证推进的顺利。

(7)盾构姿态控制。进入后,盾构保持平稳推进,减少纠偏,减少对正面土体的

6.长距离硬岩段盾构机掘进

在硬岩地层掘进,首先遇到的一个问题就是刀具的磨损。由于岩层强度高,刀具挤压、切削围岩效率低,对刀具、刀盘的磨损相应也大。因此在硬岩地层推进时,对刀具质量、刀具的检查与更换等提出了更高的要求。

(1)对定期检查而言,就是在掘进中应每隔一定管片进行刀具的检查和量测。在遇到地质情况有变化、掘进参数异常以及渣土出现异常等特殊情况下,应立即进行刀具检查。

(2)刀具的磨损标准。在硬岩中掘进时,刀具在正常磨损情况下的更换标准为:边缘滚刀磨损超过 8 mm,中心滚刀磨损超过 15~20 mm 时就需要进行更换。此时磨损的刀圈的刀刃变宽,其冲击压碎和切削岩石的能力降低,盾构掘进时的推力和扭矩就会增大,从而加大了盾构液压系统和电机系统的负荷,严重降低掘进效率。对非正常磨损的刀具也需及时进行更换。因为一旦一把刀具失去作用,势必加重相邻刀具的负荷,加快相邻刀具的损害,并造成连锁反应,产生不可挽回的重大损失。

(3)高度重视刀具更换质量。在更换过程中,要确保各安装面清洁干净、干燥,确保定位精度及螺栓的紧固质量。针对滚刀螺栓容易松动的现象,采取焊接钢筋固定螺栓的措施,实际使用效果良好。如果安装质量存在问题,则会造成很多困难。例如在边缘滚刀安装中,如因安装不到位有 1 mm 的间隙,将直接影响开挖直径 8~10 mm,对中心滚刀而言,若螺栓没有按要求紧固到位,将会造成滚刀轴向窜动,进而造成刀具不正常损害。

7.下穿中河,上穿地铁 4 号线

匝道盾构顶部距离中河河床底仅为 6.0 m,距离地铁 4 号线区间顶部为 3.1 m,应避免参数设置不当出现"上漂""冒浆"及切口压力波动造成开挖面正面土体的流失从而使开挖面坍塌。

(1)管片合理选型,居中安装,以防盾构与管片间隙一边过大,一边过小,造成盾尾间隙不均匀而降低盾尾密封效果,甚至损坏盾尾尾刷,施工时将盾尾间隙差值控制在 20 mm 之内。

(2)按设计值设定切口水压,并根据推进时刻的水位变化情况进行相应调整,严格控制泥水压力的波动值,防止切口水压偏低无法支撑开挖面土体,造成土体塌陷;防止切口水压较高,对土体扰动过大,造成土体坍塌。压力波动控制在－0.2 bar～＋0.2 bar间,避免压力波动击穿河底浅埋覆盖软土层。

(3)加强泥浆质量控制,适当提高泥浆比重并控制其黏度,保证泥膜质量。加强送排泥监控,提前计算掘进速度与送排泥的关系,发现排泥异常,及时调整参数,防止超挖造成塌陷。

(4)严格控制出土量,当含砂量过大时,提高地层探测装置的使用频率,以便及时掌握切口正面土体坍塌情况,并根据具体施工情况及时调整参数,使干砂量的数据接近理论值,减少正面土体塌方的可能。

(5)当冒浆严重,不能推进时,将开挖面水压降低到(土压＋水压)平衡为止;提高泥水比重和黏度,采用重浆推进;为了能使盾构向前推进,检查掘削干砂量,确认有无超挖;掘进一定距离后进行充分的壁后注浆;将开挖面水压调整到正常状态,进行正常掘进。

(6)提高同步注浆质量,要求浆液有较短的初凝时间,使其遇泥水后不产生裂化,并要求浆液具有一定的流动性,能均匀地布满隧道一周,及时充填建筑空隙;在同步注浆的基础上,注水泥水玻璃双液浆,在隧道周围形成环箍,每隔10 m进行封环处理,使隧道纵向形成间断的止水隔离带,以减缓、制约隧道上浮,从而控制隧道变形。

(7)当发现隧道上浮量较大,且波及范围较大时应立即采取对已建隧道进行二次注浆措施,以割断泥水继续流失路径。

数据库、项目数据库,对沥青混合料运输、摊铺及碾压等施工过程中产生的关键数据进行统计、完善,并可以导出电子报告。

其次,通过对智能管控平台数字技术的应用,主要形成以下行业创新特色:

1. 改变传统模式,实现智能化全程监测

针对沥青混合料运输机械与施工机械的作业特点、施工环境、安装难易程度,研发实时温度采集物联网设备,对沥青混合料在运输、碾压等关键环节中的温度进行全程监测。运输车采用接触式测温方式,精度±0.5 ℃,控制沥青混合料出厂至运输至现场的时间和料温;压路机采用红外线测温方式,精度±1℃,控制压路机初压温度,确保数据的准确性与稳定性,提高沥青路面施工质量。同时保障机械智能化改进难度小、成本低,通过简单指导,企业可自行安装,其具有普适性、经济性、易推广等特点。最终将引导沥青混合料物流企业采用先进的物流技术,改进保温设施性能,减小温度损失,提高施工质量,减少施工期间的碳排放。

2. 实现沥青混合料施工温度可视化管控

利用物联网设备对沥青路面施工关键工序中沥青混合料温度数据进行实时采集,保障数据实时有效,根据规范预设的告警规则自动对异常温度进行告警,方便管理人员实时掌握信息并调度管控,减少施工质量隐患。

3. 业务大数据可视化场景构建

融合物联网设备数据、地理信息系统(GIS)数据、业务管理数据等,通过可视化大屏系统集中展示沥青混合料施工业务场景,实时掌握沥青混合料从运输、摊铺到碾压全过程的数据信息,缩短处理分析数据的时间,提高企业对沥青路面施工与机械作业的管理效率。

五、期待全面推行

沥青路面施工智能管控平台还可从生产配合比优化、沥青混合料用量统计积累、路面平整度和压实度控制方面进行全过程管控,相比于传统的施工管理方法,可以有效地提高施工质量。

利用上述基于物联网的诸多智能管控技术,可以对施工中出现的问题做到及时发现,快速响应,从而促进施工有序、高质量稳步进行,提高工程品质。因此,在沥青路面施工过程中进行数据采集、数据分析与信息反馈,对运输、摊铺、碾压各环节实施智能化监控,并利用数据优化流程,提高施工质量,可进一步提升路面质量和耐用性,延长路面使用寿命,减少碳排放。

城镇道路建设与品质提升研究

城镇道路建设应遵循以人为本、绿色低碳、集约智能的原则。为保证道路质量，提升道路使用功能及品质，笔者经过深入调查研究，认真总结实践经验，参考现有国家及地方现行标准、文件，围绕城镇道路建设这一主题，从总体要求、项目建设前期工作、道路功能及品质提升、建设统筹及实施、项目验收及评价等方面进行研究阐述，供业内人士学习参考。

一、总体要求

城镇道路建设项目应实行项目法人责任制，统筹协调项目建设管理。城镇道路建设应以规划为依据，针对现场条件，必要时可申请局部调整。城镇道路建设应体现道路、建筑、景观的整体风貌，展示地域文化和特色美感，提升道路功能品质。总之，城镇道路的设计应满足安全可靠、经济合理的要求，体现人性化、个性化、智能化，并对环境友好。

当前，优先采用新材料、新产品、新技术，减少碳排放，推进低影响开发设施建设。城镇道路施工时应建立质量、安全与职业健康、环境保护管理体系，制定相应保障措施，施工工期应遵循质量优先、技术可行的原则。施工范围内通车道路宜进行地下病害探查，项目建成后，宜进行项目实施评价。勘察、设计、施工和监理等单位应依法招标确定。

二、项目建设前期工作

城镇道路项目应列入年度建设计划，并根据年度建设计划编制可行性研究报告，按基本建设程序办理行政许可，取得施工许可证后方可开工。

1.行政许可

城镇道路建设应编制项目建议书、可行性研究报告。城镇道路项目建设应办理建设工程用地规划许可证、建设工程规划许可证、建设工程施工许可证。

办理建设工程用地规划许可证时,应提交选址、用地预审、项目批准备案、拆迁征地及勘测定界等文件。

同时,根据不同土地性质,还应提交下列相关资料:(1)地质灾害易发区需提供地质灾害危险性评估备案登记表;(2)涉及环保、水利、农林的需提供相关部门意见;(3)涉及国有建设用地的需提供补偿到位证明材料;(4)涉及集体所有土地及农用的地需提供村民委员会意见、补偿到位证明材料。

建设工程规划许可证办理时,国有土地应提交初步设计及批复、规划公示、选址红线、公示证明、国有建设用地划拨决定书、建设工程用地规划许可证等文件。

建设工程施工许可证办理时,应提交下列文件资料:(1)施工图审查报告及施工图设计文件;(2)中标通知书及施工合同;(3)《国有建设用地划拨决定书》及建设工程用地规划许可证;(4)建设工程规划许可证。

项目开工建设前应编制环境影响评价书或评价表,以及水土保持方案等,并完成相关审批手续;涉及国家文化景观遗产保护的,还应遵循相应区域内的规定。

2.勘测设计

城镇道路建设项目应进行初步勘察和详细勘察,可根据施工需要进行补充勘察。工程设计前应收集齐全施工现场及毗邻区域内以下主要资料:(1)气象、水文观察资料;(2)相邻建(构)筑物资料;(3)供水、排水、供电、供气、供热、通信、广播电视等地下管线资料。

项目前期应对地下管线、建(构)筑物、障碍物等进行探查核实,对重要的建(构)筑物或管线宜进行精探。根据勘测定界文件,项目地形图应按照设计要求进行修测;古树名木、地上杆件、现状井盖等应进行精准定位。项目应依照可行性研究报告批复编制初步设计和项目概算,并遵循估算控制概算的原则进行限额设计。

初步设计应进行论证,主要成果及结论应取得主管部门的批复意见,并依照初步设计和概算批复进行施工图设计,遵循概算控制预算的原则,合理确定工程造价,施工图设计文件应按有关规定进行图审。

境。快速路、主次干道宜设置交通流量、车速、拥堵状况监控装置。公交停车港湾、交叉口和桥隧匝道宜设置视频监控装置。低洼路段应设置积水预警监测装置。地下道路、隧道应设置变形、环境、有害气体、消防等监测装置。特大桥梁、结构复杂桥梁应设置健康及超重监测装置。高架桥上匝道应设置超重监测装置。

3. 海绵城市设施

推广海绵城市设施建设,发挥其吸纳、蓄渗和缓释雨水的作用。海绵城市道路设施应与排涝除险设施、排水管渠作为一个系统进行整体设计。根据规划年径流总量控制率、道路等级、横断面等,选用透水路面、下凹式绿化带、生态树池、环保型雨水口等海绵城市道路设施。人行道应采用透水结构,绿化带和树池宜采取下凹形式。海绵城市道路设施应避免与树木、调蓄设施、构筑物基础相互干扰,并防止雨水下渗对路基造成影响。

4. 无障碍设施

城镇道路应设置盲道、缘石坡道等无障碍设施。无障碍设施应与周边轨道交通站点、建筑、公园、广场、机动车停车场等的无障碍设施有效衔接。行进盲道触感条和提示盲道触感圆点凸面高度、形状和中心距允许偏差应符合《无障碍设施施工验收及维护规范》(GB50642-2011)。

盲道的颜色宜与相邻的人行道铺面形成对比,并与周围景观相协调。缘石坡道铺面宜与人行道整体的铺面相一致。缘石坡道的坡口与车行道之间不宜有高差,受条件限制时,高出车行道的地面不应大于 10 mm。城市中心区人行横道应配置过街音响提示装置。立体人行过街设施应设置无障碍设施。公交车站宜设置语音提示服务设施或盲文站牌。设计文件技术交底时,应对无障碍设施进行专项说明;施工单位宜编制无障碍设施施工专项方案。

5. 景观绿化

景观绿化应与道路功能相适应,并符合交通安全、设施布局、环境保护、城市美化等要求。历史文化保护区、遗产保护区、中心城区主要道路应进行景观专项设计。随路桥梁造型、文化内涵、夜景效果等应与城市设计相融合,实现一桥一景。随路隧道洞口、照明、装饰等应保证交通功能的安全性和引导性,风塔等附属结构宜结合周边环境设置。绿化应与植物配置、空间层次、树形组合、色彩搭配和季节变化相协调。行道树应选择长势良好的乡土树种,不宜采用落果染色树种。改建工程中宜保留原有行道树。人行道铺装材质、拼图风格应与景观主题、人文特点、周边环境相协调。路灯应按道路性质、功能定位进行选型,同一道路宜保持一致。树池与路灯宜交错布设,并与地面接平。

6.绿道设施

绿道规划设计应遵循系统性、经济性、生态性、协调性、特色性的原则。绿道设施的设置应满足休闲健身、绿色出行、生态环保、文化与旅游功能。

城镇型绿道游径最小宽度应符合下列规定:步行道单独设置时不宜小于2 m;自行车道单向通行的不小于1.5 m,双向通行的不小于3 m;步行道与自行车道并行设置的不宜小于1.5 m;绿道游径纵坡宜与现状自然地形相结合,横向坡度宜坡向绿化带。

7.边界与接口处理

根据沿街建筑的业态和功能,合理利用退线空间,满足红线内外无缝衔接要求。道路红线内外人行道、绿化等设施的风格、材质、标高应协调一致。道路沿线出入口应采取让行、右进右出、信号灯控制等方式,确保行人和车辆出入安全,并减少对路段交通的影响。出入口不宜设置在主干路上,并保持适当的间距。出入口不应设置在交叉口以及交叉口进口道范围内。退线空间有停车功能时,应统一设计并进行智能化管理。

8.建设统筹及实施

工程设计、施工条件发生变化时应进行补充勘察。既有道路改扩建施工前,宜进行地下空洞专项探查,必要时进行专项设计。路面下沉、地下管道渗漏、爆管等病害区域应进行应急探测。铁路、国省道、高速公路、地铁保护等范围内的道路施工应做好协调。城镇道路宜进行施工全过程联合检查,竣工验收合格后方可交付使用。道路工程应落实五方责任主体项目负责人质量终身责任制。

(1)施工协调

项目现场管理应协调给水、雨污水、电力、通信、燃气、照明、绿化等的迁改及施工。地下工程施工应进行施工监测和第三方监测,必要时应进行地质专项探测。管沟与检查井周边的回填质量应进行检测,合格后方可进入下一工序。施工范围

内通车道路、施工便道,以及临时吊装、管线渗漏异常区域应进行地质探测。盾构始发和接收、基坑开挖及起重吊装影响范围内的地下管线应进行专项探测。

（2）公共公益设施设置

道路设施宜采取多杆合一、多箱合一的原则。多杆合一时杆体应合理预留一定的荷载,多箱合一时机箱应做好供电、网络、机箱仓位、接口和管孔的预留,满足未来扩展需要。合杆杆件宜搭载照明、交通信号灯、路名牌、监控和智慧交通系统等设施。同一条道路杆件上的箱体高度宜保持一致。路口范围内不宜设置落地式弱电箱体、路灯接线箱等设施。城市家具、照明设施、交通设施、市政箱体、电力电信等设施应设置于设施带内。

（3）建（构）筑物、管线保护及应急处置

施工影响范围内建（构）筑物与地下管线应根据竣工图、管线设计图和交底记录进行复核。施工前应探测确定毗邻建（构）筑物、地下管线及设施的位置,验证地下管线准确性、完整性,避免施工损坏。施工前编制既有建（构）筑物、地下管线的保护方案与应急处置预案。建（构）筑物、地下管线保护范围内,应编制专项保护及监测方案,并实行动土作业审批制度。

深基坑、打桩、爆破等对既有建（构）筑物与地下管线有较大影响的,应委托第三方进行安全评估或组织专家论证。建（构）筑物与地下管线出现突发事故时,应启动应急处置预案,落实应急抢修措施。遇未知障碍物、文物等,应协调有关单位及时处置。

（4）古树名木专项保护

协同园林部门对施工影响范围内的古树名木进行调查,并制订专项保护方案。项目实施期间,应落实古树名木保护措施。规范树木移植管理,树木移植须经园林主管部门审批,不得随意移植。根据古树名木生长、立地条件等现场实际情况,制订日常养护方案,因地制宜地开展保护工作。古树树体或大枝有倾倒、折断可能的,应采取加固措施。

（5）施工期交通保障

根据施工期交通组织设计方案,结合现状道路交通占用、居民出行等情况,落实保通道路交通组织措施。占用部分或全部车道进行作业时,宜修建同等数量的保通道路,降低占路作业对交通的影响。占路作业区交通应优先保障行人、非机动车及公交车通行,临时公交站点应确保乘客上下车安全。占路作业区内和周边道路应设置相关标志标线,对作业区周边交通提前引导分流。保通道路的主要交叉口、出入口位置应满足沿线出行需求,设置引导标识、安全警示和照明等设施。

9.项目验收及实施评价

(1)项目验收

城镇道路工程完工后,应当按照规定程序组织勘察、设计、施工、监理等单位进行竣工验收,并邀请建设行政主管部门和接收管理单位等参加。城镇道路工程竣工验收前,应对路面弯沉、沥青厚度、压实度及平整度进行抽样检测,并对雨、污水管道进行闭路电视检测。竣工验收宜在联合验收符合要求后进行。工程竣工验收合格后,应在15日内办理竣工备案手续,并将竣工资料移交城建档案部门。工程竣工验收合格后,应在30个工作日内向接收管理单位办理移交手续;移交手续完成前由建设单位负责管养工作。在工程质量保修期内,因质量问题影响使用功能的,建设单位应及时落实整改。在质量保修期满后,应按规定办理工程质量回访手续。

(2)实施评价

快速路、互通立交、地下道路和大型桥梁等政府投资项目,工程质量回访后宜进行实施评价。实施评价包括前期工作、实施情况、工程质量、投资效益、环境效益和社会效益等内容。前期工作评价应对项目建议书、可行性研究报告、初步设计等的主要指标变化情况进行分析。

实施情况评价主要包括重大设计变更及原因分析、合同工期与实际工期比较分析、使用功能评价分析。

工程质量评价内容主要包括道路、管线、照明、绿化等单项工程的施工质量检验和验收结论分析。投资效益评价内容主要包括工程决算与估算、概算的比较分析;工程资金使用的合理性分析。环境效益与社会效益评价主要内容包括工程实施对环境及社会经济发展产生的影响的分析。

穿越文物群隧道施工防护指南

为确保盾构隧道沿线文物古迹及其结构的完好性、安全性,指导文物古迹保护区域沿线工程的施工,对文物古迹实行有效的保护,施工前应进行施工防护标准的制定研究。

一、概述

隧道盾构穿越铁路桥梁、大运河、牌楼、古石塔、建筑旧址等文物古迹所在区域,应以确保沿线文物古迹安全、避免其损伤为主要目标,穿越沿线文物保护地段时应遵循安全、精确、快速的原则。

1. 基本概念

盾构隧道穿越文物群施工防护安全监测是指在文物建筑日常使用过程中,对文物建筑本体可能造成的损伤进行安全监测工作。监测预警值是指为监测对象可能发生异常或危险状态的监测量所设定的警戒值。其中,干扰源指对文物建筑本体已经存在的或潜在的具有安全危害的事件、行为,包括突发性自然事件(如暴雪、暴雨、强风)、人为扰动(如影响区域内地铁施工、重载、强噪声、地下水超采等)。

高压喷射注浆则利用钻孔把带有喷嘴的注浆管钻至土层的预定位置或先钻孔后将注浆管放至预定位置,以高压使浆液从喷嘴中射出,边旋转边喷射浆液,使土体与浆液搅拌混合形成固结体,提高地基承载力。

2. 基本要求

施工前,应对沿线文物古迹初始状态进行检测、评估,并编制沿线文物古迹保护专项方案,送文物主管部门审批。施工方案内容应包括减振、加固和监测防护措施等,并经专家评审后实施。监测工作应采取智能化、信息化管理方式。隧道施工应采用新技术、新工艺、新材料。

沿线文物古迹的现状评估应在外部作业实施前,通过现状调查、检测、测量和计算分析等手段,评估当前文物结构的安全状况、持续抗变形能力和承载能力,并应确定相应的结构安全控制指标值。

外部作业影响预评估应在外部作业实施前,采用理论分析、模型试验、数值模拟等方法,预测外部作业对轨道交通结构的不利影响,并应结合文物结构现状评估确定的结构安全控制指标值,评估外部作业方案的可行性,提出外部作业方案的改进建议。

二、减振施工技术应用

根据工程特点,制定基坑开挖及盾构掘进减振措施,降低施工振动。隧道盾构掘进应设置试验段,并根据成洞质量、监测测试数据和减振掘进的要求,优化工艺。

1.基坑开挖

基坑开挖应遵守减少施工振动的原则,采用非爆破开挖措施。地下连续墙成槽宜选用铣槽机,大型施工机具作业应尽量远离文物,临近文物行走时应低速行驶。

2.盾构机掘进

盾构穿越文物保护范围应采取减振掘进的形式,盾构机进行减振改进,盾壳外形宜改成前大后小的阶梯形,降低总推力。刀盘宜采用辐条式与面板式的结合形式,加大开口率,提高刀具和刀盘的耐磨性,增加刀盘周边刀具数量。

3.盾构推进振动监测

盾构机穿越文物保护地段应匀速连续掘进,掘进速度如表1所示。

表1 减振掘进参数表

地质条件	推力值/kN	最大掘进速度/(mm/min)	刀盘转速/r/min
硬岩	5000～12000	5	0.6～1.2
软岩	5000～7000	8	0.9～1.4

注:本表适用于 Ø15.03 泥水平衡盾构机掘进。

三、沿线文物加固与监测防护

盾构机掘进施工前,应对沿线文物进行安全评估,评估内容应包括文物结构的现状和施工影响,并依据安全评估结论,制订文物专项保护方案。

1.制订文物专项保护方案

文物专项保护方案应包括防护及加固、监测、应急等内容。加固方案内容应包括文物本体加固与施工影响范围土体加固。依据安全评估结论,制订文物保护专项监测方案。监测方案应包括测试项目、报警值和测点布置图等。靠近文物一侧保护地段的区域宜进行地面沉降、土体位移等监测。依据文物监测规范,宜采用自动化监测系统,信息反馈应及时、准确,满足应急需求。

2.铁路桥梁加固防护

(1)桥基注浆加固。盾构下穿铁路桥梁地段应预防路基沉降、桥体变形等风险。铁路桥梁及两侧各 30 m 范围,应分别设置主加固区和次加固区。主加固区和次加固区管片应增设二次注浆孔,螺栓强度等级应增加一级。盾构穿越时应采取同步注浆,当管片脱出盾尾两环后应进行二次深孔注浆。盾构开始试掘进次加固区时,应检测其掘进参数,确保主加固区安全穿越。盾构同步注浆和二次注浆时应实施线上监测、养护,列车应限速行驶。

(2)铁道监测。铁道道床内及两边外侧应布设监测点进行地表沉降监测。铁道轨道及道岔轨面每隔 10 m 应布设监测点进行沉降监测。铁路线路变形值应符合《普速铁路线路修理规则》(铁总工电〔2019〕34 号)相关要求,允许变形值符合以下规定:路基及铁路框架涵沉降累计值≤10 mm,单日沉降≤2 mm。钢板梁桥累计沉降不大于 4 mm,日沉降不大于 1 mm。施工影响区域应布设深层土体位移和地下水位监测点。其中,土体位移累计报警值应为 10 mm,单日报警值应为 2 mm。

铁路监测时间及频率宜符合以下要求:施工开始至铁路线路及地面沉降等变形稳定,监测时间不少于三个月。一般情况每天监测两次。盾构通过等敏感时间段为每 2 小时一次。在盾构穿越期间,需有专职人员昼夜对铁路线路和铁路设备进行沉降监测。

3. 河道河床防护

(1)河床加固。盾构下穿河道应预防击穿冒顶、开挖面坍塌、河堤破坏等风险。河堤一侧前 10 环管片位置至盾尾通过另一侧河堤,应为河床纵向加固范围。盾构下穿河道前,河床土体宜采用高压旋喷桩进行倾斜式加固,并根据抗浮计算确定加固深度,加固体断面应符合下列要求:横向加固为隧道轮廓线两侧不小于 3 m 范围,竖向加固至隧道底部,加固断面应与隧道轴线垂直。

河床表面宜采用水下混凝土现浇整体压板,并采用袋装砂回填,防止隧道上浮,确保河水不断流。盾构下穿时,管片孔应采用重浆模式注浆,必要时采取二次注浆。

(2)河堤监测。根据施工特点,布置水平及沉降监测控制网。对河堤及周边地表进行环境调查,并进行必要的检测。盾构穿越时,对周围环境及隧道本身会产生影响,应对盾构掘进前方监测点检测数据进行分析。在盾构下穿大运河前后 20 m 范围内进行测点加密,同时在两侧河堤上各布设一组检测断面对河堤进行检测。设专人对河面及周边环境进行巡视,密切监视有无跑气、涌水及沉降现象,一旦发现异常情况,立即启动应急预案措施。

4. 牌楼防护

(1)牌楼加固。施工前,牌楼周边区域应采用围挡封闭。盾构通过牌坊前,牌坊四周宜搭设盘扣式脚手架进行加固,并挂密目网进行整体外包。盘扣式脚手架搭设应符合以下要求:牌坊每侧至少设置两排脚手架,并用纵杆将其连接成整体。支护杆与牌坊应保持 150 mm 至 200 mm 间距。杆件端口距离搭接点应大于 100 mm。水平杆、立杆及支护杆件之间均应用盘扣扣件连接,支护杆件端口宜采用固定沙包软连接。盾构穿越牌坊前、后各一个月,应作为围挡封闭周期。

(2)牌楼监测。施工影响区域以外约 100 m 处设置水准基点,作为高程起算点。每个监测点与基准点形成闭合或符合水准路线,取两次测定值的平均值作为初始高程值。地表沉降测点埋设:隧道与牌坊之间的地表用冲击钻钻孔,均匀布置 3 组沉降观测点,然后放入长 200～300 mm,直径 20～30 mm 的圆头钢筋,四周用水泥砂浆填实。

牌楼基础沉降测点埋设:牌楼基础共计布设 4 个沉降观测点,埋设于牌楼四

周。监测标志采用粘贴型沉降监测标,方便观测和固定。牌楼沉降观测点设置:在牌楼两侧上中下各粘贴一张反射片。地面沉降累计值不大于 10 mm,单日位移不大于 2 mm。原则上不允许产生隆起。牌楼上中下三层四面各设置应力监测设备进行实时监测。

5.古石塔防护

(1)隔振防护。白塔观景区应关闭运营。大型施工机具应远离白塔作业,临近白塔作业则应低速行驶。明挖段基坑靠近白塔一侧应设置减振沟。减振沟的宽度≥40 cm,深度≥50 cm。明挖段基坑与白塔之间,现状道路的路面应铺设钢垫箱减振。盾构开始穿越白塔,应进行同步注浆,当管片脱出盾尾两环后应进行二次深孔注浆。采用铣槽机配置锥齿铣轮进行地墙成槽开挖。

(2)周边环境及白塔监测。周边环境及白塔监测应符合国家二等水准测量规范的要求。地面沉降监测应按监测点与基准点形成闭合或附合水准路线,地面单日沉降≤2 mm,沉降累计值≤10 mm。地面水平位移监测应采用前方交会法或极坐标法,地面水平位移单日值≤2 mm,累计值≤10 mm。应在土体位移及地下水位变化场地内适当位置布置深层土体位移和地下水位监测点。土体位移累计值≤10 mm,单日位移值≤2 mm。

白塔监测应包括塔基沉降、塔身水平位移、塔顶水平位移及白塔本体扫描四类。各监测点布设应符合以下要求:塔基沉降共布设 8 个监测点,埋设于塔基台边缘。采用粘贴型沉降监测标,方便观测和固定。塔身水平位移宜在白塔四角处布设监测点,采用棱镜片粘贴固定。塔顶水平位移宜在塔顶位置布设一个测量棱镜,采用抱箍将其固定在塔顶上。白塔扫描宜采用扫描全站仪进行三维点云扫描。经三维模型与首期模型进行叠加融合分析,获得白塔各个部位的变形情况。

机具设备行走应实施对白塔的振动监测。塔基座满铺耐火柔性海绵垫;围挡内安装摄像头,实行 24 小时监控;配备应急登高车,供临时登高近距离观察白塔。白塔应急监测采用的监测方式为精密变形测量、实时监测、振动监测和巡视检查。

精密变形测量:从整体上控制白塔的变形,采用定期观测方式。重点对塔基沉降、塔身倾斜进行监测。此监测方式精度高,可测绝对变形(即相对地面的变形)。

对关键节点和薄弱环节的变形和受力进行实时监测。此监测方式可实时、全程、全天候监测,主要观测相对变形,包括构件内部、构件自身和构件间的变形。具体测点分日常监测、应急监测两类。全面、简单的检查和观测,采用定期巡查,分日常巡检和专业巡检两种。

因精密变形测量过程烦琐,且人工巡检,工作量大,精度低、反应慢,无法及时给出全面而准确的数据,且无法在夜间和恶劣天气(如台风)条件下进行;而实时监测可做到全天候、24 小时全程实时监测,且软件自动采集数据、自动处理数据、自动报警,故白塔应急监测,实时监测是最佳、最可行的选择。

6.建筑旧址监测防护

盾构穿越过程中,建筑旧址及与穿越一侧地面应进行防护监测。防护监测可采用前方交会法或极坐标法,监测点布置应符合下列规定:施工影响区域以外约100 m 处设置水准基点;建筑旧址内每栋房屋四周应设置至少 3 个沉降点。每个监测点应与基准点形成闭合或附合水准路线,并取两次测定值的平均值作为初始高程值。

监测项目控制标准应符合下列规定:单日地面沉降值≤2 mm,累计值≤10 mm,并不得产生地面隆起现象;单日地面水平位移值≤2 mm,累计值≤10 mm;单日深层土体位移值≤2 mm,累计值≤10 mm。

监测观测期宜为施工开始至盾构通过后至少三个月,且监测值已趋稳定。监测观测期观测频率应符合下列规定:施工期间,正常情况每天至少观测两次;施工中出现异常监测点,可加密监测频率,必要时进行跟踪监测。监测结果应及时反馈。

四、异常现象与应急处置

规范盾构掘进应由施工组织管理,并确保盾构机设备完好。项目部应组建现场抢险队伍。抢险队伍应第一时间赶赴现场,并制订抢险方案。施工时应配备足够的抢险物资,进行必要的应急演练。监测应实施信息化管理。

1.异常现象处置

(1)河床底冒浆冒顶。适当减小开挖仓压力,调节双液浆的配比,进行二次注浆及二次深孔注浆。河床大面积塌陷应增加盾尾密封油脂的注入量,适当提高同

步注浆压力和注浆量,管片出盾尾后用速凝型双液浆补注止水。

(2)塔类本体震动异常。调整掘进参数,必要时停止盾构机掘进并分析震动原因。

(3)铁路变形量异常。采取以下处置措施:控制平衡压力及推进速度,避免波动范围过大;确保土体和易性和流动性,保持进出土顺畅;确定注浆量和注浆压力,及时、同步地进行注浆;调整注浆的速率,保持与推进速率基本一致;推进时经常压注盾尾密封油脂,保证盾尾钢丝刷具有密封功能;布置地面注浆管,及时进行地面跟踪注浆。

(4)盾尾密封失效。采取以下处置措施:确保盾尾密封装置完好;应补充注入盾尾油脂。盾尾油脂应采用自动注入,注入压力宜大于同步注浆压力;纠正盾构机轴线偏移,防止损坏盾尾密封刷。

(5)刀具损坏。采取以下处置措施:选定盾构机换刀的位置,并对换刀位置的土体进行加固;盾构机进入土体加固区后,应清理土仓中的土体,并向土仓输入空气;土仓内开挖面应进行注浆加固,确保开挖面稳定;土仓内应测试确定无涌水和可燃性气体存在。换刀作业过程中,人行闸出口处应设专人值守,并与作业人员保持联系。

(6)遇中、强透水地段。采取以下处置措施:增大中、强透水地段地表沉降监测的频率,制订专项施工方案;适当提高同步注浆浆液浓度;保证设备运行正常。

(7)螺旋机紧急停止。及时关闭螺旋机闸门,或减小闸门开度时,可提高盾构机千斤顶的推进速度。

2.事故应急处置

(1)突发涌水涌泥砂。立即停止作业,所有人员撤出涌水发生处;盾构司机应立即关闭盾构螺旋机的紧急闸门,严格控制螺旋机闸门的开度,开度不宜过大;通过注泥球阀注入聚合物添加剂,确保土体与聚合物充分混合;减小螺旋机转速,适当提高千斤顶推力,防止涌水时造成塌方事故。

隧道内进水,应关闭螺旋机闸门,并及时将水排出。仍发生塌方、涌水、涌泥现象,应进行超前预注浆,稳定前方土体。

(2)盾尾密封刷损坏。漏浆不严重时,可采用海绵条来防止漏浆,漏浆比较严重,可选择更换前两道盾尾密封刷。至管片拆下后立即更换,防止时间过长漏水。

(3)发生换刀人员事故。现场应立即进行抢救,确保作业人员生命安全,救出作业人员送往医院救治。

(4)铁路轨道严重超标。由铁路专业部门进行起道、捣面、拨道、改道及调整轨缝等作业;隧道内应立即停止盾构掘进,保持土仓压力,有效控制地表继续沉降;在沉降区内应进行管片背后补注浆。铁路监护部门应采取起道垫碴或地面注浆、限速、停运等措施,确保铁路运输安全。

(5)遇不明坚硬物。盾构机推进扭矩过大,速度过慢,发生颠簸现象,应停止掘进;现场应及时清理注浆管,防止堵管;分析盾构机姿态情况,谨慎选择经过人行仓排除故障,并严格遵守人行仓使用规章制度。

(6)文物监测数值超标或发生事故。停止盾构机掘进,保护事故现场,抢救人员和财产,防止事故扩大和损失加重。因抢险需要移动现场物件时,必须做出标志、拍照、详细记录和绘制现场图,并妥善保存现场主要痕迹、物证等,组织鉴定评估。

浅议公交场站建设标准

一、总目标

1. 目的

为实现公交场站功能先进、绿色环保、布局合理的建设目标,保障城市公共交通安全高效运营,研究制定本标准。本标准主要适用于公交场站的新建、改建和扩建工程,除此标准外,还应符合国家现行有关标准的规定。

2. 总体要求

公交场站建设应与城市社会经济发展水平相适应,并适度超前。选址应符合国土空间规划,结合城市公共交通发展趋势,与机场、铁路、城市轨道交通等其他交通系统进行一体化设计。总平面应合理布局,并兼顾与周边地块的关系,同时公交场站的设计应体现绿色、环保、可持续发展的理念,使用新材料、新技术、新工艺和新设备,具备防火、抗震和抗风雪等安全措施。

3. 基本概念

公交场站建设基地指建筑工程项目用地红线范围内的场地,其出入口指建筑工程建设用地上内部道路与城市或乡镇道路的连接口。停车场为停放机动车或非机动车的露天场地;停车库为停放机动车和非机动车的室内空间。停车场(库)指各类建筑工程依据有关规定所附设的,为本建筑工程内各类人员,以及外来人员提供机动车、非机动车停放的专用场所;公共停车场(库)为社会车辆提供公共停车服务的停车场(库)。停车场(库)通道指停车场(库)内部供车辆行驶以及车辆进出车位所需的场(库)内的道路。缓坡段指当坡道坡度大时,为了避免汽车在坡道两端擦地面设的缓和线段。标台以 10 米级的公交车辆为标准标台;12 米级的公交车辆为 1.3 标台;8 米级的公交车辆为 0.8 标台。

二、规划布置

公交场站规划应集约用地,兼容多种用地性质,实现功能复合,公交场站应布局合理,功能齐全,层次分明,充分利用地下空间。

1. 选址

根据综合交通体系和用地布局,公交场站宜布置在公交线网重心处,宜处在常年主导风的下风向,其中公交车停保基地覆盖半径不宜超过 5 km,分散布局。枢纽站和中心站的规划选址应紧靠客流集散区域,考虑周边道路交通条件,方便人流和车流的集散,并与区域路网、公交线路结合。

首末站应设置在客流集散点、客运交通走廊、居住小区附近等多种交通衔接点上。用地面积按每辆标准车 200 m² 计,用地特别紧张的区域可按每辆标准车 150 m² 计,新能源车辆及无轨电车可乘以 1.2 的系数。枢纽站、中心站、首末站用地面积按照表 1 选择。

表 1 枢纽站、中心站、首末站用地规模

场站类型	用地面积/m²	线路数量/条
枢纽站	10000~20000	≥8
中心站	4500~10000	3~7
首末站	1000~3000	1~2

注:1 机场、铁路、公路、港口的客运公交枢纽站用地参照上表确定;2.商业、住宅等混合用地按照上表确定。

在满足功能要求的前提下,公交枢纽站、中心站、首末站所在地块宜与其他功能综合开发利用。公交车充电站主要结合公交停保基地设置,宜在公交枢纽站、中心站、首末站设置,并同步配置相应用地。

2. 出入口设置

场站出口与入口应在周边道路分别设置。公交车辆、社会车辆及人员出入口宜分开设置,场站停放容量大于 50 辆时,宜另外设置一个应急出入口。不得在城市快速路主线上设置场站出入口,若在主干路上设置场站出入口,则应经论证。出

入口与不同等级道路交叉口的距离应符合表2的规定。

表2　出入口与不同等级道路交叉口的距离

出入口道路等级		与交叉口距离/m
主干路		＞100
次干路		＞80
支路	与主次干路相交的	＞50
	与支路相交的	＞40

注：首末站与中心站受场地限制无法满足上述要求的,需单独论证。

出入口与公共设施的距离应符合下列规定：与地铁出入口、人行过街天桥、人行地道的距离≥30 m；与公交站加速段、减速段端点的距离≥15 m；与铁路道口的距离≥50 m；与隧道洞口的距离≥150 m；与隧道引道（U型槽）端点的距离≥80 m；与桥梁引道端点的距离≥60 m。

出入口与场外道路相交的角度应为75°～90°；建筑边线与出入口中心线的交点后退2 m,应能目测到两侧各60°范围内的车辆和行人。出入口宽度一般为7.5～10 m；当场站外道路车行道宽度小于14 m时,宽度应增加20％～25％。出入口处应设置警告、禁令、指示等标志。

3.新能源设施

场站建设应配置新能源设施,满足电动公交车全面应用,有序推进氢能源车示范。新建场站的公交车辆停车区,应设置电动公交车充电桩；已建场站的公交车辆停车区,宜通过技术改造,增设电动公交车充电桩。充电桩应采用一位一桩形式,即一个电动公交车停车位设置一个充电桩。充电桩宜兼有交流直流充电功能。

配置充电桩的停车区应选择磷酸铵盐干粉灭火器、碳酸氢钠干粉灭火器、二氧化碳或其他气体灭火器,不得选用带有金属喇叭喷筒的灭火器。

三、公交停保基地

1.总要求

停保基地应包括停车库、保养修理区及其他相关配套设施。停保基地停车库宜采用立体形式,有条件的可利用地下空间。场内道路设置标志标线,主要道路人车分离。洗车设施应满足机洗和人工补洗需要。道路路面、室外停车位地面宜采用透水材料铺装。停保基地宜采用数字化、智能化技术,是高效运营、安全管理、资源合理配置的智慧场站。

2.总平面布置

总平面布置应满足各功能区之间的交通组织要求,并符合以下规定:车辆进出口至少设置2处;场内道路应设置单循环线路;公交车辆交通流线应与其他交通流线分离;停车泊位布局应避免"U"形转弯。

场内通道设置宜符合下列规定:供小型车双向通行的通道宽度≥6.0 m,单向通行的通道宽度≥5.0 m;供大、中型车双向通行的通道宽度≥8.0 m,单向通行的通道宽度≥6.0 m;消防通道的宽度≥4.0 m;小型车回转场地不应小于 12 m×12 m,大型车回转场地不应小于 18 m×18 m。

进出口应设在停车坪一端,朝向场外交通路线。当另设保养场时,距离停保基地宜在 5 km 以内。场区应满足《无障碍设计规范》(GB 50763-2012)的要求。场区应包括停车、运营管理、生活服务和安全环保等设施。场区应建宽度适宜的停车带、停车通道、回车道和试车道。场区应设置雨水、污水排放系统,排水明沟与污水管线不得连通。

3.停车库

停车库灭火器配置应按《建筑灭火器配置设计规范》(GB 50140-2005)执行,危险等级按中危险级确定。

(1)停车库布局。停放车位宜按顺车进、顺车出方式布置,停车库净高应不小于车身高度加 0.2 m 安全距离,且最小净高不应小于 3.4 m;停车库内应采用单向行车,车行道宜保持直线形,通视距离应为 50~80 m;车行道的宽度和转弯半径应满足车辆安全通行的要求。

(2)自动出入库。停车库宜利用无线通信、移动终端、智能定位等技术,建立智慧调度体系,实现无人自动出入库、自动就位、自动充电等功能。停车库应根据所停车型、停放形式、所需的安全间隔、车行道布置选择结构合理、经济实用的停车库柱网形式,且柱网宜采用同一尺寸。

(3)坡道及地面设置。停车库出入口坡道优先采用直线形;单向行驶的直线坡道净宽≥6.0 m,双向行驶的直线坡道净宽≥8.0 m;公交车直线坡道纵坡坡度≤7%,曲线形坡道的纵坡坡度≤5%。

停车库钢筋混凝土楼板宜采用预应力体系,不宜设置伸缩缝。库内地面宜采用水泥混凝土,并应符合标准图集《城市道路—水泥混凝土路面》(15MR202)、行业标准《城镇道路路面设计规范》(CJJ 169-2012)等标准中"中等交通中次干路"的设计要求,并符合表3要求。

表3　停车库水泥混凝土地面设计指标

项目	指标
金属骨料耐磨面层厚度/mm	2~3
面层厚度/mm	≥80
抗折强度/MPa	≥4.5
强度等级	≥C35

注:面层配双向钢筋,8@200。

4.保养修理区

保养修理区防火设计应符合《汽车库、修车库、停车场设计防火规范》(GB 50067-2014)的规定。

(1)平面布置。保养修理区规模应按运营车辆的保有量设置,用地宜按250 m²/台标准车计算确定。保养修理区应按生产、辅助、生活办公等功能进行设置,纵轴朝向宜与主导风向一致,保修车间开口方向不宜正迎北风;保修车间及其辅助用房应按工艺路线要求布置在同一或相邻的建筑物内。

(2)确定厂房方位及地沟车位。保养修理区厂房方位应按照采光及主导风向确定,厂房建筑宜采用组合式;宜按生产工艺确定建筑层高与层数,长度与宽度可按每日保修车辆的台次确定,一般保修车间的宽度不小于16 m。保修车间地沟车位按车辆总数配置,每25标台配备一个,地沟净宽不应小于0.75 m,作业工位宽度宜按车宽加3.0 m取值。

区内回车场最小面积按铰接车计算;行车道的转弯半径≥12 m,宽度≥10 m。保修车间应按工艺路线安排工作间位置,检修地沟前应设置不小于18 m的纵向进出场地。

5.配套设施

配套设施应包括文体活动室、食堂、浴室、卫生间等生活服务设施,监控、消防等其他安全配套设施,生产污水净化处理设施,机油、蓄电池液等回收处理设施,收银、车辆清洗、加油(气)等设施。

设置具有运营动态管理、车辆调度和公共信息服务等功能的调度中心,预留其他类型新能源车辆配套设施空间。

四、公交枢纽站与首末站

1.功能及要求

公交枢纽站与首末站设置应与火车站、航空港、轨道交通、长途客运站、客运码头以及其他公共交通方式相衔接。进出车道宜分离并设置明显标志。公交枢纽站与首末站无障碍设施设置应满足《无障碍设计规范》(GB 50763-2012)的要求,公交枢纽站与首末站应配备停车坪、回车道、候车亭和发车位,并具有调度管理、车辆消毒等功能。

2.配套建设

公交枢纽站与首末站应设置通透式围墙并与周边环境相协调。公交枢纽站与首末站公共区域应设置公共厕所、停车位等。与大型建筑配套建设的枢纽站,应与主体工程同步规划设计、同步建设施工、同步竣工使用。

(1)枢纽站。应满足要求:候发车区不宜少于 4 座发车位,并具备车辆等候发车的条件;回车道应按照运营车辆的回转轨迹划定,其宽度不宜小于 9 m;设置公共信息导向服务系统;餐厅与厨房应设置机械式通风设施及独立排烟道。

(2)首末站。宜独立设置,候车亭宜邻近出入口布置,乘客下车区和上车区宜分开布置,宜适当增设非机动车存放的位置。

(3)验收。按照《中华人民共和国建筑法》完成规划、消防、人防、交警、绿化、气象、质量监督与档案等专项验收,完成竣工备案。施工与验收应符合《建筑工程施工质量验收统一标准》(GB 50300-2013)、浙江省《建筑节能工程施工质量验收规范

实施细则》等国家、地方现行有关标准的规定。

五、结束语

编制组成员经过深入调查研究，认真总结实践经验，在遵循现行国家规范、行业规范、技术规程的基础上，结合杭州市目前的城市道路交通特征、气候地质水文特点，并广泛征求了建设、设计、施工、质监、监理、检测等业内专家和技术人员的意见和建议，依托相关科研成果及试验资料，并借鉴国内外其他城市道路的建设经验，编制本规范。

下穿高铁低净空架梁施工实践

一、工程概况

目前,桥梁结构采用立体交叉形式已十分普遍,而预应力小箱梁因建筑高度小、配筋少,具有经济、美观、高效、方便快捷等优势,成为桥梁工程中较多采用的结构形式,在国内普遍使用。

新建宁波高速公路江北连接线工程13♯－14♯墩处下穿杭甬客运专线,采用先简支后连续箱梁(小箱梁参数见图1)。小箱梁在预制场预制完成后,经运梁车运至施工现场,由相应规格型号的架桥机架设完成。架设完成后梁面标高14.619 m。下穿杭甬客专370♯－371♯墩,中心里程K291＋384.7,梁底标高20.442 m,公铁交角76度,梁底距桥面净空5.823 m。

依托该项目形成的"一种成锐角交叉下穿高铁低净空架梁施工方法"获得了国家专利,专利号为ZL201410609406.X。

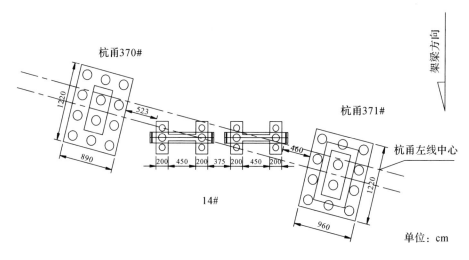

图1　施工平面图

　　由于杭甬客运专线桥下净空为 5.823 m,目前市场生产的架桥机最小高度在 8 米左右,故杭甬客运专线下的梁体不能采用常规的架桥机架设。宁波地区位于滨海平原区,表面多为淤泥质泥土,为软土地区,地基承载力较差,且上海铁路局明确要求高铁下部不得停放泵车、吊机等载重车辆。为确保宁波高速公路江北连接线的施工工期,减少对已开通的杭甬客运专线的影响,提出了一端利用架桥机卷扬机、一端利用特制加工扁担梁架设箱梁的施工方案。该方案在下穿杭甬客运专线架设箱梁的过程中得到了很好的效果,获得了业主、设计、监理等单位的一致好评,取得了较好的经济效益和社会效益,在此基础上经过总结形成本工法。

二、基本特征

　　由于净空不足,架桥机无法正常架设箱梁,为确保安全,加快施工进度,保证道路按期贯通,采用两台天车分别喂梁及一端利用架桥机卷扬机、一端利用特制加工扁担梁架设箱梁的方法,解除了架桥机无法提梁、架梁的限制,节约了施工成本。而相比大型汽车起重机架设箱梁,该工艺方法对杭甬客运专线的运行影响较小,安全风险较低,具有较好的社会效益。

三、工艺原理

　　该工艺适用于各种立体交叉桥梁在净空不满足常规架桥机架设梁体施工的工程。因低净空不满足架梁要求,故须在 13♯－14♯ 跨左幅搭设贝雷便桥(图 2),贝雷便桥上铺设轨道,轨道上安装 2 台运梁台车。4♯－8♯ 架梁时通过运梁台车、架桥机前天车(13♯墩处)、架桥机天车(15♯墩处)等配合操作,将箱梁纵移就位;通过扁担横梁、架桥机天车等配合,采用边抽枕木边落梁措施下放箱梁,精准对位。其余 1♯－3♯ 梁存放在已经架设好的箱梁上,拆除贝雷便桥,再由扁担横梁与架桥机天车配合操作,就位后落梁,13♯－14♯ 跨箱梁架设完成。

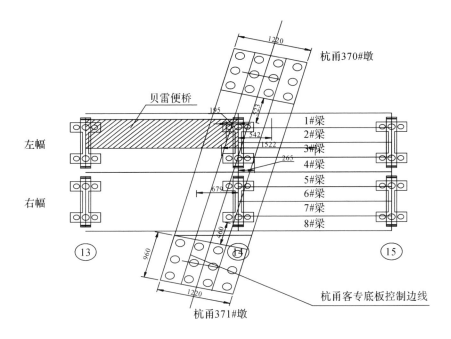

图2　13♯—14♯公铁位置关系平面图

四、施工工艺、操作要点及主要设备

1.施工工艺流程

(1)跨低净空架桥机架梁的主要施工步骤。

首先,安装14♯墩处贝雷支架,搭设贝雷便桥,贝雷便桥的搭设位置位于1♯、2♯、3♯梁位置,在贝雷便桥面板上铺设轨道,安装2台轨道式运梁台车。同时拆除1台架桥机天车,辗转至杭甬客专南面安装,在安装扁担横梁时,扁担横梁纵向位置应安装准确。其中1台运梁台车上安装钢架,保证喂梁时梁底高度高于架桥机中支腿。左幅喂梁,天车将8♯梁前端吊起纵移放置在安装好钢架的运梁台车上,天车退回吊起箱梁后端,天车与运梁台车纵移至贝雷便桥跨中。

朝杭甬客专南面前天车(13♯墩处)吊起8♯箱梁前端,北面天车(15♯墩处)将箱梁后端放置在运梁台车上,南面天车与台车同时纵移就位。扁担横梁吊起8♯箱梁后端,同时在4♯梁位置叠放枕木至与贝雷便桥同高。扁担横梁与架桥机南面天车同时横移至4♯梁位置,采取边抽出枕木边下落箱梁的方法落梁至与防震

挡块同高。在8♯梁位置叠放枕木至与防震挡块同高,横移架桥机至8♯梁位置,采取边抽出枕木边下落箱梁的方法落梁准确就位。采用同样的架设方法架设4♯－7♯梁,并将1♯－3♯梁存放在已经架设好的箱梁上。

拆除贝雷便桥。在3♯梁位置叠放枕木至与箱梁同高,扁担横梁与南面天车提起3♯梁,横向移动至3♯梁位置处,采取边抽出枕木边下落箱梁的方法落梁准确就位,采用同样的架设方法架设1♯、2♯梁。

(2)施工工艺流程

低净空架桥机架梁施工工艺流程如图3所示。

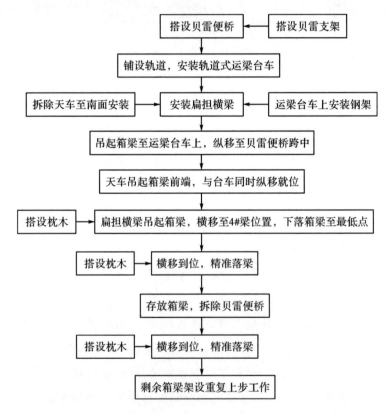

图3 13♯－14♯跨低净空架桥机架梁施工工艺流程图

2.操作要点

(1)扁担横梁的制作。13♯－14♯箱梁自重最大的边梁为76.4 t,则扁担横梁承受的箱梁自重荷载为38.2 t,采用双拼HM440×300×18/11组合型钢,且双拼

H型钢腹板外侧用两根40a工字钢加强,如图4所示,按正常使用极限状态分析计算,可知扁担横梁能承受的荷载为55 t,满足承载要求。

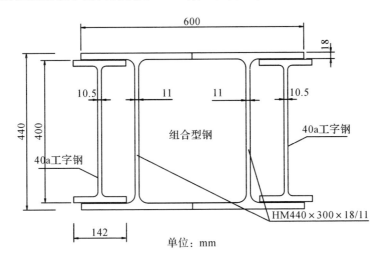

图4　扁担横梁构造图

扁担横梁上挂设4个20 t手拉葫芦,手拉葫芦位置可以调整,以便架设边梁,如图5所示。

图5　扁担横梁安装图

(2)贝雷便桥的搭设

为满足贝雷梁的拼装需要,施工场地作业面积至少应为27 m×7 m,平整夯实地基使拼装过程中不发生地基沉降。13#—14#左幅盖梁用作贝雷梁支点,盖梁与贝雷梁之间用半刚性抄垫作为贝雷梁的支座,准确测量半刚性抄垫的平面位置和高程,安装半刚性抄垫。

贝雷梁采用双幅8排贝雷桁架,左右各4排,单排桁架由8片贝雷片组成,单幅贝雷由两个双排单层贝雷梁组合而成,单个双排单层贝雷梁之间横桥向用支撑架连接,间距为45 cm。左右幅贝雷梁之间用特制连接片连接。

贝雷梁在13#—14#施工场地横桥向拼装完成,贝雷梁支点处于半刚性抄垫平面位置,高程安置准确,开始吊装贝雷梁。吊装前用两根麻绳绑扎在贝雷梁两端,单个双排单层贝雷梁垂直起吊至14#—15#跨箱梁顶高度后,通过麻绳控制贝雷梁水平旋转90°至纵桥向,贝雷梁缓缓落至半刚性抄垫上,及时安装贝雷梁两端的限位装置,吊装完毕,其余双排单层贝雷梁的吊装采用同样的方法。

贝雷便桥的连接。贝雷便桥面板采用32号a型槽钢,槽钢与贝雷梁之间采用弦杆螺栓连接,8排贝雷梁的横向连接用12号a型槽钢连接,增强贝雷便桥的整体稳定性,贝雷便桥的构造如图6所示。贝雷梁的纵向位移约束,通过一端在贝雷梁与已架设好的箱梁之间用方木塞紧,另一端在贝雷梁与支座垫石之间用方木塞紧,防止贝雷梁施工便桥发生纵向位移。

图6 贝雷便桥构造图

(3)安装运梁轨道及运梁台车

贝雷便桥安装完成后,在便桥面板上铺设运梁轨道,轨道间距为2.2 m,轨道与面板之间用钢筋焊接限位装置,确保架梁施工安全。箱梁上铺设的轨道下面支垫枕木,间距 50 cm 一道。轨道安装完成后安装 2 台运梁台车,其中一台运梁台车上焊接钢架,如图 7 所示,确保喂梁时梁底高度高于架桥机中支腿。

图 7　运梁台车钢架图

(4)安装 14♯墩处贝雷支架

为确保手拉葫芦提梁、落梁的安全,需在盖梁上叠放枕木垛。枕木垛最高为 1.4 m,由于盖梁宽度不足,则需搭设一个支架平台保证枕木垛的稳定性,如图 8 所示,支架由 7 层双排贝雷架组成,每排贝雷架由 3 片贝雷片组成,贝雷支架支撑在 14♯承台上,落梁时采用边抽枕木边落梁措施,确保落梁的绝对安全。

图 8　支架枕木垛搭设图

(5)架设13#—14#跨小箱梁工艺

14#—15#跨箱梁架设完成后,低净空不满足喂梁要求,故需在13#—14#跨左幅搭设贝雷便桥,贝雷便桥上铺设轨道,轨道上安装2台运梁台车,喂梁时由杭甬客专线北面天车将8#梁吊起放置在运梁小车上,再由天车与运梁小车将8#梁纵移喂梁至杭甬客专线南面跨中位置,南面架桥机天车吊起箱梁,同时北面架桥机天车将箱梁放置在另一台运梁车上,再由南面架桥机天车与运梁台车将箱梁纵移就位,扁担横梁吊起箱梁,扁担横梁与架桥机天车同时吊起箱梁,横移至8#梁位置处,下放箱梁,8#梁架设完成。采用同样的方法架设4#—7#梁,将其余1#—3#梁存放在已经架设好的箱梁上,拆除贝雷便桥,再由扁担横梁与架桥机天车吊起箱梁,横移就位后落梁,13#—14#跨箱梁架设完成。

3.主要施工机具设备

下穿高铁低净空架梁施工主要机具设备:架桥机(220T)、运梁轨道车(50T)、发电机组(200 kW)、汽车起重机(25T)、轮式运梁车、红岩、轮拖车。

五、质量安全及环保措施

1.质量控制

墩台支座中心线、支承垫石高程必须符合设计要求。梁存放和运输支点位置必须符合设计要求,而且支点应位于同一平面上,箱梁同一端支点相对高差不得大于2 mm。架设时吊点位置必须符合设计要求。预制箱梁架设后的相邻梁跨梁端桥面之间、梁端桥面与相邻桥台胸墙顶面之间的相对高差不得大于10 mm。预制箱梁桥面高程不得高于设计高程,也不得低于设计高程20 mm。梁体架设后应梁体稳固、梁缝均匀、梁体无损伤。支座与梁底及垫石之间必须密贴无空隙,支座配件必须齐全。

管理人员认真做好工前的提梁、运梁、落梁技术及安全交底工作,熟悉图纸、施工规范和技术指南。检查施工班组对技术指导的执行情况,发现没有按技术交底要求进行施工时,要及时制止,要求返工,责令其改进。

2.安全措施

施工前对施工人员进行客运专线铁路设备技术认知及安全教育,并通过考试合格,选拔成绩优秀者进入客专梁面进行安全防护作业。架梁前对所有作业人员进行安全技术交底,并坚持领导带班制度。杭甬客专 30 m 范围内严禁堆载且不得停放泵车、吊机等载重车辆。大型机械设备必须通过相关检测单位的检测,并出具相应的检测合格证书后方可在杭甬客专附近进行作业。大型机械作业,提前通知设备管理单位,并在其监督情况下进行,大型机械做到一机一人防护。

施工全过程在第三方检测的前提下进行,作业时将第三方检测单位提供的检测数据作为"安全红线",一旦数据超限,立即停止一切作业。严格按照铁路局下穿高铁营业线施工的有关规定进行施工,安排架梁施工在天窗点内进行。大型设备移动前制定严密的安全措施,设置缆风绳,防止倾覆;吊机作业施工中确保机械和被吊物与电力、电化设备之间有足够的安全距离;机具、材料堆放严禁侵入建筑限界。施工期间派专人 24 小时不间断防护,防护人员必须明确应急处理预案处理措施并保持通信畅通。架梁前认真细致测量、计算复核机械设备及桥梁结构与杭甬客运专线的距离,确保两者之间的距离符合安全技术参数要求,其中湿接缝钢筋要及时连接,空洞处采用钢板覆盖,防撞墙钢筋要及时绑扎牢靠,采用安全网全封闭围挡,设置警示标志。

架梁期间加大对杭甬客运专线的监测,一旦得到监测单位的通知,变形超限,立即停止临近客运专线铁路一切施工,并第一时间通知庄桥、余姚车站。

3. 环保措施

施工中采取合理措施,保护现场内外环境,限制施工作业引起的污染、扬尘、噪声和其他不利影响对公众财产和居民生活环境造成的伤害。严格执行国家与当地各级政府有关部门关于生态保护、环境保护的法律、法规、政策和法令,严格执行合同规定的相关条款,积极主动同当地环保局签订联合环保协议,按照设计文件,结合施工组织设计,编制可行性的环境保护措施,及时提报业主及有关部门,切实按批准的方案和措施组织施工。

给施工机械和运输车辆安装消声器并加强维修保养,降低噪声。车辆途经施工生活营地或居住场所时应减速慢行,不鸣喇叭。适当控制机械布置密度,条件允许时拉开一定距离,避免机械过于集中形成噪声叠加。在靠近村庄和居住区的地方施工时,在噪声较大的机械设备周围修建隔音棚或隔音墙,减少对居民的干扰。在比较固定的机械设备附近(空压机房),修建临时隔音屏障,减少噪声传播。合理

 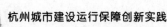

安排施工作业时间,尽量降低夜间车辆出入频率,夜间施工尽量不安排噪声很大的机械施工。

六、社会、经济效益分析

1.经济效益分析

下穿高铁低净空架梁施工工法克服了净空不足导致常规架桥机无法架梁的困难。贝雷便桥的搭设解决了无法喂梁的难题,结构简单、实用,减少了地基处理等环节,节约成本约 10 万元;利用架桥机两台天车分别与轨道运梁车配合的方式喂梁,优化了利用吊机对箱梁二次转移的方案,同时减少了架桥机轨道的拆装工作,直接节约成本 25 万元;利用一端台车、一端特制加工扁担梁的方式架设箱梁,保证了杭甬客运专线的绝对安全,安全防护费用大大降低,节约成本约 20 万元;下穿高铁低净空架梁方案,架梁速度快,安全风险低,减少了一半杭甬客运专线天窗点时间,确保了项目整体工期,间接节约成本约 30 万元,以上共计节约成本约 85 万元。

2.社会效益分析

由于宁波地区位于滨海平原区,表面多为淤泥质泥土,为软土地区,地基承载力较差,且上海铁路局明确提出,高铁下部不得停放泵车、吊机等载重车辆等要求,本施工工法很好地解决了架梁对杭甬客运专线通车运营的影响,同时加快了施工进度,确保了施工工期,为宁波高速公路江北连接线的顺利开通打下了坚实的基础,受到了业主、监理单位的一致好评。

杭甬客运专线架梁采用一端利用卷扬机、一端利用特制加工扁担梁架设箱梁的施工方法,解决了净空不足导致的无法喂梁、架梁等困难。利用 4 次杭甬客专天窗点时间(23:30—03:30)顺利完成了 13♯—14♯跨 8 片小箱梁的架设任务。本次的架梁完成不仅保证了项目的整体工期,也确保了杭甬客运专线的绝对安全,降低了经济成本。

建设工程危险源、隐患及风险异同关系的分析

本文通过对隐患与风险等概念的梳理,以及对事故成因等基本理论的分析,澄清一种模糊认识,并试图通过双重预防机制做好建设工程的事故防控工作。

一、基本概念

1.危险源

危险源是可能导致人身伤害和健康损害的根源、状态或行为,或其组合。危险源可分为两类:一类是由能量或有害物质所构成,如高处重物具有的势能,以及声、光、电能等,是导致事故的根源、源头;另一类是包括人的不安全行为或物的不安全状态以及监管缺陷等,如防控屏障上那些影响其作用发挥的缺陷或漏洞,导致能量或有害物质的失控,从而造成事故发生。

2.事故隐患

与安全生产有关系的隐患称为"事故隐患"。其定义为劳动场所、设备及设施的不安全状态,人的不安全行为和管理上的缺陷。

3.风险

风险就是不确定性对目标的影响,具有主观性,是人们在其发生之前做出的主观预测或判断。安全风险强调的是损失的不确定性,包括发生与否,以及发生时间和导致结果的不确定。

二、逻辑关系

1.危险源与隐患关系

(1)危险源类型

危险源可分为潜在型与现实型两种类型。所辨识出的危险源,如螺栓固定的

部件,可能会出现螺帽的松动、脱落,这属于潜在型危险源。通过风险评估,采取相应的预防措施,加强对螺栓的检查维护等,就能够防止事故的发生。如经安全检查或隐患排查,发现有螺栓松动或脱落,则属于客观存在的"现实型"危险源。

以上分析表明,现实型危险源是潜在型危险源失控的结果,因此,如果危险源都处于潜在状态,说明事故预防工作得力,应该是比较安全的;反之,如果潜在型危险源没有得到有效控制而转化为现实型危险源,即隐患,则表明风险程度大为增加,或已濒于将要发生事故的危险阶段。根据《标本兼治遏制重特大事故工作指南》要求,把安全风险管控挺在隐患前面,把隐患排查治理挺在事故前面,体现了这种风险管理的思路。

(2)现实型危险源就是隐患

现实型危险源就是隐患,表现为能量或有害物质的失控或防控屏障上出现的缺陷或漏洞,是事故发生的外因。另外,一旦存在隐患就说明违反了相关规定或要求,无须风险评估,都需要进行治理、整改,即隐患治理。总之,隐患就是危险源中的一类。

2.危险源(隐患)与风险关系

(1)危险源危险程度风险评价

危险源客观存在,并具有不同程度的风险。风险则是人们对危险源导致事故发生的可能性及后果严重程度的主观评价,同时危险源与风险又是主体与属性之间的关系。

(2)危险源防控屏障的作用

风险由事故发生的可能性与后果严重程度两个因素决定,事故发生可能性由危险源防控屏障的作用决定,即外界干预或安全管理的水平决定。也就是说,如果管理到位,即使危险源能量大其风险程度也未必高;反之,如果管理不善,失控时有发生,其风险程度也会很高。

三、危险源风险管理

应对危险源进行风险管理。风险管理包括危险源辨识、风险评估、风险防控及隐患的排查治理等核心内容。这是针对不确定性所采取的由计划、组织、指挥、协调及控制等职能要素组成的活动过程,活动过程中进行交流、沟通及评审,并实施过程监控,结束后进行总结回顾。

1. 危险源辨识

通过对项目中的人、机、料、法、环各个方面(环节)的危险源进行全面辨识,识别可能存在的各种类型的危险源,既包括能量或有害物质等第一类危险源,也包括能量或有害物质防控屏障上的漏洞——第二类危险源。

2. 制定风险防控措施

对辨识出的危险源进行分析、评价,从中筛选出需要重点防控的危险源,必要时进行风险分级。同时,按照需要防控的危险源或风险分级,制定相应的风险防控措施并予以落实,最终达到事故防控的目的。

3. 构建风险管理体系

建设工程项目实施前应构建风险管理体系,通过管理体系的有效运行,把各项措施把控到位,避免事故发生。风险分级是指采用科学、合理的方法对危险源所伴随的风险进行定量或定性评价,根据评价结果划分等级,进而实现分级管理。风险分级的目的是实现对风险的有效管控。

四、事故隐患排查治理

事故隐患分为一般事故隐患和重大事故隐患两类。隐患排查治理的目的是事故预防,重点整治人的不安全行为、物的不安全状态以及管理缺陷等,堵塞这些漏洞,使防控屏障或措施发挥应有作用。

按照"谁主管、谁负责""管业务、管安全"的原则,事故隐患排查任务应进行登记并分类建档,进行监督、检查、考核等,分析评价隐患整改措施的可行性和合理性。隐患排查发现,事故隐患有的是"想不到"的问题,但更多是"管不住"的问题。如果防控屏障存在缺陷或漏洞,不加以辨识与处理,则会发生"想不到"的事故。

安全风险分级管控机制和隐患排查治理机制合称为"双重预防机制"。

构建双重预防机制就是为了应对安全生产领域中的"认不清、想不到"等问题,强调将安全生产的关口前移,从隐患排查治理前移到安全风险管控。要强化风险意识,分析事故发生的全链条,抓住关键环节采取预防措施,防范安全风险管控不到位变成事故隐患,隐患未及时被发现和治理演变成事故。

现阶段国家推出双重预防机制,即通过风险全面辨识,管控各类危险源,解决"想不到"的问题,通过隐患整改解决"管不住"的问题,这对于有效防控各类事故的发生具有很好的现实意义。

城市排水管网有限空间维护作业安全措施

一、总体要求

1.作用意义

依据《城镇排水管道维护安全技术规程》(C JJ6-2009)、《有限空间安全作业五条规定》(国家安全生产监督管理总局令第69号)、《工贸企业有限空间作业安全管理与监督暂行规定》(国家安全生产监督管理总局令第59号)相关要求,为保障城市排水管网受限空间作业安全,提高管网维护的安全管理水平,防范有限空间操作安全事故的发生,切实保障施工作业人员的身体健康和生命安全。

2.作业范围及职责

有限空间作业又称下井作业,是指排水管道、检查井、闸井、泵站集水池等封闭或部分封闭,进出口较为狭窄,未被设计为固定工作场所,自然通风不良,易造成有毒有害、易燃易爆物质积聚或氧含量不足的排水管网设施内进行的维护作业,城市排水管网产权单位宜负责有限空间作业的管理。

3.基本规定

(1)实行作业审批制度,严禁擅自进入有限空间作业。

(2)实行"先通风、再检测、后作业"作业程序。

(3)配备个人防护装备,设置警示标识,严禁无防护监护措施作业。

(4)作业人员应进行安全培训。

(5)制定应急措施,现场配备应急装备,严禁盲目施救。

二、有限空间安全体系

1.制定安全管理制度

企业应制定有限空间作业安全责任制度,作业审批制度,现场有限空间作业安

全管理制度,现场负责人、监护人员、作业人员、应急救援人员安全培训教育制度,有限空间作业应急管理制度,有限空间作业安全操作规程。并制定有限空间作业专项应急救援预案,每年至少进行一次应急救援演练,提高对突发事件的应急处置能力。

2.履行作业审批及安全交底制度

(1)作业审批

有限空间作业单位必须履行作业审批制度,作业前应填写管网有限空间作业审批表,报作业单位技术负责人或主管科室负责人审批。未经批准的,任何人不得开展有限空间作业。

(2)安全交底

指定作业负责人、监护人员、作业人员和应急救援人员。严禁在没有监护人的情况下作业。作业前,作业单位安全生产部门应对监护人和作业人员进行安全交底,交底内容包括有限空间的结构、可能存在的有毒有害物质和防控措施,作业中可能遇到的意外情况以及处理、救护方法等。

(3)安全培训

现场负责人、监护人员、作业人员、应急救援人员专项安全培训包括下列内容:有限空间作业的危险有害因素和安全防范措施;有限空间作业的安全操作规程;检测仪器、劳动防护用品的正确使用;紧急情况下的应急处置措施。安全培训记入培训档案,并由参加培训的人员签字确认。

3.配备防护装备

有限空间作业单位应当对所涉及的所有作业场所开展有限空间辨识,建立有限空间台账,设立警示标志并张贴于醒目位置,落实防范措施。有限空间作业单位应配备通风设备、检测设备、照明设备、通信设备和个人防护用品。防护装备应妥善保管,并按照规定进行检验、维护,以保证安全有效。

三、有限空间安全作业准备

1.划定安全作业区

标出安全作业区,严禁非作业车辆及人员进入。作业井迎车方向 5 米以外设置防护栏,且两侧应设置路锥。路锥之间用连接链或警示带连接,间距不应大于 5 m。在快速路上,宜采用机械维护作业方法;作业时,除应设置防护栏外,还应在作业现场迎车方向不小于 100 m 处设置安全警示标志。维护作业现场井盖等设施开启后,必须有人在现场监护并在开启的设施周围设置明显的防护栏及警示标志。有限空间作业完毕后,应对作业现场进行清理,清理出的污物垃圾及时清运,保持周边环境清洁。

夜间作业,应在作业区域周边明显处设置警示灯。在有限空间作业期间,应提前使用机械设备对作业检查井进行降水处理,并严密监控水量以确保施工安全。

2.开启检查井自然通风

提前开启工作井井盖及其上下游井盖进行自然通风,时间不少于 30 分钟。井内有积水的,应用工具搅动泥水,使气体充分释放。自然通风仍达不到要求时,应采用通风设备进行强制通风。禁止使用纯氧通风换气。检查有限空间内部情况时,宜采用便携式视频检查、声呐检查等快速检查方式。

3.遵守"先检测,后作业"的原则

对有限空间内部可能存在的危害因素进行检测。检测指标包括氧气浓度、易燃易爆物质(含气体和粉尘)浓度、有毒有害气体浓度。未经检测或检测不合格的,作业人员不得进入有限空间进行施工作业。

作业环境条件发生变化时,作业单位应对作业场所危害因素进行持续或定时检测。如有一项不合格或出现其他异常情况,应立即停止作业并撤离作业人员。现场经处理并经检测符合要求后,重新进行审批,方可继续作业。中断作业超过 30 分钟需继续作业的,应重新通风检测。实施检测时,检测人员应处于安全环境,并记录检测的时间、地点、气体种类、浓度等信息。

根据检测结果,作业负责人组织人员对作业环境危害情况进行评估,制定预防、消除和控制危害的措施,并告知有限空间作业人员,作业人员应履行签字手续,确保作业期间处于安全受控状态。

四、人员下井作业安全防护

有限空间作业人员进行作业时,外部监护人员不得少于两人,并设置专人呼应,监护人不得擅离职守。作业人员必须戴安全帽和手套,穿防护服和防护鞋,配备悬托式安全带,使用供压缩空气的隔离式防护用具。每次作业时间不宜超过 1 小时,作业现场严禁吸烟,未经许可严禁动用明火,照明设备必须采用防爆型,其供电电压不得大于 12V。

实施井下焊接等特殊作业,须制订专项工作方案,严禁在有限空间内使用汽(柴)油发电机等机械设备作业。发生事故时,作业单位应立即启动应急救援预案,在抢救中毒人员的同时,迅速查清有毒气体来源,制定应对措施。

救援人员应做好自身防护,配备必要的呼吸器具、救援器材。严禁盲目施救,导致事故扩大。有限空间作业事故发生后,作业单位按照国家和省有关规定,逐级向所在地政府、安全生产监督管理部门和行业主管部门报告。

环北明挖段跨地铁 1 号线、3 号线施工安全方案研究

一、工程建设的意义

杭州市环城北路—天目山路提升改造工程是杭州市"四纵五横"快速路系统中的重要"一横"中的核心区一段,整个"天目山路—环城北路—艮山西路"快速路西与 02 省道相连,东至下沙开发区,线路大部分穿越城市中心区,经过西溪湿地、城西商住区、文教区、黄龙商圈、西湖北线景区及浙江大学、省市行政中心、武林广场、西湖文化广场、东站枢纽、城东地区(钱江新城)等公用建筑群,交通需求旺盛,是杭州市连接下沙经济开发区、主城区、余杭区的东西向重要道路。

环北明挖段处在武林广场西通道至环城北路隧道间,其中,桩号 NK4＋133～NK5＋320 为暗埋段,其余范围为 U 型槽。而暗埋段中桩号为 NK4＋420～NK4＋460 范围与已建地铁 1 号线、3 号线平面相交,处于轨道交通保护区内,称跨地铁段,此为本方案研究的重要内容。

二、工程概况

1. 工程概述

地铁 1 号线和 3 号线出武林广场站后,下穿环城北路及京杭大运河后,从西湖文化广场地下室东侧逐渐转入中山北路,线路在兽王大厦侧逐渐变化为 1 号线及 3 号线上下重叠进入文化广场站。

资料表明,环北明挖段与地铁 1 号线、3 号线区间约 60°斜交,跨地铁段基坑底距 1 号线左线最小间距为 4.178 m、右线为 10.945 m;距 3 号线左线最小间距为

11.007 m、右线为 4.652 m。基坑开挖深度约 8.2 m。处于地铁 50 m 控制保护区内的基坑有 A2、B2、B1 和风道(属于地铁旁侧基坑)及 C(属于地铁上方基坑)。此外,基坑 A1 处于武林广场站及其西北侧 B 出入口的控制保护区内,不在本方案研究范围。各部分基坑位置与地铁设施的平面最小距离如图 1 所示。

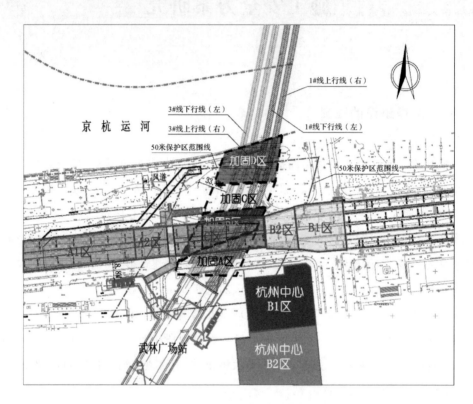

图 1　环北明挖段与地铁设施平面关系

2.工程地质调查

(1)地形地貌

环北明挖段场地地貌为冲海积平原,地势平坦,地面标高一般 5.0～6.5 m,现环城北路为双向六车道的城市主干道,车流量大,地处市中心,往来人员众多。

(2)地基岩土构成及分布特征

经勘探揭露,场地地层结构、岩性特征、埋藏条件、物理力学性质指标结合原位测试成果,并参照《杭州地铁岩土工程勘察地层编号规定》(2015 年版),将场地勘探深度按浅地层划分为 13 个工程地质层组,包括 24 个工程地质层。

(3)场地水文地质条件

场地勘探主要分为第四系松散岩类孔隙潜水、孔隙承压水和基岩裂隙水三类。

孔隙潜水:主要存在于场区浅部人工填土层及其下部粉土和黏性土层中,地下水分布不连续,其富水性和透水性具有明显不同,特别是表部填土层,透水性相对较好,而下部粉土层局部分布,渗透系数一般为 $10-4$ cm/s,为潜水含水层。黏性土层渗透系数一般为 $10-7$ cm/s,属相对隔水层。孔隙潜水以大气降水竖向入渗补给及地表水体下渗补给为主,径流缓慢,以蒸发方式和向附近河塘侧向径流排泄为主。

勘察期间实测地下水位埋深 1.20～3.50 m,相应标高为 2.38～5.25 m。潜水位受地形控制,随季节气候动态变化明显,据区域资料,动态变化幅度一般在1.0～2.0 m。

孔隙潜水含水层以微(弱)透水性土为主,从场地地基土岩性特征分析,上部人工填土的渗透系数大于粉土,粉土大于淤泥质土,水平渗透系数大于垂直渗透系数,下部淤泥质土层中夹较多粉土时(如④2 层淤泥质粉质黏土夹粉土),其渗透性也会相应提高。

孔隙承压水:主要存在于下部的⑦4 层含黏性土砾砂和⑨2 层砾砂层中,透水性较好。因场地内承压含水层分布局限,在横向和纵向上多有黏性土层相隔离,含水介质呈夹层和透镜体状分布,其中⑦4 层含黏性土砾砂仅部分钻孔揭露,顶板埋深 24.2～32.3 m,厚度 0.7～5.1 m,平均厚度 1.6 m;⑨2 层砾砂仅部分钻孔中揭露,顶板埋深 27.8～40.2 m,厚度 0.5～7.6 m,平均厚度 3.0 m。

场地承压含水层总的特点是透水性较好、含水层规模小且连续性较差,水量小,属封存型含水层,地下水径流滞缓。地铁 1 号线承压水资料显示:场地实测承压水头埋深为地表下 5.14 m,相应高程为 1.28 m,水流速缓慢。

基岩裂隙水:基岩裂隙水埋藏于第四系土层之下,主要存在于下部基岩风化裂隙内,含水层透水性受岩石的风化程度、裂隙的发育程度、裂隙贯通性等控制。场地基岩岩性为凝灰岩和粉砂质泥岩,其中凝灰岩节理裂隙较发育,裂隙面多有黏土矿物充填,呈闭合状;粉砂质泥岩主要成分为黏土矿物,裂隙多被泥质岩充填胶结,发育程度差。因此,场地基岩裂隙有黏土矿物充填后,呈闭合状,导水性差,水量小。

 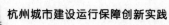
裂隙水主要由侧向补给和上部承压含水层下渗补给,径流缓慢,向下游排泄,结合本场地地貌类型为平原区的特征分析,裂隙水对本工程施工影响较小。

三、工程建设依据及设计参数

1. 工程建设主要依据

本工程建设方案依据有关设计图纸、工程勘察资料和技术规范,参照国家及杭州市的有关规范要求,围绕确保安全质量、保证工期目标进行研究。主要依据包括:(1)环城北路—天目山路提升改造工程第02标实施性施工组织设计;(2)《杭州市环城北路—天目山路提升改造工程涉地铁1♯线、3♯线安全风险评估报告》;(3)《地铁设计规范》(GB 50157-2013);(4)《地铁限界标准》(CJJ/T 96-2018);(5)《城市轨道交通结构安全保护技术规范》(CJJ/T 202-2013);(6)《危险性较大的分部分项工程安全管理规定》。

2. 主要设计参数

地铁盾构隧道是一系列预制钢筋混凝土管片在纵向和环向通过接头螺栓连接而成的非连续体。盾构隧道为圆形,外径6.2 m,地铁隧道内径5.5 m,衬砌采用拼装管片,管片厚度0.35 m,管片环宽1.2 m。管片的混凝土等级为C50,抗渗等级为P10。钢筋为HPR235、HRB335钢,螺栓等级为5.8级。

地铁盾构隧道相关参数如下:设计使用年限为100年,安全等级为一级;抗震设防标准按场地基本烈度提高一度设计;防水等级为二级;人防荷载等级为6级;隧道运营阶段抗浮安全系数不小于1.1。

3. 地铁1、3号线与明挖基坑底的间距

3号地铁区间已建成,未运营,左线与明挖基坑底最小间距为4.178 m,小于0.7 H,右线与明挖基坑底最小间距为10.945 m;该区间存在较大先期沉降与收敛变形。

1号地铁区间已运营,左线与明挖基坑底最小间距为11.007 m,右线与明挖基坑底最小间距为4.652 m;该区间存在较大先期沉降与收敛变形。

四、环北明挖段基坑围护及加固体设计

1.周边项目及地下管线现状调查

(1)杭州中心项目

杭州中心项目建设地点在杭州市下城区武林广场东北侧,项目位置东临中山北路,北侧为环城北路,西临武林广场东通道,南侧为东西向规划道路,西南侧与省科协大楼毗邻。基坑面积约为 16460 m^2,沿基坑周边延长 549 m,结构施工完成后方可进行下一个区块的土方开挖作业。杭州中心项目基坑距 1 号线盾构隧道水平距离最近 6.2 m,距车站主体结构水平距离最近 3 m。

同时其开挖深度较深:相邻分坑 A1 区开挖深度约为 6.75 m,位于隧道顶面,A2 区开挖深度约为 16.95 m,开挖底面位于 1 号线右线(上行线)腰部,左线(下行线)隧道顶部以上,B 区挖深约为 30.2 m,位于隧道底部以下。

(2)基坑南北侧管线现状如表 1 所示。

表 1 环城北路(基坑)管线现状表

道路	类型	管线规格/mm	管线埋深/覆土/m	管线与基坑平面位置/m
环城北路 (基坑北侧)	给水	DN1400,铸铁	1.17	12.42
	电力	10 kV	1.8	14.17
	通信	82 孔	2.2	14.37
	雨水	D600 砼	4.3	31.83
环城北路 (基坑南侧)	污水	DN1800/砼	3	5.3
	给水	DN600,铸铁	1.8	7.45
	通信	铜/光(1000×500)0/24 孔	1.5	9.27
	雨水	600 砼	4.37	11.35
	燃气	铸铁/低压 φ300	1.05	14.23
	电力	1200×1200,110 kV	0.8	18.36
		10 kV	8.9	

注:除雨水管、污水管为埋深,其余管线种类均为覆土。

2.基坑区分

地铁设施保护范围的基坑围护设计,为地铁隧道边和明挖段边往外 100 m 范围。根据明挖段与地铁的平面关系,基坑划分为三类,即旁侧基坑、上跨基坑、风道基坑,并将该范围的旁侧基坑分别标注为 A_1,A_2,B_2,B_1;上跨基坑标注为 C,风道基坑标注为 D。如图 2 所示。

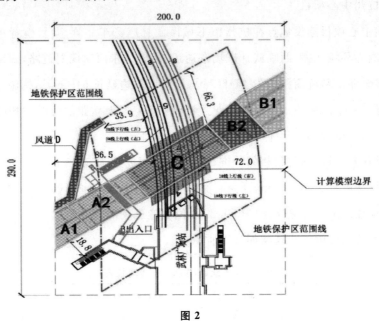

图 2

各分坑的围护结构如表 2 所示。各分坑之间以钻孔灌注桩分隔,总体施工顺序为先旁侧基坑($A_1 \rightarrow A_2$、$B_1 \rightarrow B_2$),再上跨基坑(C),最后为风道基坑(D)。

表 2   各分坑的围护结构

分坑	A1	A2、B1、B2	C	D
围护桩	地连墙	钻孔灌注桩	钻孔灌注桩	H 型钢
止水帷幕	地连墙	三轴水泥搅拌桩	高压旋喷桩	TRD 水泥土连续墙
内支撑	混凝土和钢管	混凝土和钢管	混凝土	混凝土和钢管
土体加固	三轴水泥搅拌桩	三轴水泥搅拌桩	MJS 工法	—

3.旁侧基坑支护形式

图 3 为基坑 A1 支护断面图,其他旁侧基坑略。

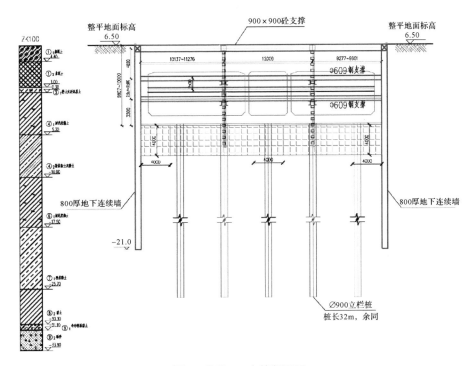

图 3　基坑 A1 支护断面图

4.上跨基坑及门式加固结构

（1）主要施工内容

上跨基坑长边方向与盾构隧道延伸方向的夹角约为 60°。基坑平面呈矩形，长边约 90 m，短边约 33 m，最大开挖深度约 8.5 m（坑周地坪黄海高层约 6.10 m，坑底标高约－2.01 m）。

上跨基坑主要施工内容为围护结构设置、基底加固、抗拔桩及立柱桩施工、基坑开挖与支撑架设、主体结构及地面恢复等。其中，打设抗拔桩和土体加固，是在地铁区间上方形成门式框架，并采用分块开挖、快速施工的方式，减小基坑开挖卸载后对地铁区间的影响。

（2）门式土体加固结构形式

围护桩采用直径 800 mm、间距 1000 mm 的钻孔灌注桩。隧道正上方止水帷幕为 MJS 旋喷桩（双排桩范围），其余范围的止水帷幕为直径 800 mm 高压旋喷桩。基坑内设直径 900 mm 钻孔灌注桩作为抗拔桩。

盾构隧道正上方围护桩桩底与隧道顶之间竖直距离大于 2.0 m,其余围护桩底标高为-19.4 m。设计要求灌注桩与隧道的水平净距大于 2.0 m。

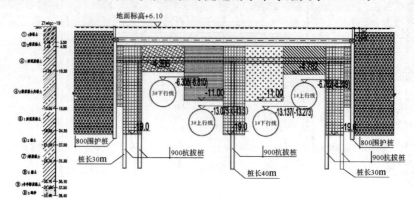

图 4　上跨基坑横断面图

基坑的水平受力构件为一道钢筋混凝土支撑,中心标高为 3.10 m,截面尺寸为 900 mm×900 mm,腰梁混凝土标号为 C40,抗渗等级为 P8,冠梁和支撑混凝土标号为 C30 微膨胀。坑内隧道两侧部分抗拔桩兼做支撑立柱桩。基坑南侧和北侧设置多排围护桩,围护桩形成门式结构。

(3)门式土体加固结构参数

坑内和门式结构范围内采用 MJS 工法进行土体加固,坑外土体加固自地面以下 1.0 m 开始(加固体顶标高约 5.0 m)。

坑内土体加固自基坑底以上 4.0 m 开始(加固体顶标高约 2.0 m),要求加固分条跳槽施工,每分条宽度不应大于 3 m。其余区域采用 MJS 旋喷桩和高压旋喷桩相结合的方式加固。加固体从顶标高至标高-1.0 m 采用高压旋喷桩,自标高-1.0 m 至底标高采用 MJS 工法,且先施工下层 MJS 工法,待其达到设计强度后,再对上层高压旋喷桩加固。基坑范围内以 MJS 工法加固,坑底以上部分水泥掺量为 25%,坑底以下部分水泥掺量为 40%。

MJS 即全方位高压喷射工法。MJS 工法在传统高压喷射注浆工艺的基础上,采用了独特的多孔管和前端工作装置,实现了孔内强制排浆和对地内压力的监测,并通过调整强制排浆量来控制地内压力,使深处排泥和地内压力得到合理控制。地内压力的稳定减小了施工中出现的各种变形,减小了对周边管线及建(构)筑物的影响。

根据施工组织设计上跨地铁 1、3 号线方案,坑内采用 MJS 工法与设立高压旋喷桩的方式对场地进行加固,围护桩插入深度不足段坑外采用 MJS 工法进行主动区加固。加固体标高−2.0 m 以下采用 MJS 工法,−2.0 m 以上用高压旋喷桩。MJS 先施工,MJS 与高压旋喷桩交界面处高压旋喷桩应与 MJS 桩体搭接不小于 0.5 m。加固体分条跳槽施工。区间下 MJS 摆喷桩径 3600 mm,桩中心与区间盾构边水平间距为 500 mm,摆喷标高范围为−22.0～−25.0 m。MJS 摆喷与地铁旁侧 MJS 加固在同一工序施工,摆喷桩与旁侧 MJS 应有效搭接。

（4）抗拔桩与加筋垫层及底板的连接

为减少土方开挖对隧道的影响,分块开挖,分坑浇筑底板,上方基坑中央设置 600 mm 厚加筋垫层,加筋垫层采用 C50 混凝土并掺加早强剂,钢筋笼提前分块预制,加筋垫层与抗拔桩连接,相邻分块范围的钢筋笼之间焊接。

五、施工技术要点

1. 施工顺序

交通疏解方案,上跨地铁段施工工序如下:

第一阶段:地铁隧道两侧 MJS 加固;围护结构施工;旁侧基坑主体、土方开挖（地铁隧道顶部 MJS 加固）;依次分块设置剩余部分围护桩、抗拔桩及降水井;对剩余土体加固。

第二阶段:开挖至冠梁底,设冠梁及双排桩间连板;坑内开挖至第一道支撑底,设腰梁及第一道支撑,养护至 80%设计强度。回填地铁隧道 1 号线上方土体 0～2 m,直到满足隧道变形安全要求。

第三阶段:3 号线区间隧道上方基坑分坑开挖至坑底,每个分坑开挖至坑底后,设快硬钢筋砼垫层,垫层钢筋与抗拔桩钢筋笼连接。分块浇筑底板,直到完成 3 号线上方结构底板浇筑。

第四阶段:1 号线区间隧道上方基坑分坑开挖至坑底,每个分坑开挖至坑底后,立即设快硬钢筋砼垫层,垫层钢筋应与抗拔桩钢筋笼连接。分块浇筑底板,直到完成 1 号线上方结构底板浇筑。

第五阶段:施工侧墙、中墙、顶板,待顶板强度达到 100%后,割除砼支撑,侧墙封口。割除立柱桩,顶底板封口,覆土,撤除堆载,路面恢复及风道施工。

2. MJS 桩加固

施工前,全站仪测定 MJS 桩施工控制点,桩孔中心移位偏差小于 50 mm,并在旋喷桩中心向两侧各 0.5 m 左右处探挖沟槽,沟槽深度为 2 m。钻机就位后,调整桩机的垂直度,校验钻杆长度,确保孔底标高满足设计深度。

引孔垂直度是控制旋喷桩偏差的关键,引孔采用导向钻头,钻孔定位后采用全站仪进行垂直度复核。引孔至设计深度后埋设套管,移除引孔钻机,将 MJS 全方位超高压旋喷钻机就位,并调整水平度,根据设计孔深下放钻杆的节数,逐节下放钻杆使喷嘴位置至设计标高,开始喷浆。为提高桩底端质量,在桩底部 1.0 m 范围内应适当增加钻杆喷浆旋喷时间。在旋喷提升过程中,可根据不同的土层,调整旋喷参数。为确保桩顶标高及质量,浆液喷嘴提升到设计桩顶标高以上 100 mm 时停止旋喷。

3. 土方开挖

(1)采用"时空效应"理论

基坑开挖是工程施工中控制的关键,基坑开挖和支撑之间的衔接直接影响围护变形,进而影响对周边环境的保护。为了尽可能缩短基坑的无支撑暴露时间,有效地控制围护结构变形与坑外地面沉降,针对杭州地区软土的流变特性,遵循"时空效应"原理开挖基坑。开挖过程中,掌握好"分层、分步、对称、平衡、限时"五要点,坚持"竖向分层、纵向分段、平面分块"的施工原则。

(2)开挖准备

围护结构、立柱桩砼达到 85% 设计强度,冠梁、第一道砼支撑达到 100% 设计强度,坑内高压旋喷桩及三轴搅拌桩强度达到 1.0 MPa。

凿除围护桩顶端混凝土,制作圈梁,圈梁应达到设计要求的开挖强度。地基加固达到强度要求。完成基坑临边围护,预留排水沟钢支撑运送到场,并预拼若干,检验壁厚、直径等检验项目合格。挖土设备及土方运输设备进场并完成检修。完成与基坑开挖相关的分项工程技术交底及安全交底工作。

(3)开挖控制方法

施工过程中,为尽快完成基坑底板制作,采用水平分层、放坡开挖的方式,防止放坡过长、过高。纵坡为单面坡形式,竖向按每道支撑水平分层,以 2 道支撑为 1

个单元,每单元在 16 小时内开挖完成。如果支撑形式为钢支撑,随挖随撑,此后 8 小时内支撑施加完预应力。

及时可靠地设置支撑和稳定体系,并按设计要求及时施加支撑预应力。机械开挖可以一次性挖到位的,尽量一次性到位,严禁超挖。若发现有超挖现象,则应用塘渣回填或天然级配砂石回填,并夯实。根据总体施工计划,先进行(A2、B2)基坑开挖,总体坡度控制在 1∶2.5;每个开挖面设置两套开挖设备。

分层挖土时,逐层挖至设计标高,每层开挖厚度控制在 1.0 m 内。随后及时进行支撑作业。每小段(纵向宽度 5～6 米)开挖时间控制在 16 小时内,钢管支撑在 8 小时内安装完成并施加预应力,从开挖土体到钢支撑施工完毕总时间不超过 24 小时;混凝土支撑浇筑必须在 7 天内完成。开挖时必须放坡进行开挖,开挖纵坡坡度不大于 1∶2.5。

4.施工技术措施

常备 250 KVA 柴油发电机,保护坑内降水井;现场土方必须连续开挖,并避免挖掘机与围护结构及支撑相碰;围护边 10～20 cm 厚及基底以上 30 cm 的土层应采用人工开挖;及时封底垫层施工及基底排水;观察和监控基坑稳定性,必要时可调整开挖顺序。

基坑开挖时挖机不得碰撞钢支撑,不得碰撞围护结构及格构柱,严禁施工机械在支撑上行走,作用在混凝土支撑表面的荷载不得大于 2 kPa,不得在钢支撑上作用任何荷载。

在基坑土方开挖过程中保护好降水井,降水井周边土体由人工辅助机械开挖。挖机在降水井周围作业时,必须有人员监护,严禁碰撞降水设施,避免损坏降水设备,确保降水井的正常运行,保证地下水位降至设计要求。基坑边角靠近围护桩部位,机械开挖不到之处,用少量人工配合清坡,将松土清至机械作业半径范围内,再用机械掏取运走。夜间作业时,机上及工作地点必须有充足的照明设施,在危险地段应设置明显的警示标志和护栏,避免对钢格构柱、支撑造成破坏。

基坑纵向可按变形缝、横向按中线划分区间,分区间从中间向两端进行开挖。按基坑支撑道数来确定土方开挖分层高度,再按分层高度确定开挖厚度,通常每层开挖厚度控制在 1.0 m 内,采用钢支撑每次开挖可至下道支撑底部 50 cm;混凝土支撑每次开挖至支撑底部即停止开挖。

由规范公式计算得出后轮在地层中产生的附加荷载为 15.6 kPa,分布深度在地面以下 1~3.6 m。

远离基坑侧后轮对基坑的影响

按矩形荷载计算,$a=2.8$,$b=0.4$,$d=0$,$L=0.6$(轮胎纵向着地长度),POBL$=$97.5 kN。

由规范公式计算得出后轮在地层中产生的附加荷载为 2.6 kPa,分布深度在地面以下 2.8~9 m。

结果:满足设计要求。

(4)70 t 履带吊超载验算

70 t 履带吊自重为 61 t,吊车最大载重为 29 m 长 Φ800×16 mm 钢支撑,重量为 12 t,小计 73 t,履带着地面积 7.83 m²(5.15 m×0.76 m×2 条),两履带间距 3 m。

临基坑侧履带超载(30.5+12)×10÷5.15÷0.76=109 kPa

远离基坑侧履带超载 30.5×10÷5.15÷0.76=78 kPa

计算中按 70 t 履带吊离基坑边 1 m 停放考虑,参照《建筑基坑支护技术规程》(JGJ120-2012)条文 3.4.7 进行计算。

临基坑侧履带对基坑的影响:

按条形荷载计算,$p_0=108$ kPa,$a=1$,$b=0.76$,$d=0$。

由规范公式计算得出履带在地层中产生的附加荷载为 29.7 kPa,分布深度在地面以下 1~3.76 m。

远离基坑侧履带对基坑的影响:

按条形荷载计算,$p_0=78$ kPa,$a=4$,$b=0.76$,$d=0$。

由规范公式计算得出履带在地层中产生的附加荷载为 6.8 kPa,分布深度在地面以下 4~12.76 m。

结果:满足设计要求。

临江危险废物填埋场工程关键技术
及场地防渗成效评估

一、国内外危险废物处置现状概述

危险废物处理方法主要有焚烧、热解、固化处理、物化处理、稳定化（固化）、安全填埋、资源综合利用等，其中焚烧处置方法具有处理彻底、减量化、无害化等特点，已被广泛应用。

（一）国外危险废物处置现状

20 世纪 80 年代初期，环境保护研究的重点已从传统污染物的治理向防治危险废物、有毒化学品、恶性事故造成污染的方面转变。目前，国外危险废物控制技术主要有减量化、资源化、无害化 3 种方式。

1. 减量化技术

许多发达国家把推行清洁工艺作为基本政策。例如：荷兰为工厂采用无废、低废技术提供 15％－40％的更新设备费；法国为清洁工艺示范工程补贴 10％的投资和 50％的科研费用。它们采用的主要技术有两种：一是采用无毒原料、杜绝危险废物产生；二是改革生产工艺、减少危险物产生量。

2. 资源化技术

发达国家比较重视危险废物的回收利用。对于生产过程中产生的废物，推行在系统内回收利用；对于生产过程中排出的废物，通过系统外的废物交换、物质转化、再加工等措施，实现其综合利用。1986 年匈牙利将 27.8％的危险废物（约50 万 t）回收利用；荷兰开发了先进的汞回收技术，使现有的水银法烧碱汞耗由 280 g/t（碱）降至 20 g/t（碱）；1972 年德国化学工业协会倡导了"废物交换"制。目前，欧盟成员国、美国、日本等许多发达国家都建立了废物交换组织，推行废物交换制度。

3.无害化处置技术

目前,无害化处置方法中应用最多的是安全填埋法,它是国外普遍应用且比较经济的处置技术。各个国家危险废物填埋量占其总量的比例是不同的,美国是75%,英国是60%,德国为72%,比利时为62%,荷兰和法国为50%,日本为39%。目前许多国家倾向于设置"工程性安全填埋场"。在一些国家,对填埋场地的建造技术已经标准化。近年来,危险废物处理趋势逐渐从"填埋"转向"焚烧"。目前美国已有1500台焚烧设备,主要有机危险废物焚烧效率达到99.99%。北欧一些国家已实现危险废物焚烧处理的工厂化、集团化,并正朝着大规模、区域性的方向发展。

综上所述,国外发达国家的危险废物处置技术已相当成熟。

(二)国内危险废物处置现状

我国是工业危险废物产生大国。在一定程度上,危险废物的管理问题已成为我国社会经济发展的瓶颈。按照全国危险废物和医疗废物处置设施建设规划,根据我国现在的危险废物产生及分布情况和处置现状,计划在全国的东北、华北、华中、华东、西南、西北、华南七个大区先建设若干个危险废物区域性集中处置设施(中心)。国家希望通过这些设施的建设来初步解决我国的危险废物处置问题。

目前,我国危险废物处置方法主要有:

(1)清洁生产工艺推广应用。目前,清洁生产工艺在我国仅在某些工厂的某些生产线上有应用。

(2)无害化处理和综合利用技术研究。我国开发了一批技术相对成熟、有一定经济效益的处理与利用技术。如铬渣制玻璃着色剂、铬渣作为熔剂用于烧结炼铁,高温水解氧化法处理氰渣,焙烧法处理含汞盐泥,有机氮残液焚烧处理,废碱液和废酸液回收技术,从催化剂废液中回收金属银、钴、锰、镍,从氧化锌废渣中回收锌、盐等技术。但这些技术在生产应用过程中或多或少地存在如解毒不彻底、成本过高、工艺复杂、安全性能差、产品销售困难等问题。

(3)进行稳定化(固化)技术研究。我国稳定化(固化)技术研究尚处于起步阶段。目前国内所选用的固化基材主要以水泥、石灰和粉煤灰为主,酌加一定量的不同添加剂,通过凝结剂与废物中危险成分的物料包胶和化学胶结作用使固化体趋于稳定。危险废物稳定化(固化)技术需进一步的研究和发展。

(4)焚烧技术应用。近年来,随着对危险废物污染控制的不断加强,焚烧技术开始有了较大进展。建成了一些处理中心,例如:广西危险废物处置中心,包括回转窑焚烧系统、物化处理设施、稳定固化设施、安全填埋场等,危险废物处理能力为40100 t/a。该项目于2009年7月开始建设,焚烧系统于2012年9月投入试运行,其特点是医疗废物和危险废物混合掺烧。

但在焚烧范围、焚烧对象和技术的研究方面,我国与发达国家相比还有相当大的差距。本课题从杭州市第三固废处置中心项目着手,对危险废物处置填埋关键技术进行了探讨。

二、建设项目概况

(一)基本情况

(1)项目名称:杭州市第三固废处置中心一期项目。

(2)建设单位:杭州临江环境能源有限公司。

(3)建设地点:杭州市大江东新城东南侧临江片区。

(4)建设内容:项目内容包括处置场的原料收运及暂存系统、场内生产设施、公用设施、辅助设施等,其中,生产设施包括危废和医废的焚烧处理系统、余热发电设施、可燃废液储罐区、物化处理系统、稳定化(固化)处理系统、污水处理及安全填埋场等设施。

本项目主要建设内容及处置能力如表1所示,危险废物经营规模如表2所示。

表1　项目主要建设内容及处置能力

处置方式	设计处置能力	处理处置工艺	年运行时间
危险废物及医疗废物焚烧	医疗废物:40000 t/a;非医疗废物类危险废物:30000 t/a;设两条100 t/d的回转窑焚烧线	回转窑焚烧(医废、危废混烧)	350 d
物化处理	重金属、废酸碱:40000 t/a乳化液:40000 t/a	综合反应+絮凝沉淀+板框过滤	330 d
		破乳+气浮+氧化还原	

 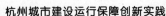

续表

处置方式	设计处置能力	处理处置工艺	年运行时间
稳定化(固化)预处理	45000 t/a(135 t/d);其中外来危废量20000 t/a,其余为自产危废。	水泥固化为主,药剂稳定化为辅	330 d
危废安全填埋	库容约为31.1万 m³,填埋处置总规模为62900 t/a(其中外来危废量20000 t/a,其余为自产危废)	水平+垂直防渗	330 d

表 2　项目危废经营规模

序号	处理处置方式		经营规模
1	焚烧	医疗废物	40000 t/a
		非医疗废物	30000 t/a
2	物化		40000 t/a
3	填埋		20000 t/a

(二)建设规模

1.建设规模的确定

杭州第三固废中心一期项目,主要处理杭州市及其周边地区工业企业产生的危险废物及杭州市的医疗废物,由场外运入的废物总计为 13 万 t/a。其中:

(1)焚烧处置总规模为 7 万 t/a。采用两条 100 t/d 的回转窑焚烧线处置方案,设计热值按照 4000 kcal/kg 考虑。预留二期焚烧用地。

(2)物化处理规模为 4 万 t/a(120 t/d)。

(3)填埋处置总规模为 2 万 t/a。

2.不接收废物的类别

此项目服务范围立足于大江东产业基地,辐射杭州市及其邻近地区的危险废物产废单位,同时包含杭州市范围内的医疗废物产生单位。根据项目所配备的危险废物处理处置设施特点,项目的接纳范围应首先排除以下废物。

(1)易爆和具有放射性的废物。

(2)持久性有机污染物。

(3)与高密度聚乙烯膜(HDPE)具有不相容性反应的废物。

(4)无机氰化物废物。

(5)废溶剂等。

除去上述不能接纳的危险废物外,《国家危险废物名录(2021年版)》中其余类别的危险废物均可进场处置(部分需要经预处理后填埋)。

3.场址选择分析

杭州市第三固废处置中心项目场址按照危险废物焚烧处置场所、医疗废物处置场所和危险废物填埋处置场所选址原则进行选择。

根据杭州市固废产生分布现状,并结合已建的杭州市工业固废项目(即杭州立佳环境服务有限公司)和杭州市第二工业固废处置中心项目(即杭州杭新固体废物处置有限公司)的布局,经多方比选,《浙江省危险废物集中处置设施建设规划(2015—2020年)》明确本项目建设地点为萧山区临江开发区,《杭州大江东产业集聚区(大江东新区)分区规划环境影响报告书》中也明确了"杭州市第三固废处置中心一期项目在杭州市大江东新城东南侧临江片区建设"。由于建设主体同属杭州临江环境能源有限公司的"杭州临江环境能源工程"已确定在大江东临江循环产业园内建设,该项目与本项目同为城市固体废弃物处置环保基础设施,本项目场址亦拟定于大江东临江循环产业园内。

三、危险废物预处理与焚烧减量处置

(一)危险废物收集、运输

危险废物的收集须按照《危险废物收集、贮存、运输技术规范》(HJ 2025-2012)执行。

1.危险废物的收集

本项目危险废物收集的方式为运输队上门收集(杭州临江环境能源有限公司具有道路危险货物运输资质)。产废单位与杭州临江环境能源有限公司签订合同。杭州临江环境能源有限公司根据环保部门批准的危险废物转移联单,确定接收对象、接收时间和运输车辆、路线。

危险废物的收集应根据危险废物产生的工艺特征、排放周期、危险废物特性、废物管理计划等制订收集计划。收集计划应包括收集任务概述、收集目标及原则、危险废物特性评估、危险废物收集量估算、收集作业范围和方法、收集设备与包装

(二)堆体稳定性分析

1.计算条件

为合理论证填埋高度以及填埋坡度,需对高维填埋过程中堆体最危险临空滑动面进行稳定分析。根据发展规划,填埋堆体最大临空高度为13 m,填埋坡度为1：3,每隔5 m设置宽2 m的缓坡平台。计算过程中考虑危险废物堆体自身不产生渗滤液,堆体中渗沥液水位按照不高于围堤顶面考虑。

2.分析结果

计算的正常运行条件和非正常运行条件下的高维堆填抗滑稳定安全系数分别为1.363(大于1.25)和1.222(大于1.05),相应的危险滑动面如图1所示。由此可以看出,各种工况组合下高维填埋堆体边坡抗滑稳定均满足规范规定的最小安全系数要求。

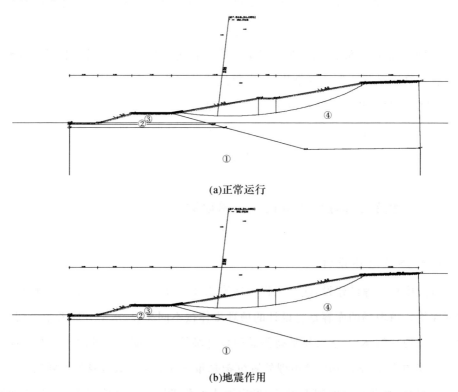

(a)正常运行

(b)地震作用

图1 高维填埋堆体断面稳定计算结果

（三）库区工程——场底构建

合理构建场底排水坡度,场底脊线应结合堆填单元的划分合理设置。场底构建应保证纵横向 2% 以上的排水坡度,最大限度地增加开挖量,减少回填土方量。场底构建时,应重视地基土不均匀沉降引起的排水坡度变化,确保满足最低排水坡度要求,确保底部防渗系统不被拉伸破坏。

1.填埋库区场地平整

（1）填埋库区土方平整不仅与地形有关,而且与场地地层岩性以及地下水埋深有关。土方平整后的填埋库区基底需满足防渗系统铺设以及渗滤液导排系统导排坡度的要求,还需考虑场内土方平衡,尽量减少外购土料。

（2）根据国家相关规范的要求,防渗系统中的黏土层底距离场址地下水位高程不得小于 1.0 m。本工程场址勘察期间实测地下水位埋深为 0.80～2.20 m。地下水位年变幅 1.0～2.0 m。

借鉴生活垃圾卫生填埋场隔离地下水的成功经验,采用地下连续墙形式的垂直防渗帷幕将地下水相对隔离开来,再使用潜水泵降低垂直帷幕围住区域内的地下水水位,使其达到规范的要求。场地平整后的场底最低标高为 −1.5 m,控制地下水水位距离场底防渗压实黏土层 1 m 以上。

（3）场地平整后纵横最小排水坡度为 2%。在地基处理的基础上对场地进行压实、填方、找坡,以便满足规范和导排的要求,同时修建围堤。场地平整和修筑围堤后,再依次铺设地下水导排系统、防渗系统以及渗滤液导排系统。

（4）场地平整后其坡面平顺圆滑,无尖锐变形或突起,坡面不得含有尖锐石子、树根、陶瓷、玻璃、钢筋等杂物,基底均匀密实,均匀误差不超过 10%,以满足防渗系统的铺设,防止土工膜被刺破。

2.围堤和边坡设计

填埋场围堤为碾压式土堤,土料使用前进行击实试验。填料填筑施工方法、施工机具、分层厚度、压实遍数通过试验确定。填料含水率应采用最优含水率,由现场压实试验获得,压实系数 > 0.94。最优含水率初步确定为 20%,摊铺厚度为 50 cm,压实机选用 26 t 压路机。围堤外侧采用浆砌石护坡,方形网格内植草皮。

根据填埋工艺和结构安全性要求,本工程围堤结构为碾压式土坝,做成加筋土

坝,围堤顶部高出场地平面约 5.0 m,围堤顶设计宽度为 5.0 m,围堤顶部高程为 9.50 m,兼做填埋作业道路,两边按照坡度 1:2 放坡。

(四)防渗系统及设施设置

本项目防渗系统设计增加了垂直防渗系统,一方面阻止库区外地下水进入库区下方基础层,以有效增强基础稳定性,减小不均匀沉降,另一方面即便防渗系统发生事故,渗滤液将被限制在垂直防渗系统范围内,避免对外环境造成严重影响。

根据工程地质初步勘察报告的建议,库区土层均为弱透水性,渗透系数大于 1.0×10^{-7} cm/s,天然防渗等级不足,且厚度不够,应采用人工水平防渗。人工防渗措施一般有垂直防渗、水平防渗和垂直与水平防渗相结合三大类,本工程采用水平防渗与垂直防渗结合的形式。

1. 垂直防渗系统设计

本工程设置垂直防渗帷幕既可以有效降低库区内地下水位,减少填埋初期地下水场底涌水量,也可以作为水平防渗系统的补强措施。

(1)垂直防渗就是将垂直防渗帷幕垂直向下延伸并与地层中的不透水层连接成为一个整体,由此形成新的不透水地质单元结构,以此来达到隔绝地下水的目标。不透水层主要选择基岩层,也选用相对不透水层或弱透水层作为防渗底板。垂直防渗帷幕分为高压旋喷桩、水泥桩、土-膨润土-水泥地下连续墙等多种形式。

(2)本工程地质在 5-1 层为高压缩性淤泥质粉质黏土,5-2 层为粉质黏土,6-1 层为粉质黏土夹粉砂,6-2 层为粉质黏土,其下第 7 层为承压水层。5-2 层和 6-2 层为弱透水的粉质黏土层,可以作为垂直防渗帷幕的底板。因此考虑将垂直防渗帷幕底部坐落在 5-2 层的中间位置,以形成一个相对不透水的独立地质单元。

(3)本工程垂直防渗帷幕土-膨润土-水泥地下连续墙厚度 0.8 m,深度42 m,环场一周,长度 687 m。垂直防渗工程的设计漏失量必须小于允许的漏失量,即场区防渗层渗透系数小于 1.0×10^{-7} cm/s,黏土厚度为 2 m 时的渗滤液漏失量。

2. 水平防渗系统设计

(1)主防渗材料高密度聚乙烯(HDPE)膜选择

高密度聚乙烯(HDPE)膜是一种相对较薄的柔性热塑或热固聚合材料,一般用在填埋场的土工膜主要功能是作为水和气的隔离层。目前,在安全填埋场应用最广泛、最成功的是高密度聚乙烯（HDPE）膜，与其他土工材料相比，它具有更好的耐久性。其渗透系数可达 $10^{-12} \sim 10^{-13}$ cm/s。

目前，土工膜已形成了系列产品，并且制定了相应设计和施工标准。危险废物填埋标准规定安全填埋场高密度聚乙烯膜厚度不应小于 1.5 mm。为防止废物加载以后，地基沉降相对较大，进而引起防渗膜变形，另外考虑到需要对施工期间可能存在的机械损伤具备抵御能力，以及对有机物的防渗能力，本工程填埋库区采用双层防渗系统，主防渗膜选择 2.0 mm 厚 HDPE 膜，次防渗膜选择 1.5 mm 厚 HDPE 膜。

国外有关研究表明，渗漏的发生，10% 是由于材料的性质以及被尖物刺穿、顶破，90% 是由于土工膜焊接处的渗漏，而土工膜焊接量的多少与材料的幅宽密切相关，以 5 m 和 6.8 m 宽的材料相比，前者需要 X/5－1 个焊缝，后者需要 X/6.8－1 个焊缝，前者的焊缝数量至少比后者多 36%，意味着渗漏可能性要高 36%。因此本项目选用宽幅 HDPE 膜。

根据有关经验数据，光面膜与土工布的摩擦角只有 11°，与细砂的摩擦角也只有 18°，而粗糙的摩擦角可达到 30°，从安全性的角度出发，库底采用光面 HDPE 膜，边坡采用糙面 HDPE 膜。

(2)HDPE 土工膜保护层选择

国内设计用于 HDPE 膜下的保护黏土层和膜上的中粗砂保护层免不了含有一定数量的卵石，在夯实过程中这些卵石往往会处于整个保护黏土层的表面，直接将防渗膜敷设在其表面，在填埋废物和压实机械的作用下，膜的完整性和安全性受到很大的影响。在这种情况之下，膜上下土工布保护层的规格的选择显得尤为重要。通过对填埋场底的受力条件，防渗材料的物理、化学、生物性质，场底工程及水文地质条件等进行综合分析，采用"安全系数函数计算"方法，得出膜上土工布保护层的规格设计取值为 600 g/m²。

(3)本项目水平防渗系统设计(自下往上)

＊平整场底

＊地下水导流层(300 mm 厚 30－50 mm 粒径碎石)

＊200 g/m² 聚丙烯有纺土工布

＊1000 mm 厚的压实黏土

＊4800 g/m² GCL

＊1.5 mm 厚光面 HDPE 防渗膜

＊6.3 mm 厚的复合土工排水网

＊2.0 mm 厚光面 HDPE 防渗膜

＊600 g/m² 聚酯无纺土工布

＊渗滤液导流层(300 mm 厚 30—50 mm 粒径卵石)

＊200 g/m² 聚丙烯有纺土工布

边坡防渗系统自下往上结构为:

＊平整边坡

＊4800 g/m² GCL

＊1.5 mm 厚糙面 HDPE 防渗膜

＊6.3 mm 厚复合土工排水网

＊2.0 mm 厚糙面 HDPE 防渗膜

＊600 g/m² 聚酯无纺土工布

＊6.3 mm 厚复合土工排水网

＊防老化编制土袋装土

3.渗滤液导流层设计

渗滤液导流层铺设在复合覆盖衬垫之上,一般有卵石排水层和土工网排水层两种类型。根据比较,确定在边坡采用土工网作为渗滤液导流层,库底为了避免土工布承压过大带来的变形和堵塞情况,采用砂卵石层作为导排材料。

库底卵石导流层厚度不小于300 mm,一方面可为渗滤液导排提供足够通道,另一方面可为 HDPE 土工膜提供保护距离,避免尖锐废物穿透导流层对膜造成损害。同时在卵石导流层上设置 200 g/m² 土工布,防止废物堵塞导流层。

边坡导流层采用土工网复合土工织物排水层,同时作为 HDPE 的膜上保护层。

4.防渗系统的校核

根据《危险废物安全填埋处置工程建设技术要求》的相关规定,本项目确定的防渗系统设计与规范要求完全吻合,并进行了优化,安全性更有保障。

5.防渗材料铺设的设计要求

防渗材料将填埋场库区进行场底及边坡铺盖,使填埋场库区形成一个封闭水系,并以防渗材料阻隔渗滤液的渗漏。

(1)防渗材料铺设前应保证铺设面完全符合质量安全要求。直接铺设在土建结构面上时,应保证构建面结构稳定,坡面平缓过渡,垂直深度25 cm内不得有任何有害杂物;铺设在下一层土工材料之上时,应保证下一层土工材料施工质量合格,表面无积水、无杂物。

(2)合理地选择铺设方向,尽可能地减少接缝受力,力求接缝最少。在坡度大于10%的坡面上和坡脚1.5 m范围内不得有横向接缝,一般土工膜的焊接采用双轨焊接方式。土工材料的搭接宽度不得低于相应的连接标准,调整材料的搭接宽度时不得损害已连接部分。

(3)铺设过程中防止装卸活动、高温、化学物质泄漏或其他因素破坏土工材料。使用卷材展开的机械设备、工具时不得使土工材料有明显划伤,不得破坏基底表面。片材铺设平顺、贴合,尽量减少褶皱。铺设后应及时压载锚固,所有土工材料均须保证当日铺设当日连接。

(五)地下水导排系统

填埋区地基处理和土方平整后,库底设置地下水导排系统。

(1)系统布置。地基处理和土方初平整后,在填埋场底部满铺碎石导流层,厚度为300 mm,碎石的级配粒径为30～50 mm;依据设计的排水高程,沿库底汇水收集中线开挖地下水导排主盲沟,盲沟内铺设收集导排穿孔管和碎石。在与主盲沟成60°角沿水流方向布置支盲沟,支盲沟水平间距为30 m左右,内设直径200 mm的HDPE膜导排穿孔管和碎石。

(2)盲沟断面结构。盲沟断面为"倒梯形",底宽0.8 m,顶宽1.5 m,高0.4 m,内设置直径315 mm的HDPE膜主管或直径200 mm的HDPE膜穿孔管支管收集汇集的地下水,盲沟内用碎石填充,并用200 g/m² 聚丙烯过滤有纺土工布作为反滤层。

(3)地下水提升井。地下水经过收集之后进入地下水提升井。提升井采用钢筋混凝土结构,井平面净尺寸为3 m×3 m,井顶标高5.5 m,井底标高

－4.00 m。井中设置潜水泵,自动耦合式安装,内设液位自动控制系统,液位超过－2.5 m启动水泵,低于－3.5 m停泵。地下水经过提升之后经场区周边排水沟排出。

（六）渗滤液收集与导排系统

1.渗滤液产量计算

根据国内填埋场运营经验,渗滤液的来源主要是降水和废物自身沥出的水分。

本危险废物填埋场进场废物主要为工业生产中的危险废物和焚烧处置产生的飞灰、含重金属的污泥等,含水率较低。因此,危废库区不考虑废物本身的含水情况,仅考虑降水引起的渗滤液量。

本工程设计采取以下工程措施以有效减少渗滤液的处理量。

（1）沿库区边沿设置了永久性的环库截洪沟,使降雨时的库外雨洪水通过截洪沟排至附近水体,不进入库区,减少渗滤液量。

（2）用优选覆盖材料有效减少了渗滤液量,本工程每日覆盖和中间覆盖材料采用 1.0 mmHDPE 膜覆盖,由于 PE 膜的防渗性能远优于黏土,大大减少了渗入堆体的雨水量,从而减少了渗滤液的产量。

（3）库底及边坡采用高标准的防渗措施,有效阻隔场底地下和边坡土壤中滞留的浅层雨水进入库底渗滤液收集系统和堆体,从而减少渗滤液量。

渗滤液产量计算公式如下。

$Q = Q_1 + Q_2$

$Q_1 = q \times (C_1 \times A_1 + C_2 \times A_2 + C_3 \times A_3) \div 1000 \div 365$

$Q_2 = M \times b$

Q:渗滤液产生量单位为 m^3/d;

Q_1:降雨产生的渗滤液单位为 m^3/d;

q:多年平均年降雨量单位为 mm;

A_1:正在填埋作业区面积单位为 m^2;

C_1:正在填埋作业区降水转化为渗滤液系数;

A_2:中间覆盖区面积单位为 m^2;

C_2:中间覆盖区降水转化为渗滤液系数;

A_3:终场覆盖区面积单位为 m^2;

C_3:终场覆盖区降水转化为渗滤液系数;

Q_2:垃圾持水量产生的渗滤液单位为 m^3/d;

M:日填埋量单位为 t/d;

b:垃圾含水率与填埋场田间含水率的差值;

根据本工程填埋物性质,工业废物含水率普遍偏低,Q_2 忽略不计。

浸出系数 C 的取值:由于危废相关填埋场没有相应的规定,故参考《生活垃圾卫生填埋处理技术规范(GB 50869-2013)》附录 B 同时结合实际情况进行取值。根据该标准,按填埋物属性和当地降雨量,两个填埋库区按 C_1 取 0.7、C_2 取 0.14(即 $0.2C_1$)、C_3 取 0.1 计算。

面积 A 的取值:按照最不利条件(渗滤液量最大化)取值的原则,以填埋作业过程中的最大渗滤液产生量作为设计依据。

降雨量 q 的取值:根据当地历史气象资料,萧山地区多年平均年降雨量 1360.7 mm,最大单日降雨量 251.6 mm(2013 年 10 月 8 日)。

正在作业面积 A_1 取 500 m^2,最大填埋面积(库区净投影面积)约为 21600 m^2。故作业时中间覆盖区域最大面积 A_2 为 21100 m^2;终场覆盖区域最大面积 A_3 为 0 m^2。

由上述数据计算可知,正常情况下危废填埋库区填埋作业时渗滤液量为:

$Q=(500×0.7+21100×0.14)×1360.7÷1000÷365=12.32$ m^3/d;

由上述计算可知,危废填埋库区填埋作业时渗滤液最大产生量为 12.32 m^3/d。

由此可见,建议渗滤液处理设施处理能力不低于 12.32 m^3/d。

2.渗滤液收集与导排设计

防渗衬层系统可分为初级收集系统和次级收集系统两类。

(1)初级收集系统

初级收集系统位于防渗系统上衬层表面和填埋废物之间,用于收集和导排初级防渗衬层上的渗滤液。

初级收集系统铺设:在场底水平防渗隔离层之上,包括导流层、导流盲沟及导流管。在土方平整后的库底坡度上铺设 300 mm 厚碎石(粒径 30~50 mm)作为导

流层,将渗滤液尽快引入收集导排盲沟及导排管内,导流层的铺设范围与库底防渗层相同。碎石导排上设 200 g/m² 聚丙烯过滤有纺土工布作为反滤层,防止导排层发生堵塞。导排盲沟分主盲沟和支盲沟,主盲沟沿场底高程最低点进行布置,支盲沟沿主盲沟约 60° 方向呈鱼翅状布置,盲沟断面呈"V"字形,方便渗滤液的收集。

渗滤液导排管计算公式:

$$Q = \frac{1}{n} r^{2/3} \cdot i^{1/2} \cdot A$$

式中:

Q——渗滤液导排管净流量,单位为 m³/d;

n——管壁糙率,无量纲(HDPE 管取 0.011);

A——过水断面面积,单位为 m²;

i——管道坡度,无量纲;

r——水力半径$\left(r = \dfrac{A}{P_n}\right)$,单位为 m;

P_n——湿周,单位为 m。

(2)次级导排系统

次级渗滤液收集系统位于防渗系统主防渗膜与次防渗膜之间,用于检测和收集主防渗层渗漏的渗滤液。在边坡和库底两防渗层之间铺设 6.3 mm 土工复合排水网,若主防渗膜发生渗漏,可通过排水网收集至库底的盲沟内。

在库底沿排水中线即与初级渗滤液导排主盲沟相同方向设次导排盲沟。次导排盲沟呈菱形,底宽 600 mm,顶宽 1200 mm,高度 400 mm,盲沟中心设置 DN200HDPE 穿孔管,周围填充 30~50 mm 粒径级配碎石,外部采用 200 g/m² 聚丙烯过滤有纺土工布包裹。收集至次盲沟中的渗滤液通过 DN200 穿孔管排至渗滤液集水坑内,并由围堤边坡上的斜管提升至调节池。

3.设计管道充满度

设计管道充满度为 0.5,管道半径为 0.185 m,因填埋规范要求渗滤液导排主管道管径不得小于 200 mm,因此本场的渗滤液导排主盲沟采用 DN315HDPE 穿孔管,支盲沟采用 DN200HDPE 穿孔管。

五、危废填埋场工程防渗成效评估

(一)防渗的目的和意义

将垂直防渗与水平防渗相结合作为防污染扩散的备用措施,填埋场底地下水位位于场底防渗结构层以下,且低于填埋场周边地下水位,通过控制场地地下水位、水量,达到工程安全和防止污染扩散的目的,水平主次双层防渗结构及双层疏水结构能有效避免渗滤液渗漏事件的发生,为项目安全、稳定、连续生产运营提供了必要条件。

(二)防渗工程施工成效分析

垂直防渗帷幕采用直径为 850 mm 的三轴桩,桩身采用 PO32.5 级普通硅酸盐水泥,水泥掺量 20%。在搅拌下沉过程中,利用 0.8 MPa 空压机输送压缩空气使周围土体松散,保证水泥浆液与周围土体充分接触,提高成桩的强度和防水性能,水泥浆液采用 BW-200 压浆泵注入。

三轴搅拌桩中心间距为 600 mm,桩间距离为 1200 mm。根据这个尺寸在平行 H 型钢表面画线定出钻孔位置。利用钻杆和桩架相对错位原理,在钻杆上画出深度的标尺线,以便严格控制下钻、提升的速度和深度。

三轴搅拌桩施工按跳孔顺序进行,采用套打工艺,其中两桩搭接部分为重复套钻,保证墙体的连续性和接头的施工质量。施工过程中若出现冷缝,常规处理方法为在冷缝处围护桩外侧补搅拌桩,在搅拌桩达到一定强度后采取补桩的方式进行加固。

(三)初期填埋运行防渗监测成效分析

通过对场内监测点位水位分析,证明了垂直防渗结构能有效降低地下水位,使得填埋场建设符合《危险废物填埋污染控制标准》(GB 18598-2019)技术要求。同时,委托浙江环境科技有限公司对三固填埋场周边地下水水质进行了分析,并对比前期环评报告水质检测结果,证明了垂直防渗及水平防渗措施能够有效避免渗滤液渗漏事件的发生。

六、建议措施

制定接收检测操作规程和废物信息档案,保证废物入场后处于安全环保可控管理状态。加强地下水质监测管理,对填埋渗漏事故及时采取处理措施,防止污染扩散。制定填埋作业规程及操作手册,最大限度防止废物在转运中散落,保障堆体临时覆盖措施的完整有效,防止作业对防渗结构的损害。

杭州市上城区"迎亚运"窗口道路交通设施整治提升

一、钱潮路工程项目概述

钱潮路(之江东路—艮山西路)修缮及环境整治提升工程,全长约 3267 m,道路红线标准段宽 30～36 m。为切实做好亚运会保障工作,完善城市道路交通功能,提高道路绿化、景观品质,全面改善城市道路基础设施,根据《杭州市"迎亚运"道路环境综合整治三年行动计划(2020—2022 年)》,实施道路修缮,以达到"路面平整、景观有序、环境提升、市民受益"的整体效果。

本项目整治更加注重慢行交通、公共交通的整体优化,更加注重行人和车辆安全;同时,结合现状道路交通情况提出不同的整治要求和标准,使得道路与街区空间无缝衔接,整治区域与周边其他区域协调统一,彰显杭州特色。

二、钱潮路路面整治方案

(一)车行道路面病害整治

1.现状和检测结果

经现场踏勘,钱潮路沥青路面整体情况良好,其主要病害有龟裂、裂缝、麻面、补丁等,其基层结构为水泥稳定碎石基层。根据现场人工统计,该路口平均日交通量为 11000 辆,交通量等级为重交通等级。

《回弹弯沉检测报告》表明,钱潮路上的工程检测点共有 640 个,路面弯沉平均值为(0.01 mm)20,标准差(0.01 mm)为 9,代表弯沉(0.01 mm)为 20±2。由

以上检测数据判断,钱潮路(之江东路—艮山西路)弯沉值＜31,道路结构强度评定为足够等级。因此,路面修复主要为一般面层修复,以提升整体观感效果为主。

2.修复方案

钱潮路(从之江路至太平门直街路段)以沥青面层铣刨修复为主,铣刨后摊铺SMA-13细粒式沥青砼,摊铺厚度为5 cm(摊铺前设置乳化沥青黏层);病害严重的局部点位可进行翻挖处理,并按老结构层要求修复。

钱潮路(从太平门直街至艮山西路段)未见明显病害,整体观感效果较好,不考虑处理。

（二）人行道病害整治

人行道铺装设计遵循"平整、抗滑、耐磨、美观"的原则。材料质感上要求粗糙防滑;色彩上考虑地区的气候特点,利用色彩的视觉特性来改善道路环境效果,符合生态城市的要求,同时提升了道路景观效果。本次人行道整治提升主要包括人行道病害修复和无障碍排查整治两部分内容。

人行道面砖存在花岗岩、高湖石等多种石材材质,主要病害为裂缝、残缺、松动等。病害严重区域基层翻挖修建,修建要求与原状一致;一般病害区域仅面砖更换,并要求与原状一致。

三、钱潮路交通标线提升改造

城市道路交通工程设计主要包括交通组织、地面标志标线、标志牌等。

（一）标线设计优化

道路交通标线设计主要包括:车道边缘线、车行道分界线、单黄线、导向箭头标记、人行横道线、停车线等。道路车行道分界线采用"6 m/9 m"间隔的白色虚线,线宽15 cm。灯控平面交叉口以及允许行人过街处设置人行横道线,人行横道线宽4 m,线宽40 cm,间隔60 cm,停车线距人行横道线1.5 m。标线规格如图1所示。

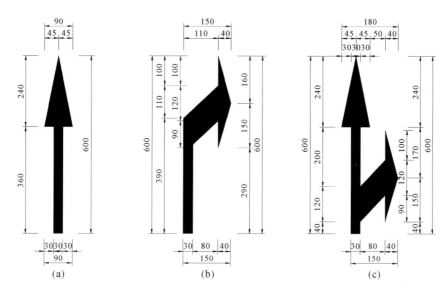

图 1　标线大样图

（二）斑马线交通安全提升

本次标线设计依据《斑马线交通安全提升设置标准》（道路秩序处 2021 年 3 月），提升主要内容分为以下七种类型。

类型一：设置中央绿化带。

①设置机非隔离 30～80 m，延伸至斑马线；②停止线整体后退 6～9 m，货运廊道、通道设置网格线；③中央绿化带（宽度≥2 m）设置 Z 字型二次过街区域。

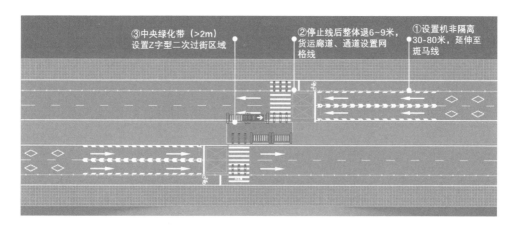

图 2　设置中央绿化带

类型二:设置机非绿化带。

①绿化带隔离延伸至斑马线;②停止线整体后退 6～9 m,货运廊道、通道设置网格线;③设置 Z 字型隔离设施。

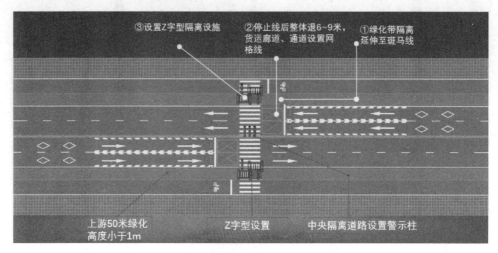

图 3　设置机非绿化带

类型三:绿化带外侧设置辅道。

①设置机非隔离 30－80 m,延伸至斑马线;②停止线整体后退 6～9 m,货运廊道、通道设置网格线;③隔离设置警示柱。

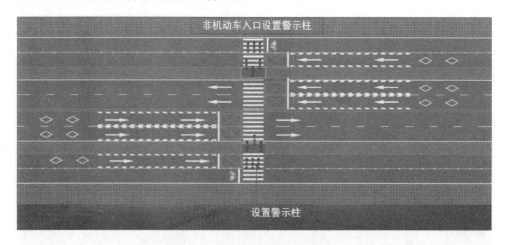

图 4　绿化带外侧设置辅道

类型四:高架地面斑马线。

①利用桥下空间,设置Z字型斑马线;②停止线距离斑马线不小于9 m,根据道路情况,可增加后退距离;③设置主动发光夜间灯光投射设备。

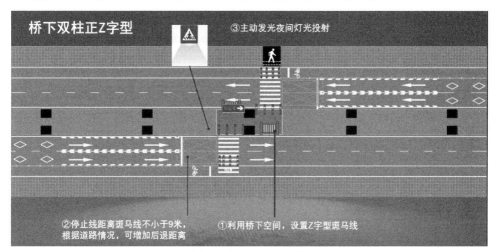

图5　高架地面斑马线

类型五:支小路(出入口)。

①支小路设置2条减速带;②停止线整体后退6～9 m,货运廊道、通道设置网格线;③机非绿化带设置警示柱。

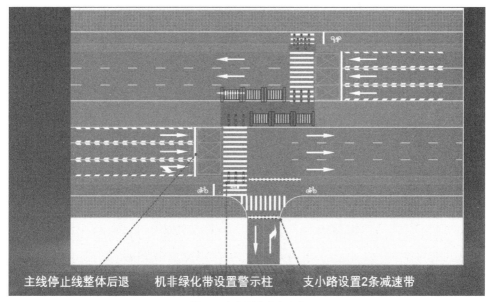

图6　支小路(出入口)

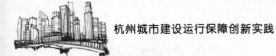
类型六：单板块道路。

①设置机非隔离 30—80 m,延伸至斑马线;②停止线整体后退 6～9 m,货运廊道、通道设置网格线;③机非绿化带设置警示柱;④6 车道及以上道路原则上设置红绿灯。

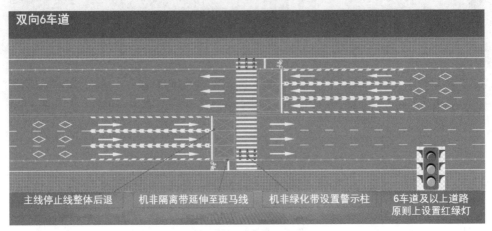

图 7　单板块道路

类型七：中央隔离＋机非隔离(全设施)。

①停止线整体后退 6～9 m,货运廊道、通道设置网格线;②机非绿化带设置 Z 字型隔离设施;③中央绿化带(宽度≥2 m)设置 Z 字型二次过街区域。

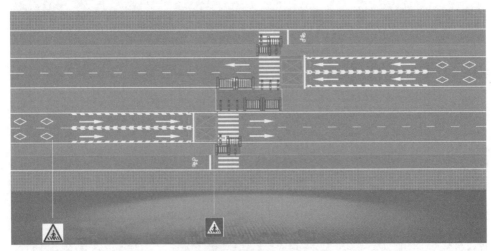

图 8　中央隔离＋机非隔离(全设施)

四、钱潮路无障碍设施提升改造

(一)总体要求

杭州市现有残疾人 50 万、老年人 170 万,儿童 133 万,无障碍环境建设是老、弱、病、妇、幼、残等弱势群体的共同需求。近年来,杭州市通过局部试点在无障碍环境建设提升改造方面取得了显著成绩,区域内无障碍环境得到明显改善,进一步提升了杭州的文明程度和城市形象。项目整治方根据上城区实际情况,分析城市道路无障碍设施的调查结果,提出设计整改方案,指导上城区城市道路无障碍设施的建设及改造工作。无障碍设计需在道路路段人行道、沿线单位出入口、道路交叉口、人行过街设施、桥梁、公车站等处满足视力残疾者与肢体残疾者以及体弱老人、儿童等利用道路交通设施出行的需要。

(二)盲道和缘石坡道存在不足

盲道分为行进盲道和提示盲道。行进盲道是一种铺设在人行道上的地面砖,表面呈条状,行进盲道可引导视力残疾者向前方继续行走。提示盲道表面呈圆点形状,用在盲道的拐弯处、终点处和表示服务设施的设置等,具有提醒注意作用。缘石坡道是指位于人行道口或人行横道两端,方便坐轮椅者通过路口、人行道路口的一种坡道。

经排查,区域内盲道构件存在规格不统一、不规范现象,局部盲道缺失,不连续,特别是提示盲道的布置形式较混乱。另外,人行道交叉口、人行横道、街坊路口等处被缘石隔断,未设置缘石坡道,有的坡道与路面高差偏大。

(三)整治要点

(1)若人行道宽度≥3 m,则应设置行进盲道、提示盲道和缘石坡道。若人行道宽度<3 m,则可以不设置行进盲道,须在距人行横道入口处设提示盲道和缘石坡道。

(2)行进盲道在人行道路段上应连续铺设,铺设宽度≥0.50 m,距绿化带或行道树树穴间隔为 0.25 m~0.3 m;转折处应设提示盲道。遇障碍物可采用提示盲道围圈绕开,遇有高差或横坎,以斜坡过渡。

(3)人行道交叉路口、街道路口、单位入口、广场入口、人行横道路口应设缘石坡道,坡道形式可根据现状采用单面坡、三面坡、扇面式、全宽式。其中,三面坡坡度≤1∶12,坡道下口宽度≥1.2 m;其他形式的坡度≤1∶20,下口宽度≥1.5 m。

(4)公交车站台应设置行进盲道、提示盲道及坡道,候车站牌一侧应设长度≥4 m的提示盲道。交叉口处应设置提示盲道和音响设施,以使视残者确认可以通过交叉口。

(5)盲道构件统一采用石材,厚度为6 cm,坐浆为M10水泥砂浆,厚度为3 cm。更换基础采用C20混凝土,厚度为20 cm。

（四）典型图示与实地对照整改

(1)10处出入口坡道、盲道不规范。

天元大厦门口提示盲道混乱　　　　　　水岸帝景出入口盲道不规范

互联网法院门口盲道不规范　　　　　金基晓庐门口无坡道,缺提示盲道

钱江四苑东门坡道不规范

五福苑一苑西南门坡道不规范

中国智谷人力资源产业园东门坡道不规范

杭凤府门口坡道、盲道不规范

景福路路口西南侧坡道不规范

欧凯大酒店西门坡道不规范

整改方法：单面式缘石坡道的坡口宽度不应小于 1.5m，坡度不应大于 1∶20，坡口与车行道路面之间应无高差，缘石坡道距坡道下口路缘石 250 mm～300 mm 处应设施提示盲道。如图 9 所示。

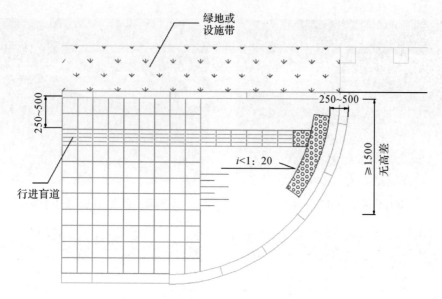

图9　地块出入口单面坡缘石坡道(单位:mm)

（2）2处出入口坡道及盲道不规范。

东方润园出入口盲道不规范

都会森林出入口盲道不规范

整改方法:全宽式缘石坡道的坡道宽度应与人行道宽度相同,坡度不应大于1:20,坡口与车行道路面之间应无高差,缘石坡道距坡道下口路缘石250 mm～300 mm处应设施提示盲道。如图10所示。

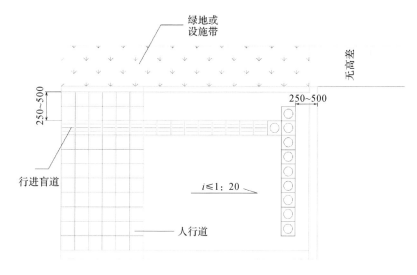

图10　全宽式缘石坡道(单位:mm)

(3)10处公交站台与人行道未设置坡道、盲道。

钱潮路之江路口公交站(西侧)
人行道侧无坡道

钱潮路之江路口公交站(东侧)
人行道侧无坡道

互联网法院西南门公交站人行道侧无坡
道,斑马线范围有障碍物(消防栓)影响

钱江三苑公交站(东侧)无坡道与盲道

唐家井公交站(东侧)坡道、盲道不规范　　五福苑一苑7号楼西侧坡道不规范

唐家井公交站(西侧)坡道、盲道不规范　　钱潮路塘潮街口公交站(西侧)盲道不规范

卢家塘公交站(西侧)无坡道与盲道　　水湘西苑公交站(东侧)无坡道与盲道

整改方法:公交站台处缘石坡道应与斑马线连接,坡口宽度不应小于1.5 m,坡度不应大于1∶20,坡口与车行道路面之间应无高差,缘石坡道距坡道下口路缘石250 mm～300 mm处应设施提示盲道。在公交站牌一侧应设置提示盲道,长度宜为4 m～6 m。如图11所示。

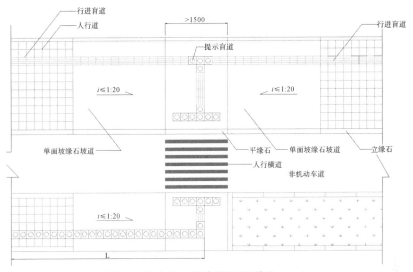

图 11　公交站台无障碍设置(单位:mm)

(4)18 处交叉口坡道、盲道不规范。

太平门直街西北侧盲道未垂直于人行横道线

太平门直街东南侧盲道未垂直于人行横道线

太平门直街东北侧盲道未垂直于人行横道线

塘潮路交叉口西南侧盲道未垂直于
人行横道线

塘潮街交叉口西北侧盲道未垂直于
人行横道线

景芳路交叉口西南侧坡道不规范、
盲道未垂直于人行横道线

景芳路交叉口东南侧盲道未垂直于
人行横道线

景芳路交叉口东北侧盲道未垂直于
人行横道线

兴湘弄交叉口东北侧盲道未垂直于
人行横道线

兴水弄交叉口西南侧盲道未垂直于
人行横道线

兴水弄交叉口西北侧盲道未垂直于
人行横道线

兴水弄交叉口东南侧盲道未垂直于
人行横道线

严家弄交叉口西北侧盲道未垂直于
人行横道线

严家弄交叉口东南侧坡道、盲道不规范

严家弄交叉口东北侧坡道、盲道不规范

月塘街交叉口西南侧盲道未垂直于
人行横道线

月塘街交叉口西北侧盲道未垂直于
人行横道线

月塘街交叉口东南侧地块施工出入口，
人行道已被破坏

整改方法：交叉口处缘石坡道应与斑马线连接，采用三面坡缘石坡道正面坡道宽度不应小于 1.2 m，正面和侧面坡度不应大于 1∶12，坡口与车行道路面之间应无高差，缘石坡道距坡道下口路缘石 250 mm～300 mm 处应设施提示盲道，人行道与坡口之间的行进盲道方向应与斑马线行进方向平行。如图 12 所示。

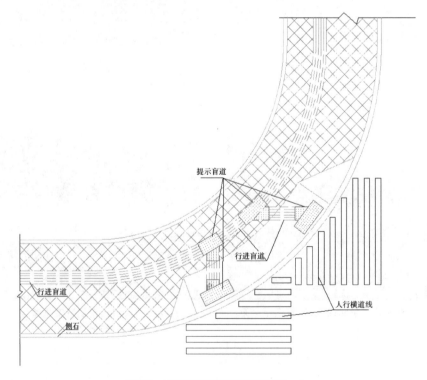

提示盲道

行进盲道

行进盲道

侧石

人行横道线

图 12　交叉口盲道平面布置图(一)

（5）4 处交叉口坡道与盲道不规范。

钱环路交叉口西南侧盲道不规范

钱环路交叉口东北侧盲道规格与全线
标准尺寸不一致

江中街西南侧盲道未垂直于人行横道线

江中街西北侧坡道、盲道与人行横道线
位置不对应

整改方法同上例，如图 13 所示。

提示盲道

行进盲道

人行横道线

行进盲道

侧石

图 13　交叉口盲道平面布置图（二）

（6）四处直线段检查井范围盲道不规范，整改样式如图7。

互联网法院消防通道出入口盲道不连续

钱江三苑东门盲道不规范，参差不齐

景芳路交叉口西北侧盲道不连续

新塘家园16号楼西侧盲道距离非机动
车道侧侧石距离≤25 cm

整改方法：路段盲道遇到检查井，设置下沉式井盖，保证盲道连续。如图14所示。

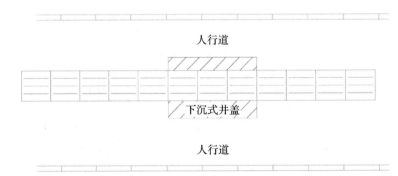

图14 人行道井盖处盲道设置

　　(7)4处路口检查井范围盲道不规范。

钱江一苑西门坡道不规范、盲道不连续

五福苑二苑东门盲道不连续

塘潮街交叉口东北侧坡道不规范、
盲道不连续

瑞凯水湘大厦西门坡道不规范、盲道不连续

　　整改方法:路口盲道遇到检查井,设置下沉式井盖,保证盲道连续。如图15所示。

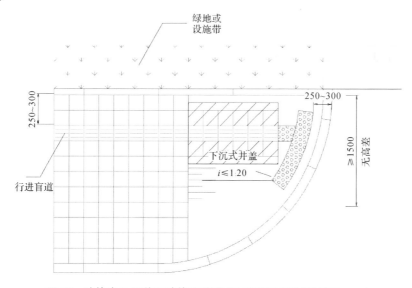

图15　地块出入口单面坡缘石坡道/设置下沉式井盖(单位:mm)

临安城乡供水现状及双林中途
加压泵站设计实例

一、区域概况与自然条件

临安地处浙江西北部,东临余杭区,南连富阳区和桐庐县、淳安县,西接安徽省歙县、绩溪县,北邻安吉县及安徽省的绩溪县、宁国市,总面积 3126.8 km²。临安区辖 5 个街道 13 个乡镇 298 个行政村。5 个街道包括锦城街道、玲珑街道、青山湖街道、锦南街道、锦北街道;13 个乡镇包括板桥镇、高虹镇、太湖源镇、於潜镇、天目山镇、太阳镇、潜川镇、昌化镇、龙岗镇、河桥镇、湍口镇、清凉峰镇、岛石镇等。全区户籍人口 52.94 万人。

自然条件特征是四季分明,气候温和,雨量充沛,为典型的亚热带季风气候。气候在垂直方向上差异悬殊,温度自东部(临安市区)向西部(昌化)递减,年平均气温 15.9 ℃,年日照时数 1849.7 h。东部春季多东北风,夏秋冬为西南风;临安区多年平均降雨量 1628.6 mm,降雨量时空分布不均,地区差异明显,山区大于平原,西部大于东部。

二、临安水系及给水规划

(一)水系

临安区共有各类水雨情监测站点 104 个,其中,水文站 2 个、基本雨量站21个、大中型水库站 6 个(含青山水库)、小型水库站 27 个、小流域站 37 个、河道站 11个。中部和东部丘陵、平原区年均降水量 1400~1500 mm,为低值区。中部的於潜雨量站和东部的桥东、青山水库水文(雨量)站年均降水量分别为 1419 mm、

1452 mm、1494 mm。

境内主要溪流有东苕溪,主源南苕溪,主要支流中苕溪,属太湖水系;分水江主源昌化溪,主要支流天目溪,属钱塘江水系。主要溪流均发源于海拔 1000 米以上山脉,上游段多峡谷,坡陡谷深流急,中下游段处低山丘陵,地势较平坦,多河谷平原。

其中青山湖水库是一座以防洪为主,兼有灌溉、供水、发电等综合功能的大型水利枢纽,位于太湖流域苕溪水系干流东苕溪主流的南苕溪中下游,由南苕溪、马溪、锦溪、灵溪、横溪和双林溪汇合而成,坝址集水面积 603 km²。

同时青山湖也是临安新十景之一,是青山湖国家森林公园的重要组成部分。青山湖四面环山,生态环境良好,湖区生活着 240 多种野生动物,有白颈长尾雉、白鹳、黑鹳、野鸭等。湖之北有 10 km² 国内罕见的水上森林,其像一块翡翠镶嵌在碧水之中,这里松竹茂密,云雾缥缈,环境十分清幽。

(二)给水规划

1.给水指标

《室外给水设计标准》(GB 50012-2018)推荐城镇供水的日变化系数为 1.1～1.5,《城市给水工程规划规范》(GB 50282-2016)推荐大城市的日变化系数为 1.2～1.4。根据临安区的人口规模及规范要求,并参考临安区的实际用水变化情况,《临安区滨湖新城给水专项规划》文件确定近期的日变化系数为 1.5,远期的日变化系数为 1.4。临安区属于中等城市的用水标准区间,单位人口综合用水量为 0.50 万 m³/(万人·d)。

2.用水量预测

根据规划,滨湖新城 2022 年规划最高日用水量为 6.93 万 m³,远期 2030 年规划最高日用水量为 10.56 万 m³,远期 2040 年规划最高日用水量为 11.96 万 m³。

3.供水系统布局

滨湖新城位于临安区的中心,青山湖周边区域,由太湖源水厂、锦北水厂、高虹水厂、规划青山水厂供水。滨湖新城区域内地势高差较大,为满足供水水压要求,需通过加压泵站加压供水。近期太湖源水厂供水规模为 10 万 m³/d,减压后通过DN1000 和 DN800 管往临安区中心城区供水。由于集贤教育片区、新横线沿线地

势较高,需通过供水加压泵站加压供水。加压泵站设置在新横线附近。

近期新建的新横线供水加压泵站作为应急供水加压泵站,在太湖源水厂供水规模不足时,运行加压泵站供水。

4. 供水水压

按直接供水的建筑层数确定给水管网水压时,用户接管处的最小服务水头,一层为 10 m,二层为 12 m,二层以上每增高一层增加 4 m。为满足上述建筑物的供水,可设置局部加压装置。

三、临安城乡给水现状调查

(一)制水厂

1. 太湖源水厂

太湖源水厂供水总规模 10 万 m³/d,原水取自里畈水库,水质优良。水厂净水工艺、设施先进,采用微机全自动控制,引水和输配水均采用地形高差重力自流,是一座现代化程度较高,高效低耗,安全可靠的新型水厂。水质综合合格率多年稳定在 99% 以上,水厂采用重力供水。

太湖源水厂主要向主城区和太湖源镇供水,其中向主城区供水以重力方式供水,清水池底标高为 106 m,输水管为 DN800 和 DN1000,管材为水泥管,沿河底敷设至苕溪北街;向太湖源镇区供水采用无负压增压设施直接加压方式供水。

2. 锦北水厂

锦北水厂供水规模为 5 万 m³/d,水源取自上游的水涛庄水库。锦北水厂采用与太湖源水厂二期工程相同的工艺流程,供水范围为主城区及青山科技城。锦北水厂清水池最低水位 66.0 m,二级泵房配置 5 台离心泵,水泵扬程为 26 m,可重力供水,也可水泵加压供水。锦北水厂现状原水取水管为一根 DN1000 管,与高虹水厂共用。

3. 高虹水厂

高虹水厂位于高虹镇内,主要向高虹镇和横畈镇供水,现状供水规模为 2 万 m³/d,水源取自水涛庄水库。高虹水厂地坪标高为 76.0 m。2017 年,高虹水厂供水区域全年用水量为 267.6 万 m^3。高虹水厂现状原水取水管为一根 DN1000 管，与锦北水厂共用。

4. 龙岗水厂

龙岗水厂位于龙岗镇内，主要向中西部地区与临安主城区供水，供水规模为 15 万 m^3/d，水源取自华光潭水库。2021 年 9 月建成通水。

（二）输水管网

上述水厂管道总长为 406938 m。管材情况为：管径大于 100 mm 的管道，基本为混凝土管、钢管、PE 管、铸铁管及部分新建的球墨管；管径小于等于 100 mm 的管道，老管材为镀锌钢管，新建管材为钢塑管。

目前滨湖新城（苕溪以北区域）主要由锦北水厂供水，主要通过环城北路、科技大道 DN800 管供水。新横线沿线埋设有 DN600 的供水管线，大学路埋设有 DN400 的供水管线。

（三）用水量

根据 2012 年至 2015 年统计，临安区用水量总体呈上升趋势，用水量增长幅度较大的是高虹、青山区块，其他区块用水量比较均匀，变化幅度小；而用水量也主要集中在锦城及青山区块，其他区块用水量较小。

锦北水厂、青山水厂（应急）、太湖源水厂、高虹水厂 2017 年度用水量分别为 2169.5 m^3、499.3 m^3、100.2 m^3、267.6 m^3，总量为 3036.6 m^3。

最高日供水量为 2018 年 6 月 27 日的 17.7 m^3。

四、建设双林加压泵站的必要性、可行性

（一）必要性

根据《临安区滨湖新城给水专项规划》，配合集贤教育片区以及新横线沿线的建设，近期泵站工程建设主要是新横线给水加压泵站。按道路规划竖向布置图，以及管网压力计算情况，宜在新横线西侧、规六路南侧新建供水加压泵站。

最新路网图表明，科技大道标高为 34 m，北侧集贤片区为 50 m，新横线道路最高点地势高程为 67 m，高差为 16～33 m，存在供水压力不够情况，需通过供水加压

泵站加压供水,满足集贤教育片区的供水需求。

而集贤教育片区为高校聚集区,正建设高新智能科技创新实践教育基地,并配套部分商务用地。由于集贤教育片区位于滨湖新城的北面,地面高程较高,与南边地块的地势高差较大,供水对象包括浙江警察学院临安校区、临安中学、云景置业地块等,供水量达 10000 m³/d,为满足供水水压要求,有必要通过加压泵站加压供水。

(二)可行性

1.场地规模

双林中途加压泵站选址位于规划三五路和新横线交叉口处沿河地块,规划用地面积为 1621 m³。该处地块经优化设计,可以放下加压泵房与清水池,并且可在河道边预留防汛通道。

2.建设时机

双林溪正在进行整治工作,项目可以与河道建设同步实施,新建双林泵站也可实现水资源的充分利用,有效缓解滨湖新城北侧集贤区块的供水紧张局面。

3.场地地质

根据业主提供的《双林泵站项目岩土工程勘察报告(详勘)》,本工程位于山前小平原地带,西临新白线公路,南侧为碎石道路,东北侧为小河道,宽度为 7～10 m。

场地内主要为旱地或填土堆,地形有较大起伏,勘察条件较差,地面高程 30.95～35.82 m。场地地貌属山前冲洪积小平原。场地覆盖层地基土①杂填土为软弱土,②含粉质黏土砾砂为中硬土,③层为风化基岩。根据地区经验综合判定,场地覆盖层地基土层等效剪切波速在 150～250 m/s 之间;场地覆盖层厚度在 3～50 m 之间,类别为Ⅱ类,是建筑抗震一般地段。抗震设防烈度为 6 度,设计基本地震加速度值为 0.05 g。

又根据核工业西南勘察设计研究院有限公司编制的《双林泵站项目地质灾害危险性评估说明书》中所述:评估区 AB 边坡现在稳定性较差,地质灾害危险性中等;其余自然斜坡、CD 边坡、岸坡及工程现状稳定性较好,未发现崩塌、滑坡、泥石流、地面塌陷、地裂缝及地面沉降等地质灾害,地质灾害的危险性小。

（三）地质灾害防治措施

为保障工程建设的顺利进行,有效预防各类地质灾害的发生,施工过程和运行阶段采取下列防治措施:(1)AB 边坡采取支护措施;(2)施工期实施变形监测;(3)岸坡防护及基坑周边不得过量堆载;(4)选择合适的基础持力层,防止不均匀沉降;(5)设置场区排水系统。

五、双林泵站总体设计

（一）泵站规模确定

供水范围包括滨湖新城(苕溪以南区域),通过环城北路、科技道路 DN800 给水管,向集贤教育片区以及新横线沿线供水。需水量预测所选用的数据主要参照《临安区滨湖新城给水专项规划》,需水量预测以 2025 年为近期预测年限,以 2040 年为远期预测年限。

根据给水系统规划,近期滨湖新城(苕溪以北区域)主要由锦北水厂供水,主要通过环城北路、科技大道 DN800 管供水;远期滨湖新城(苕溪以北区域)地势较高区域主要由太湖源水厂供水,主要通过 DN1200 管供水,地势较低区域主要由锦北水厂供水,主要通过 DN800 管供水。

依据《城市给水工程规划规范》(GB 50282-2016),临安区属于一区大城市 Ⅱ 型的用水标准区间,单位人口综合用水量为 $0.4 \sim 0.7$ 万 $m^3/($万人·$d)$。按人均综合用水量指标测算,滨湖新城近期人均综合用水量为 495L/(人·d)。供水对象包括浙江警察学院临安校区、临安中学、云景置业地块等。经测算,近期双林泵站的用水人口规模 1.0 万人,用水量为 5000 m^3/d;远期双林泵站的用水人口规模 2.0 万人,用水量为 10000 m^3/d。

（二）泵站扬程确定

按照《建筑给水排水设计标准》的规定,水泵直接供水时所需扬程按下式进行估算:$H_b \geqslant Hy + Hc + \sum h$,其中:$H_b$— 水泵满足最不利点所需水压;$Hy$— 最不利配水点与引入管的标高差;$Hc$— 最不利配水点所需流出水头;$\sum h$— 泵房与建筑物间室外管线的水力损失,含沿程水头损失 h_f 和局部水头损失 h_d。

故通过上述公式计算:近期泵站扬程 Hb 为 73 m,所选水泵为 $Q=350$ m³/h $N=110$ kw 的一台,$Q=175$ m³/h $N=75$ kw 的两台,采取两用一备;远期更换两台小泵为 $Q=350$ m³/h,$N=110$ kw,共三台泵,采取两用一备。

(三)主要工艺参数及设计数据

1.清水池

清水池的有效容积,按照最高日用水量的 10%～20% 考虑,池数设置两个,可单独工作和分别放空,总有效容积为 1063.4 m³。

设计流量:近期 $Q=5000$ m³/d,远期 $Q=10000$ m³/d。

2.加压泵房

自清水池中抽取净化的水,将水送入配水管网并至用户的构筑物。加压泵房采用半地下形式,水泵按照自灌式要求设计安装。泵房内主要包含以下设备:

①卧式离心泵设备数量:3 台,2 台使用,1 台备用。

近期性能参数:$Q=175$ m³/h,$H=73$ m,$N=75$ kW×2;$Q=350$ m³/h,$H=73$ m,$N=110$ kW×1。

远期性能参数:更换 2 台小泵为 $Q=350$ m³/h,$H=73$ m,$N=110$ kW。

②轴流风机设备数量:2 套。

性能参数:$Q=4360$ m³/h,$N=0.37$ kW。

③排水泵设备数量:2 套。

性能参数:$Q=10$ m³/h,$N=0.75$ kW。

3.场地总布局

(1)平面布置

泵站总平面图布置是根据确定的加压方式,将清水池、泵房以及辅助建筑物进行合理组合,以达到加压泵站整体功能设计要求。总用地面积为 1621 m²,需按工艺要求,并结合结构、电气、建筑、环境等,尤其是场地的特点(较小、不规则、靠近河边)进行综合考虑。

具体布置:清水池位于规划三五路北侧,泵房设置在新横路东侧,附属用房设置靠近清水池,值班室内设置卫生间。为方便市政用电和泵房用电,箱式变电站靠近规划三五路。

（2）高程布置

泵站与周边道路衔接应便于厂内外交通组织，构筑物埋深适当，场地设计标高合适，尽量减少厂区挖填土方量，并充分满足防洪、排水及工艺要求。场地原有地面标高 32.01～35.05 m，根据规划，周边规划三五路与新横路的标高为 34.20 m，泵站场地标高为 34.80 m。

由于泵站靠近河流，河道的常水位为 30.3 m，五十年一遇的洪水位为 31.16 m，河底标高为 29.404～29.964 m，而泵站的场地标高为 34.80 m，沿河驳岸应由其他设计单位考虑完成。

（3）厂区道路布置

主要出入口位于新横路东侧，靠近泵房，便于检修。进厂道路为 5 m 宽，道路横断面为双向坡。横坡为 2%，纵向坡度不大于 7%。

（四）泵站建筑设计

1. 地理位置及相关指标要求

项目用地位于杭州市临安区，处于青山湖西北侧，距离青山湖约 2 km，距离临安市中心约 4 km。基地西侧为新横线，南侧为规划三五路，东侧及北侧靠河，基地整体呈三角形，东西宽约 70 m，南北长约 50 m，项目总用地面积为 1621.16 m²，容积率不大于 0.5，建筑密度不大于 35%，绿化率不小于 20%，建筑限高 10.00 m。总建筑面积为 728.81 m²。

2. 泵站内部布局

地块北侧靠河，面向山景，西侧为新横线，需要注重城市形象。设计内容包括清水池、泵房以及附属用房。清水池及泵房为半地下室，满足功能使用要求。附属用房主要位于第二层，包括加药间等用房。地块呈直角三角形，东西宽约 70 m，南北长约 50 m，总用地面积 1621.16 m²。三角形的两条直边分别面向西侧新横线和南侧规划三五路，斜边则沿着东北侧的河流。沿场地一圈布置围墙，靠场地南侧布置清水池，清水池呈正方形，清水池的北面为泵房。清水池东侧设置有室外箱变。在泵房二层设置加药间等附属用房。

考虑周边地块对现有建筑的影响，建筑不高于 10 m，南侧作为城市形象面，通过坡屋顶呼应后方山水，减弱对城市交叉口的影响。场地由围墙围绕一圈，靠东北

侧设置内部道路,路宽4.5 m,兼作消防通道。道路两端在规划三五路和新横线分别设置车行出入口,其中新横线出入口为应急使用。泵房北侧结合道路设置12 m的回车场地以及1个机动车停车位。场地西侧设置人行出入口。

整个建筑形体呈现为咬合的两个体块,一层南侧为清水池,北侧为泵房,靠西为柴油发电机房。泵房二层布置有加药间等附属用房,通过南侧的室外楼梯上下。建筑的主体由简洁的体块咬合而成。屋面采用了坡屋顶的形式,呼应了北侧山水,融入环境。立面装饰材料主体为涂料,木格栅的运用打破了建筑给人的呆板感觉,提升了立面形象。

结合周边状况,将建筑高度控制在10 m以内。室内外高差为0.3 m,一层主要为泵房及柴油发电机房,层高4.6 m;二层附属用房,因设置坡屋顶,层高为3.6～4.7 m。泵房与清水池均为半地下室,其中泵房层高8.1 m,清水池层高6.35 m。部分指标为:总建筑面积728.81 m²;总占地面积567.41 m²;道路广场面积729.52 m²;绿地面积324.23 m²;建筑密度35.0%。

泵房工程属于抗震标准设防类建筑,由2幢两层的设备用房组成,采用现浇框架结构体系,地下部分采用现浇框架结构,抗震等级为四级。一层地坪以下填充墙采用M7.5水泥砂浆,一层地坪以上填充墙采用M5.0混合砂浆。地下室抗渗等级为P6,底板与侧板中掺微膨胀剂,地下室顶板及以下外墙中掺高分子纤维以改善抗裂性能。

(五)泵站结构设计

1.结构等级

临安区的地震基本烈度为6度,泵站结构工程为抗震标准设防类建筑(丙类),设计基本地震加速度为0.05 g。依据相关标准,泵站建筑结构安全等级为二级、地基基础设计等级为丙级、地下室防水等级为二级。

2.结构环境类别

泵站设计使用年限为50年,其混凝土结构环境类别为二类,即地下室外墙和外墙柱外侧,水池池壁和池内柱迎水面,室外地下室顶板中梁和板的上部,屋顶水箱间、卫生间、盥洗室和设有水龙头房间楼板上部为二a类,其余均为一类。

3.荷载取值

恒载按实计算;使用活荷载按标准取值;地下室顶部绿化覆土厚度按建筑覆土

要求,容重为 18 kN/m³;风荷载参照"全国基本风压分布图",杭州建筑基本风压为 0.45 kN/m²(50 年一遇);雪荷载参照"全国基本雪压分布图",杭州基本雪压为 0.45 kN/m²(50 年一遇),雪压与屋顶使用活载不同时考虑。

4.基础及地下室处理

建筑工程采用独立基础+防水板形式,以②含粉质黏土砾砂为浅基础持力层;部分区域原河道较深,可进行适当超挖后回填加固处理,以换填加固处理后的复合地基为浅基础持力层。地下室底板厚 300 mm,在单个柱网间不再设地梁,底板配筋采用单个柱网内受的水浮力来计算。侧墙均采用钢筋混凝土结构,侧墙厚 300～400 mm。采用预应力锚杆满足地下室抗浮要求。

六、电气系统设计

1.电气分界和负荷分析

以 10 kV 电源进线开关上桩头为设计分界,以下为本次设计范围。外线接入系统由业主负责。根据水泵房工艺资料,水泵用电负荷为二级负荷,近期共设置 2 台 75 kW 清水泵,1 台 110 kW 清水泵(远期设置 3 台 110 kW 清水泵)。项目按近期箱变容量及电缆等设备配置;附属用房按 100 W/m² 估算,用电量为 15 kW,总配电需 290 kW。

2.高、低压配电

(1)高压配电

工程供电从城市电网引入一路 10 kV 电源,设置 1 台室外箱式变压器,变压器总装机容量为 1×400 kVA。10 kV 主接线设计方案征求供电局同意实施。另设置移动式发电机(应急电源车 280 kW)1 组作为备用电源供水泵电源箱使用。计量方式均为 10 kV 侧统一计量,变电箱内各低压出线回路设置智能计量综合仪表。

(2)低压配电

低压配电采用单母线分段运行方式,变压器带全部负荷。低压侧集中设置无功功率自动补偿装置,补偿后 10 kV 侧功率因数达到 0.9 以上,补偿电容器回路串接适当参数的电抗器,以抑制谐波。配电间设置动力总箱,电源由室外箱变接至动

力总箱后,经垂直配电井道接入楼层箱。低压供配电线路至重要设备及大容量负荷配电方式为放射式,至一般设备采用放射与树干混合方式。供电区域一般按楼层划分。

3.消防用电

配电装置均设置明显的消防标志,消防设备配电干线选用耐火铜芯交联聚乙烯绝缘聚氯乙烯护套电力电缆(ZB1NYJV),其他设备的配电电缆及导线均选用铜芯交联聚乙烯绝缘聚氯乙烯护套电力电缆(ZB1YJV)。穿钢管或桥架敷设,消防用电电缆电线和普通电缆电线沿不同的线槽或桥架敷设。电缆和母线均采用五芯型,照明类设备中性线和相线为等截面。

消防设备配电电缆及控制线缆采用透气型耐火电缆槽盒或穿金属管保护,明敷设的金属管外表均涂刷防火涂料。暗敷设的金属线管,敷设在不燃烧体的结构层内,保护层厚度不小于 30 mm。末端分支线均采用穿钢管及金属线槽布线,互为备用的两路电源在同一金属线槽内敷设时,应作金属分隔。有室外场所、室内潮湿场所的配电线管均需穿 SC 热镀锌螺纹连接钢管,其他场所配电线管可采用壁厚1.6 mm 以上的 JDG 热镀锌钢管。

4.照明用电

场所照明的照度值和照明功率密度值对应的照度值应满足《建筑照明设计标准》(GB 50034-2013)的规定要求。办公等场所以 T5 荧光灯、节能灯为主要光源,公共区域采用 LED 光源;一般站房、附属用房等均为分散就地控制;楼梯间灯设感应开关。消防应急照明和疏散指示系统选择非集中控制型系统,应急灯具的电源由主电源和蓄电池电源组成,且蓄电池电源的供电方式为集中电源供电方式。

5.防雷接地及安全系统

工程建筑按第三类防雷建筑设计,建筑物的防雷装置应满足防直击雷、防雷电感应及雷电波的侵入的要求,并设置防雷等电位连接;屋面接闪带采用 Φ12 热浸镀锌圆钢沿屋角、屋脊、屋檐、檐角和水箱顶部等易受雷击的部位明敷;若屋面有永久性金属物,则宜作为接闪器,但其各部件之间均应连成电气通路;若有金属屋面,则宜利用屋面作为接闪器;若有幕墙或干挂石材,则其金属构件应与均压环连接;凸出屋面的金属物体均采用直径 10 mm 的热浸镀锌圆钢与屋面接闪器连接;利用结构柱内两根不小于直径 16 mm 主筋焊接连通至接地体作为避雷引下线,选若干引下线在距地 1 米处设一个连接板作接地测试点,并在其下部室外地坪下 1 米处预埋－40×4 热浸镀锌扁钢,并伸出外墙 1 米,作为接地电阻,达不到要求时接人工接地体;金属管道及金属物在进出建筑物处应就近与防雷接地装置作等电位连接。

低压配电系统接地形式采用 TN-S 系统。建筑物内防雷系统、高低压配电系统、计算机系统、电话系统及其他弱电系统采用联合接地系统,利用建筑物基础地梁内两根不小于直径 12 mm 的主筋焊接连通成闭合环状,将其作为接地体,要求接地电阻不大于 1 Ω。

工程设总等电位联结。在地下层离地 0.3 m 墙上设总等电位联结(MEB)接地带,由基础接地装置焊接引入－40×4 热浸镀锌扁钢(2 根)与 MEB 接地带连接,并将下列导电体进行总等电位联结:a.总保护导体;b.电气装置的总接地导体或总接地端子排;c.建筑物内的水管、燃气管、采暖和空调管道等各种金属干管;d.可接用的建筑物金属结构部分;e.上述来自外部的可导电部分应在建筑物内距离引入点最近的地方做总等电位连接。

按 D 级雷电防护等级设信息系统防雷保护措施,对需要保护的电子信息系统采取等电位连接与接地保护措施,电子信息系统设备采用 TN 交流配电系统供电时,配电系统采用 TN-S 系统的接地方式;各弱电机房均设局部等电位措施;电源线路上设电涌保护器。在本建筑物内变电所变压器高压侧应装设避雷器,变压器低压侧母线上装设冲击电流≥12.5 kA、电压保护水平值≤2.5 kV 的 Ⅰ 级试验的电涌保护器,在 LPZ0 与 LPZ1 区交界处设第一级标称放电电流≥50 kA(8/20μs) 的 SPD 保护器,在 LPZ1 与 LPZ2 区交界处、LPZ2 与 LPZ3 区交界处,分别设第二级标称放电电流≥20 kA(8/20μs)、第三级标称放电电流≥3 kA(8/20μs)的 SPD 保护器。

6.电气工程防震设计措施

(1)电缆槽盒及配电箱

内径不小于 60 mm 的电气配管及重力不小于 150N/m 的电缆梯架、电缆槽盒、母线槽均应进行抗震设防。

配电箱(柜)的安装螺栓或焊接强度应满足抗震要求;靠墙安装的配电柜底部

安装应牢固。当底部安装螺栓或焊接强度不够时,应将顶部与墙壁进行连接;当配电柜非靠墙落地安装时,根部应采用金属膨胀螺栓或焊接的固定方式;壁式安装的配电箱与墙壁之间应采用金属膨胀螺栓连接;配电箱(柜)内的元器件应考虑与支承结构间的相互作用,元器件之间采用软连接,接线处应做防震处理;配电箱(柜)面上的仪表应与柜体组装牢固。

(2)共用天线及灯具

建筑物顶上的共用天线应采取防止地震导致设备或其部件损坏后坠落伤人的安全防护措施。吊顶上的灯具,应考虑地震时吊顶与楼板的相对位移。硬母线敷设且直线段长度大于 80 m 时,应每 50 m 设置伸缩节;在电缆桥架、电缆槽盒内敷设的缆线在引进、引出和转弯处,长度上应留有余量;接地线应采取防止地震时被切断的措施。金属导管的直线段部分每隔 30 m 应设置伸缩节。

(3)电气管线

电气管线在进出建筑物处采用挠性线管,进户井设置时,缆线应在井中留有余量,进户套管与引入管之间的间隙处应采用柔性防腐、防水材料密封。

金属导管下穿建筑物敷设时,在抗震缝两侧应各设置一个柔性管接头;抗震缝的两端应设置抗震支撑节点并与结构可靠连接。软导体穿金属导管、电缆梯架或电缆槽盒敷设时,进口处应用挠性线管。

七、给排水设计

1. 给水

水源采用城市自来水。从南侧规划三五路引入一根 DN100 的给水管,项目内分别设置生活用水供水管网和消防供水管。最高日用水量为 2.5 m³,最大时用水量 0.58 m³。

室内生活给水主干管和立管采用内钢塑复合管,丝扣连接;支管采用 PPR 管,热熔连接。工作压力不小于 1.0 MPa。室内管径 DN<100 mm,采用钢塑管,卡箍连接。管径 DN≥100 mm,采用球墨铸铁给水管,橡胶圈接口,并设支墩。管内壁涂塑材质应符合《生活饮用水输配水设备及防护材料的安全性评价标准》(GB/T 17219-1998)的要求。管道、管件及阀门的工作压力为 1.0 MPa。给水管采用泡沫

橡塑管壳保温。

2.排水

(1)污水管道

排水系统采用室内污废分流、室外雨污分流制。按用水量的90%估算污水量，最大日污水量为 2.25 m³。室内生活污水经过化粪池处理后排入市政污水管道。室外排水管道≥DN600 的采用钢筋混凝土管，承插接口，并采用混凝土基础；<DN600 的采用 HDPE 管，橡胶圈承插接口；室内排水管采用铸铁管塑料管，B 型接口承插连接。

(2)雨水管道

暴雨强度公式：$q=(7.846+6.154\lg P)/(T+6.124)^{0.623}$

室外设计重现期 $P=3a$。

屋面设计参数：降雨历时 $t=5$ min，重现期 $P=5a$，安全溢流口设计重现期 $P=50a$。

屋面雨水采用内落式重力流雨水排水系统，由 87 型雨水斗收集，经雨水管道排至室外。室外排水管道≥DN600 的采用钢筋混凝土管，承插接口，并采用混凝土基础；<DN600 的采用 HDPE 管，橡胶圈承插接口；室内雨水管采用 HDPE，承插连接。屋面、地面雨水均为有组织排放。

3.阀门井及检查井

水表井、阀门井和检查井均采用砖砌筑。

车行道上采用重型复合材料(钢纤维)井盖和盖座；非车行道上采用复合材料井盖和盖座，检查井内设置防跌落网。

区内道路边适当位置设置平箅式雨水口，收集道路、人行道及屋面雨水。

八、暖通及弱电设计

1.暖通

暖通设计内容包括泵房及卫生间的通风系统、消防排烟。空调预留设备平台，电费由用户自理。

水泵房设有机械通风系统,通风量按 4～6 次/h 计算,排风经竖向管井排至室外。公共卫生间设置机械排风系统,排风量按换气次数 10～12 次/h 计算。

暖通风道穿过抗震缝时,应在抗震缝两侧各装一个柔性软接头;穿越内墙或楼板时,应设置套管,套管与管道间的缝隙,应填充柔性耐火材料。矩形截面≥0.38 m² 和圆形直径≥0.7 m 的风道可采用抗震支吊架,风道抗震支吊架的设置和设计应满足抗震规范相关要求。排烟风道、事故通风风道及相关设备应采用抗震支吊架。

2.弱电

监控系统数据、信号采集覆盖全流程,包括进出水、供配电系统及微机保护信号等。系统至少建立一个工业实时/历史数据库,对监测控制系统的所有数据(开关量、模拟量等)进行秒级自动存档,确保数据唯一、准确、全面。

纳入监控系统的工艺及设备均应具有由就地手动控制、PLC 控制(含成套系统独立控制系统)、中控集中控制组成的三级控制功能。当工业网中断时,发出实时报警的同时系统能自动切换至 PLC 控制,即在保证各工艺、设备不间断运行的前提下,实现设备的自动控制。而当设备处于就地手动控制方式时,PLC 控制、中控集中控制均处无效状态。

九、安全防护系统应用

1.入侵报警系统

入侵探测(报警)器的报警范围应覆盖厂区周界、危险物品存放处等场所,具有实时报警功能,并与视频监控系统联动。门卫、监控中心等重要部位具备紧急报警装置(一键报警),所有紧急报警装置均应接入监控中心,至少有一处接入所在地公安机关,实现报警联网。

2.视频监控系统

视频监控系统的监控范围为厂区周边及内部主要通道、与外界相通出入口、大厅危险物品存放处等,基本做到监视无死区、不遗漏。监控中心可任意显示各个视频监控点的实时图像及时间等相关信息,也可通过编程,以轮巡的方式显示;摄像机均要求带红外夜视功能,实时存储的图像清晰度应全部达到 1080P 的标准。

监控中心可对球机或云台进行远程操作(转向、变焦等),当周边防入侵系统发出警报时,视频监控系统的相关室外摄像机能自动对准报警地段。

3.出入口控制(门禁)系统

建筑物、门卫、危险物品存放处等出入口设置控制(门禁)系统,该系统具有远程开锁及实时报警功能。

4.电子巡查系统

以智能手机、pad 等移动设备为工具,以专用软件为载体实施电子化、网络化巡查和管理。系统具有巡查线路、时间、人员等功能,还具有巡查内容在点刷卡(扫描)显示、结果实时提交及显示、历史数据查询统计等功能。

5.防雷及接电系统

(1)电子信息系统

按 B 级雷电防护等级设置信息系统防雷保护。电子信息系统的机房应设置等电位连接网络,电气和电子设备的金属外壳、机柜、机架、金属管、槽、屏蔽线缆外层,安全保护接地、浪涌保护接地端均应以最短的距离与等电位连接网络的接地端子连接,电源线路上设电涌保护器。在 UPS(不间断电源)配电箱主开关处设置浪涌保护器及熔断器。进入建筑物的金属管线(含金属管、电力线、信号线)应在入口处就近连接到等电位连接端子板上。在 LPZ(雷电防护区)入口处应分别设置适配的电源和信号浪涌保护器,使电子信息系统的带电导体实现等电位连接。

与电子信息系统连接的金属信号线缆采用屏蔽线缆时,应在屏蔽层两端及雷电防护区交界处做等电位连接并接地;当系统要求单端接地时,用两层屏蔽或穿钢管敷设。

(2)金属外壳及桥架

在适当部位离地 0.1 米处设 LEB(局部等电位联结)电位箱,机房内所有设备的金属外壳、各类金属管道、金属线槽、金属构件等与 LEB 连接。各弱电竖井设一40×4 热浸镀锌扁钢接地干线;设备的金属外壳、金属桥架、金属支架、弱电机箱的金属外壳均与等电位联结带连接。

金属桥架、金属线槽及其支架和引入或引出建筑的金属导管必须接地,并且应

不少于两处与接地干线连接,当其全长超过 30 m 时,应每隔 20～30 m 增加与接地干线的连接点,其起始端与终点端均应与接地网可靠连接。金属电缆桥架间连接板的两端跨接铜芯接地线,接地线采用 BVR-1×6 mm²。桥架的接地线(采用 BVR-1×6 mm²)在电缆桥架两端跨接,具体做法参见图集 14D504《接地装置安装》中的相关内容。弱电井内的金属桥架应每隔 20～30 m 与接地干线及建筑物内各层钢筋做等电位连接。

(3)工程防雷

工程防雷与交流工作接地、直流工作接地、安全保护接地共用一组接地系统,接地装置的接地电阻值不大于 1 Ω。接地装置应优先利用建筑物的自然接地体,当自然接地体的接地电阻达不到要求时应增加人工接地体。

十、消防设计

(1)本项目为戊类厂房,高度不大于 10 m,采用室外楼梯。

(2)场地北侧设置有 12 m×12 m 的回车场地,消防车道宽度大于 4 m,转弯半径不小于 12 m。耐火等级按二级设计,疏散楼梯为室外楼梯,疏散楼梯的布置、疏散宽度、疏散距离等均满足规范。结构构件采用现浇钢筋混凝土,内外墙体均采用满足耐火极限的砌体。

(3)根据消防规范,本建筑无须设置室内消火栓系统,仅设置灭火器、轻便消防水龙。室外消防用水量 15 L/s,在地块内设置足够数量的室外地上式消火栓,消火栓间距不大于 120 m,保护半径不大于 150 m。

(4)室外消火栓用水量为 25 L/s,消防用电设备为三级负荷,单电源供电,配电干线采用交联聚乙烯绝缘耐火型(NHYJV)电线电缆,并按消防规范的要求进行敷设;对于非消防的明敷配电导线、电缆均采用交联聚乙烯绝缘阻燃型。本工程无火灾自动报警系统,按规范无须设火灾自动报警系统。

(5)消防应急照明和疏散指示系统选择非集中控制型系统,消防应急灯具的电源由主电源和蓄电池电源组成,疏散通道设置消防疏散照明,照度值不低于1.0Lx。

本工程项目满足相关标准要求,室外楼梯不设置暖通消防设施;房间靠外窗且均不大于 100 m²，不设置排烟设施；内走道长度均不大于 20 m，不设置排烟设施；垂直风管于每层水平风管交接处的水平管段上，设置排烟防火阀；新建建筑面积 2000 m² 以下，不设置人防。

十一、结语

本工程采用清水池＋泵站的模式，平均日平均时进水水头 40 m，水经过清水池后，压力释放后不能利用原有的压力水头。泵站扬程较高压力大，接入现状给水管网，需进一步核实现状给水管网的压力。根据"泵站周围应设置宽度不小于 10 m 的绿化带，并宜于城市绿化用地相结合"要求，目前泵站贴近新横线道路边线，两者相距仅 5 m，与要求不符。另外，场地部分位于原河道线处，需进行地基处理。由于驳坎为其他单位设计及实施，建议合理协调建设时序。

本工程建设有利于滨湖新城（苕溪以北区域）的供水，供水对象包括浙江警察学院临安校区、临安中学、云景置业地块等，有利于保障供水安全，促进当地的经济社会的进一步发展。

高韧超薄磨耗层在城市道路改造中的应用

一、概述

北山街东起保俶路，西至曙光路，南临西湖，北靠宝石山、葛岭、栖霞岭，并与杭州市区湖滨相连，全长 3000 米，道路宽度 9—12 m 不等，总面积约 40000 m^2，被人们称为"没有围墙的博物馆"，是西湖风景区内唯一的历史文化街区。2016 年路面整体采用铣刨 4 cm 再加铺 4 cm SMA-13 的方案对路面进行了翻建，投入使用以来，路面出现了沉降、网裂和反复修补等常见路面问题和病害。为提高景区城市道路品质和行驶舒适性，需对既有路面进行病害修复和沥青罩面品质化提升改造，以延长道路使用寿命，提高服务质量。

二、方案设计

对传统沥青路面进行改造，一般采用铣刨 4～5 cm 原面层再加铺一层 4～5 cm 的改性沥青热拌混凝土的方式。然而，北山街位于西湖核心景区，是景区东西走向的主要道路，考虑到传统方案的实施对景区交通干扰和环境影响较大，且施工效率较低，项目采用不铣刨直接加铺 1.5 cm 的高韧超薄磨耗层罩面的技术方案，如图 1 所示。

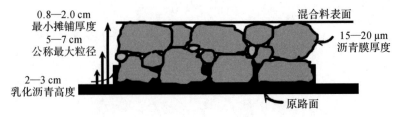

图 1 高韧超薄磨耗层技术体系示意图

高韧超薄沥青磨耗层(GT-8)技术是一种同步摊铺施工工艺,加铺厚度为 0.8
—2.0 cm 的热拌沥青混凝土面层,其沥青胶结料采用高性能、高黏、高弹改性沥
青,黏层油为乳化沥青体系的聚合物改性乳化沥青。结合高沥青用量的骨架密实
型连续级配设计,成型后的磨耗层具有良好的抗裂、密水和抗滑性能。

为增强高韧超薄沥青磨耗层与原路面的黏结性,在混合料摊铺时同步洒布
0.8 kg/m² 的 SBS 高黏改性乳化沥青作为黏层。针对既有路面存在的沉陷、网裂
病害,铣刨 4 cm 的旧沥青混凝土路面后加铺 4 cm 的 GT-16 沥青混凝土的方式进
行结构补强。

三、高韧超薄磨耗层技术指标体系

(一)原材料

1.胶结料技术要求

本项目中高韧超薄磨耗层所用的混合胶结料为 PG94 型高黏、高弹改性沥青
(非树脂类改性),如表 1 所示,PG94 型高黏、高弹改性沥青的性能测试结果均满足
相关技术指标要求。由表 1 可知,本次选用的高黏、高弹沥青的 60 ℃动力黏度值
>580000 Pa·s,60 ℃复合剪切模量值达到 13.2 kPa,PG 高温性能分级达到 94
℃,表明高韧超薄磨耗层具有优异的耐高温抗变形能力、变形恢复能力、黏结性能
和耐久性。

表 1　沥青技术指标及检测结果

试验项目	单位	技术要求	检测结果
软化点 TR&B	℃	≥92	97.5
针入度(25 ℃,5 s,100 g)	0.1 mm	30～60	48.5
弹性恢复(25 ℃)	%	≥96	98.8
60 ℃复合剪切模量 G*	kPa	≥12	13.2
60 ℃动力黏度	Pa·s	>580000	>580000
TFOT(或 RTFOT)后残留物			
质量损失	%	±1.0	+0.082
针入度比(25 ℃)	%	≥70	80.3
G*/sinδ≥2.2 kPa 临界温度	℃	≥94	94

2. 黏层沥青技术要求

本项目黏层油应采用偶联型 SBS 聚合物改性所得的高黏改性乳化沥青。如表 2 所示,其各指标检测结果均满足要求。

表 2　黏层油技术指标要求及检测结果

技术指标		单位	规定值	检测结果
黏度(标准黏度 $C_{25,3}$)		s	12~60	34
筛上残留物(1.18 mm 筛)		%	≤0.05	0.04
粒子电荷		—	阳离子(+)	阳离子(+)
蒸发残留物	软化点	℃	≥80	81.5
	针入度(25 ℃)	0.1 mm	40~60	54.9
	残留含量	%	≥55	61.7
	延度(5 ℃)	cm	≥20	24
	溶解度	%	≥97.5	99.2

(二)GT-8 沥青混合料

根据设计文件进行高韧超薄磨耗层混合料的配合比设计。依据各档集料的筛分结果,并结合以往工程经验和实际应用情况,最后确定各档集料的掺配比例为 0~3 mm 玄武岩机制砂∶3~5 mm 玄武岩碎石∶5~8 mm 玄武岩碎石∶矿粉 = 27∶14∶57∶2。合成级配曲线如图 2 所示。

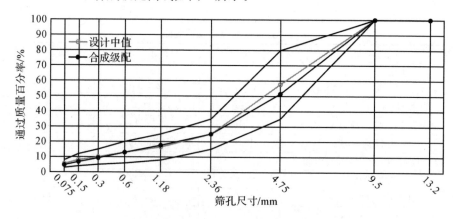

图 2　高韧超薄磨耗层 GT-8 合成级配图

级配合成后,采用三种不同的油石比(7.2%、7.5%和7.8%)制作马歇尔试件。试件采用双面击实75次制备成型,待冷却至室温后,测试并计算试件的各项体积指标,相关试验测试结果如表3所示。根据相关测试结果,并结合以往的设计经验、本地区条件和经济性原则,选定7.5%的油石比作为本项目混合料的最佳油石比。

表3　不同油石比下 GT-8 体积指标测试结果汇总表

油石比/%	试件毛体积相对密度	计算理论最大相对密度	空隙率/%	矿料间隙率/%	沥青饱和度/%
7.2	2.400	2.536	5.4	19.7	72.8
7.5	2.409	2.525	4.6	19.6	76.5
7.8	2.419	2.515	3.8	19.5	80.5
技术要求	—	—	3~6	≥19	70~90

最佳油石比确定后,采用飞散试验、浸水马歇尔试验和车辙动稳定度试验等,验证高韧超薄磨耗层混合料(油石比为7.5%)的水稳定性、高温稳定性、抗剥落性能和低温抗裂性能等。相关的路用性能测试结果见表4,相关测试结果均满足本项目设计及规范要求。可以发现,高韧超薄磨耗层混合料在15 ℃、1000 $\mu\varepsilon$ 的大应变测试条件下得到的四点弯曲疲劳寿命为566830次,达到了应力吸收层级别的抗裂性能,说明其具有优异的抗疲劳性能;拉拔强度检测结果为0.56 MPa,表明高韧超薄磨耗层与原路面层间黏结良好,能够充分保证两者很好地结合在一起而不发生脱皮和剥落现象。

表4　GT-8 各项路用性能测试结果汇总表

技术指标	单位	规定值	检测结果
马歇尔稳定度	kN	≥8	13.03
浸水马歇尔试验残留稳定度	%	≥85	91.7
冻融劈裂试验残留强度比	%	≥85	92.1
60 ℃车辙动稳定度	次/mm	≥5000	7579
肯塔堡飞散损失	%	≤8	2.2
四点弯曲疲劳试验(15 ℃、1000 $\mu\varepsilon$)	次	≥200000	566830
拉拔强度(15 ℃,现场芯样)	MPa	≥0.3	0.56

(三)GT-16 沥青混合料

本项目中 GT-16 是一种以 PG94 型高性能聚合物改性沥青为热拌沥青混合料的胶结材料,采用高沥青用量的骨架密实型级配设计形成的新型沥青混凝土结构层。相比传统沥青混凝土材料,这种新型材料具有更优越的抗裂、抗车辙、抗水损害性能,确保路面具备良好的耐久性能,延长道路使用寿命;同时,其抗滑性能和降噪效果相较传统材料有明显提高,可有效提升路面的行车舒适性和安全性。相关路用性能测试结果见表 5,相关测试结果均满足本项目设计及规范要求。

表 5　GT-16 混合料技术指标要求及检测结果

试验项目	单位	技术要求	检测结果
沥青用量(油石比)	%	≥6.3	6.5
空隙率 VV	%	3～6	4.5
矿料间隙率 VMA	%	≥17	18.0
沥青饱和度 VFA	%	70～85	73.5
马歇尔稳定度 MS	kN	≥6	15.69
肯塔堡飞散试验损失	%	≤8	1.5
浸水马歇尔试验残留稳定度	%	≥85	93.3
冻融劈裂试验残留强度比	%	≥85	89.8
车辙动稳定度(60 ℃,0.7 MPa)	次/mm	≥6000	9468
渗水系数	ml/min	≤80	23

四、高韧超薄磨耗层技术的施工控制

(一)侧向标高控制

在不影响人行道路石下水口标高的前提下,在道路施工前从距离路缘平石 1—1.5 m 的位置开始往路缘石处铣刨出一个倒三角形台阶(接近路缘石处的铣刨深度为 1.5～2.0 cm),摊铺时可自然接顺原路缘石。

图3　路面侧向接顺示意

（二）原路面井盖提升原则

路面中存在的窨井盖、煤气管道盖、通信光缆盖等盖子，在采用高韧超薄磨耗层进行加罩时，为便于一次性完成道路铺装，建议在施工前对井盖标高做调整。本项目在施工前对相应设施盖子标高预先提高 1.5 cm，并在其上表面涂上油或用薄膜覆盖，在同步摊铺完成后迅速清理盖子表面残留沥青混合料，完成整体路面的铺装，井盖与路面高差控制在 3 mm 以内。

图4　井盖与路面高差测量

（三）沥青混合料的施工温度控制

在高韧超薄磨耗料的制作、摊铺环节应严格控制改性沥青、集料的加热温度，高韧沥青混合料的出厂温度以及施工过程中的温度。沥青混合料的施工温度范围如表6所示。

表6　沥青混合料的施工温度　　　　　　　　　　　单位：℃

改性沥青加热温度	180～190
集料加热温度	190～220
混合料出厂温度	170～210，超过 220 废弃
混合料运到现场温度	不低于 170
混合料摊铺温度	不低于 160，低于 140 作为废料
混合料碾压温度	不低于 110

(四)高韧超薄磨耗层摊铺

本项目高韧超薄磨耗层摊铺采用德国进口的维特根 Super1800-3 型同步摊铺机,如图 5 所示,该摊铺设备采用了区别于传统异步摊铺的同步摊铺工艺,即黏层油喷洒与混合料摊铺一体化工艺。

图 5 同步摊铺喷洒一体化技术示意

采用同步摊铺技术的优势:①施工效率大大提高,可提升约 150% 的工效;②解决了传统乳化喷洒体系中黏层油被环境污染和料车破坏的弊端,极大保证了高韧薄层沥青混合料与原路面的有效紧密黏结,大大减小了因黏层体系破坏而出现早期病害的风险;③同步喷洒系统可根据路面状况调整喷洒量,且喷洒均匀、可控。同时同步摊铺工艺可精准控制摊铺的均匀性和厚度,并可有效提高原路面的平整度,提高了薄层实施的整体质量。

高韧超薄磨耗层的碾压采用 13—15 吨双钢轮压路机静压 3 遍。高韧超薄磨耗层需路面温度低于 50 ℃方可开放交通。本项目摊铺结束后约半小时即可开放交通,大大减少了对周边居民和社会的影响。

(五)沥青混合料转运车的性能及应用

北山街作为景区核心道路,道路两侧密集种植了各类树木,这些树木枝干延伸到路面范围,极大地影响了混合料料车起斗和沥青摊铺的速度,为保证连续施工,本项目采用了福格勒 MT3000-2I 履带转运车。

其优势在于:①履带转运车是料车与摊铺机之间的衔接车,转运车能够连续、非接触式地向摊铺机供料,提高混合料摊铺质量。②传送效率高,材料转运能力高达 1200 t/h,能极大地提高摊铺效率。

五、高韧超薄磨耗层质量效果评价

北山街提升改造工程完成后,我们可以看到,改造路段相较于与之接驳的沥青混凝土路面在外观质感方面有明显的改善,具体表现在:路面颜色更为黝黑均匀,视觉效果更好,路面反光作用减弱;路面表面构造纹理丰富,摩擦系数较原路面得以大幅提升,且显著提高了路面的平整度,降噪效果明显,有效提高了行车舒适性与安全性。

(a)实施前　　　　　　　　　　　　　(b)实施后

图 6　实施罩面后路面品质提升效果

图 7　实施后罩面表面构造和外观质感

为检验高韧超薄磨耗层的实施效果,采用一系列室内混合料性能检测试验和施工后的路面检测试验相结合的方式评价高韧超薄磨耗层的混合料质量和桥面实施后的路用性能。重点开展了包括抗剥落性(见图 8)、高温抗车辙性(见图 9)、抗疲劳(见图 10)、水稳定性、对罩面的层间黏结性(见图 11)、封水和降噪性能等方面的评价。各试验结果及评价结果详见表 7。

图 8　肯塔堡飞散损失测试

图 9　车辙动稳定度测试

图 10　四点弯曲疲劳测试

图 11　层间拉拔强度测试

表 7　高韧超薄磨耗层现场质量检测评价结果汇总表

编号	测试项目	技术要求	试验结果	是否合格
1	浸水马歇尔残留稳定度/%	≥85	92.5	合格
2	冻融劈裂试验残留强度比/%	≥85	93.0	合格
3	60 ℃车辙动稳定度/次	≥5000	7986	合格
4	肯塔堡飞散损失率/%	≤8.0	1.5	合格
5	15 ℃、1000 $\mu\varepsilon$ 四点弯曲疲劳试验/万次	≥20	58.95	合格
6	层间拉拔强度/MPa	≥0.3	0.62	合格
7	平整度/mm	≤5	0.9	合格
8	构造深度/mm	≥0.8	0.92	合格
9	摩擦系数/BPN	≥55	67	合格
10	渗水系数/(ml/min)	≤120	30	合格
11	井框与路面高差/mm	≤5	3.0	合格

由表 7 可以发现：①抗水损害性能指标(浸水马歇尔残留稳定度和冻融劈裂残留强度比)的检测结果分别为 92.5％和 93.0％,远大于技术要求,表明其沥青混合料水稳定性良好；②肯塔堡飞散损失率结果仅为 1.5％,表明薄层沥青混合料中胶结料对石料的裹附性良好；③层间拉拔强度为 0.62 MPa,表明层间黏结性能优异；④四点弯曲疲劳试验结果超 50 万次,表明高韧超薄磨耗层沥青混合料具有良好的抗裂性能和抗疲劳性能；⑤抗滑性能检测方面,大于 60BPN 的摩擦系数和大于 0.8 mm 的构造深度,极大地提升了车辆行驶安全性；⑥平整度检测及井框与路面高差检测结果分别为 0.9 mm 和 3 mm,这些指标说明路面行驶舒适性高,符合目前推行的"杯水不溢"的理念。

六、结语

针对北山街提升改造工程中存在的技术难题,推出了高韧超薄沥青磨耗层技术体系,配合 GT-16 下承层修复方案和配套的混合料转运工艺,快速高效地完成了该道路的品质提升工作。

相关技术体系的实施,显著提升了路面的功能性能(降噪、平整与封水)、安全性能(抗滑)与力学性能(抗裂与层间黏结)等各项性能,实现了路面的综合品质提升,改善了路面行车环境,最大限度地保护了原路面结构并延长了其服务寿命。高韧超薄沥青磨耗层的成套技术符合当前绿色与高性能材料的发展趋势,经进一步优化调整后,可在各类公路、城市道路、桥梁和隧道建设项目中推广使用。

预制拼装高架桥梁设计施工技术要点

一、预制拼装高架桥梁工程概述

(一)康桥路至上塘路节点提升工程概况

康桥路至上塘路节点提升工程位于余杭区北部新城,绕城高速公路南庄兜收费口南侧。本节点提升工程首次在高架桥采用预制拼装桥梁,为上塘路与康桥路两条快速路交叉口节点。

根据跨径布置需要,主线高架预制小箱梁理论名义跨径分为 25 m(实际跨径 23.5 m)、30 m(实际跨径 28.5 m)、35 m(实际跨径 33.5 m)三种,桥面连续长度控制在 2~4 跨,梁高统一为 1.8 m、2.0 m 两种。单块预制小箱梁中梁顶板宽 2.4 m,边梁顶板宽 2.7 m(主线),底板宽均为 1.0 m。

预制小箱梁顶板厚度为 0.18 m,底板和腹板厚度跨中为 0.18 m 和 0.20 m,支座处均加厚到 0.32 m,除支座处设置 0.25 m 厚端横梁外,跨中增设一道 0.2 m 厚横隔板确保整体性。各跨径预制小箱梁腹板斜率均为 1∶4,底板为平坡,顶板设置 1.5% 的横坡,预制小箱梁沿纵向外轮廓尺寸保持不变。

桥梁下部结构变更范围为 ZX5—ZX13 墩及盖梁,包含 9 个桥墩(A 型墩 5 个,B 型墩 4 个)和 9 个盖梁。预制桥梁均采用倒"T"形隐式盖梁柱式墩,墩柱纵桥向宽 1.5 m,横桥向宽 1.5 m。盖梁横桥向宽度与上部结构匹配,顺桥向宽 3.5 m,高 3 m,盖梁下部预制,墩顶部分凸出 0.5 m,其余部分采用现浇。

(二)采用预制拼装的意义

住房和城乡建设部发布的《住房城乡建设部办公厅关于组织申报 2016 年科学技术计划项目的通知》(建办科函〔2015〕890 号)提出"应以装配式混凝土建筑"工

业化建造方式为重点。《浙江省人民政府办公厅关于推进绿色建筑和建筑工业化发展的实施意见》要求大力推进绿色建筑发展,促进建筑产业现代化。

（三）国内现状

上海是较早开展高架桥梁预制拼装技术研究和应用的城市,其中上海嘉闵高架北二期工程高架段采用全预制拼装工法;成都三环路扩能提升工程羊犀立交改造工程、长沙湘府路主线高架也均采用了预制拼装技术。

（四）桥梁预制拼装的优缺点

优点:节约大量的临时性施工场地,节约现场作业劳动力,现场不需要搭设大量支架和模板,施工周期短,对既有道路交通影响小,粉尘、泥浆、噪声、灯光等环境因素干扰小,工程容易监管,质量有保障等。

缺点:对吊装设备的要求较高,对运输路径的限制要求较高,对施工精度、机械以及专业工人技术要求较高,目前费用略高于现浇结构,设计规范、施工及验收标准空缺(仅部分城市有地方标准)。

二、预制拼装桥梁设计关键技术

预制拼装桥梁连接节点的连接方式一般采用灌浆金属波纹管和灌浆套筒两种连接方式,设计重点为连接套管、灌浆材料和垫层设计。

（一）灌浆金属波纹管

金属波纹管应为圆形不锈钢波纹管,需满足《预应力混凝土用金属波纹管》(JG 225—2007)中的有关要求,且波纹管长度应不小于 $40\,ds$(纵筋直径),且不能出现拼接;金属波纹管的内径应等于 ds(纵筋直径)＋50 mm,且应控制偏差满足 ± 0.5 mm。那些内径不超过 10 cm 的波纹管,其管壁厚度需不小于 0.45 mm,且肋高需不小于 3.1 mm。此外,压浆口应设置在金属波纹管下方,并与压浆管相连;波纹管上方设出浆口,并与出浆管相连,或者是直接从端部出浆。压浆口到端部的净间距需大于 2 cm。此外,运输及存储金属波纹管的时候,必须要做好防雨、防锈、防污等防护措施,以免波纹管质量受损。

（二）灌浆连接套筒

连接用的套筒采取的是一端预制安装、一端现场拼装的设计,并在套筒内设有

钢筋限位挡板。不管是预制安装端还是现场拼装端的钢筋伸入长度都要不小于10ds(纵筋直径)。将压浆口及出浆口分别设于套筒的下端及上端,且压浆口下端距离套筒端部的净距需大于 20 mm。制作套筒过程中的允许偏差是±2 mm,套筒安装过程中需严格控制精确度。连接灌浆套筒的过程中,必须要根据《钢筋机械连接技术规程》(JGJ 107)Ⅰ级要求严控接头质量,同时,接头试件的实际测试抗拉强度需不小于被连接钢筋的拉断强度。此外,也需由质检部门对灌浆连接套筒及高强无收缩水泥灌浆组合体系进行严格的试验及质量检查,并制成相关质量报告,待其均检验合格后再进行预制及拼装施工,并且购置的灌浆连接套筒必须配齐压浆管、出浆管、止浆塞及定位销等配件,以确保套筒安装高质量完成。

(三)灌浆材料

不管是套筒灌浆还是波纹管灌浆所用的高强度无收缩水泥灌浆料都要严格控制其技术指标,具体指标见表1。

表1 高强度无收缩水泥灌浆料技术要求

检测项目		性能指标
流动度	初始	≥300 mm
	30 min	≥260 mm
抗压强度	1 d	≥35 MPa
	3 d	≥60 MPa
	28 d	≥100 MPa
竖向自由膨胀率	24 h与3 h差值	0.02%～0.5%
氯离子含量		≥0.03%
泌水率		0

检验过程中,必须要对灌浆材料的初始流动度、30 min 流动度、1 d 抗压强度、3 d 抗压强度、28 d 抗压强度、竖向自由膨胀率、氯离子含量及泌水率等进行细致的检测,同时,也需检测用于连接灌浆套筒的接头的拉伸强度。对于高强无收缩水泥灌浆材料而言,需在拼装施工的前一天对浆料的流动度和 1 d 抗压强度进行检测。拌制高强无收缩水泥灌浆料期间,应制取试件,每个拼接部位应制取的试件数量不小于 3 组,分别测试 1 天、3 天、28 天抗压强度。高强无收缩水泥灌浆料宜采用配套灌浆掺和料,为确保高强无收缩水泥灌浆料具有优质的质量,必须与生产资质达

标的厂家进行合作，确保材料质量，同时，每袋的重量不宜大于 25 公斤，包装袋上应标识详尽的使用说明，这样便于运输及投料。若储存环境比较干燥，那些没有打开包装的材料存放时间也不能超过 3 个月，而打开包装的材料必须及时使用掉，若剩下了就要做废料进行处理，不可再次使用。

（四）拼接缝间砂浆垫层

用于构件拼接缝之间砂浆垫层施工的材料要选择使用高强无收缩砂浆，且砂浆的 28 d 抗压强度需不小于 60 MPa，也要比构件强度高一个等级（即 7 MPa），控制 28 d 竖向膨胀率在 0.02％～0.1％范围内。砂浆垫层施工中用的砂最好是中砂，且中砂质地要坚硬、级配要良好，细度模数不小于 2.6，含泥量不大于 1％，且不能含有泥块。砂浆垫层施工中需控制初凝时间达到 2 h 以上。另外，在立柱与承台、立柱与盖梁等不同类型构件施工中，必须对拼接缝施工时间及强度进行严格控制，且最好选用有效施工时间比较长的高强砂浆进行施工。

（五）同类构件间连接黏结剂

连接黏结剂采用环氧黏结剂，初步固化时间不小于 1 h，1 d 抗压强度不小于 40 MPa，7 d 抗压强度不小于 60 MPa，7 d 抗拉强度不小于 9 MPa，7 d 抗剪强度不小于 21 MPa，且应有防老化、防碳化、防强腐蚀的功能。黏结过程中，需对构件两面均匀涂刷黏结剂，并确保涂刷的黏结剂只有滴挂而没有流淌现象。

三、开展试验研究

（一）试验目的

为了确定预制装配连接件在不同养护时间下的力学性能，从而确定其在预制拼装桥墩中的适用性，进行了一系列试验。该试验分别考虑连接件在养护期为 7 天、14 天、21 天、28 天的条件下连接件母材（包括钢筋及灌浆料）及连接件的强度发展情况，为设计、施工提供参考依据。

（二）试验结果

所测试的灌浆料（砂浆）7 天、14 天、21 天和 28 天养护抗折强度分别为 9.3、15.2、17.1 和 17.6 MPa，抗压强度分别为 98.6、106.9、110.7、118.4 MPa。直径

40 mmHRB400 带肋普通钢筋拉伸结果显示：钢筋平均屈服荷载 505 kN。7 天养护条件下灌浆套筒连接件屈服荷载为 500～600 kN，此时钢筋和套筒之间的滑移量约 0.5 mm，表明 7 天养护条件下灌浆套筒连接件强度超过 HRB400 钢筋屈服强度。

试验结果说明连接部位强度已超过钢筋屈服强度，连接部位不是整体构件中的薄弱位置，设计是合理可靠的。

四、施工关键技术应用

施工的关键在于立柱、盖梁预制和安装，立柱、盖梁混凝土材料分别采用 C40 高性能混凝土和 C50 高性能混凝土。

（一）立柱预制

针对预制立柱钢筋笼，采取钢筋模块化精加工方式进行加工制造。为提高钢筋笼的稳定性及支撑性，设置专用胎架进行立柱钢筋笼，并一次加工成型，控制偏差为 ±2 mm。同时，为防止钢筋收录变形，也设置了定位体系。安好立柱胎架之后，就安装用于固定立柱钢筋的定位板和套筒固定件，接着再一次性将灌浆套筒及箍筋、挂钩等安装到位；待安设好钢筋之后，便用二氧化碳保护焊把箍筋、拉钩和主筋焊接牢固；最后将套筒止浆塞、保护层垫块、千斤顶预埋螺栓套及防雷接地板等辅助装置安装到位。

（二）盖梁预制

预制盖梁钢筋笼的加工要求：盖梁钢筋笼胎架由 4 部分组成，即底座、支架、挂片及定位平台。为确保灌浆连接套筒能精确地进行拼装定位，所以针对套筒设计了定位钢板。同时，先是在胎架外制造套筒、主筋和箍筋等套筒模块，做好后再把其吊进钢筋笼胎架中。除了套筒模块之外，盖梁钢筋笼的其他配套设施都是在胎架上进行加工及绑扎，并分为 10 个步骤，且不可跳步骤进行加工，加工过程中要做好测量工作，保障盖梁预制的精度及质量。

（三）预制件运输安装

在对预制件进行装运的过程中，要注意结合现场的工况条件来确定好构件的装车出厂方向及吊装施工的顺序。同时,要提前对运输车辆进场路线上的场地进行平整压实处理,确保场地有足够承载力支持预制件快速运输到位。此外运输构件的时间最好是晚上,并做好交通协管工作,避免对附近居民正常生活造成不良影响。

(四)预制桥墩连接施工顺序

(1)立柱、盖梁预制件必须经检验合格,方可进行安装。

(2)预制立柱、盖梁应确保尺寸精准,在工厂预拼装后,方可出厂;承台、立柱、盖梁之间采用匹配式施工。

(3)先完成钻孔灌注桩与承台的现浇工作,并把立柱下端预埋的套筒套到承台顶部预埋好的伸出钢筋上,接着往套筒中灌注灌浆材料,完成立柱与承台的连接;将预埋波纹管的盖梁套入立柱上端的伸出钢筋,并向波纹管内灌注灌浆材料,完成盖梁与立柱的连接,立柱与承台、立柱与盖梁的结合面采用高强无收缩砂浆连接,砂浆浇筑前,需设置挡浆模板。

(4)预制件架设完成后,灌浆料达到设计强度要求前,需采用临时措施固定预制件,防止预制件错动及倾覆。

(五)灌浆连接工艺

(1)灌浆前应再次检查套筒或金属波纹管,确保内腔通畅。

(2)灌浆连接应严格遵循以下工艺流程:灌浆料倒入搅拌设备→计算水量并精确称重,水灰初拌(不得少于 30 s)→专用设备高速搅拌(不得少于 5 min)→浆料倒入储浆装置→浆料倒入灌浆设备并连接压浆口压浆→出浆口出浆或端部出浆→持续出浆后(不得少于 2 s)停止压浆并塞入止浆塞→下一个套筒或金属波纹管压浆。

(3)灌浆设备宜采用高压灌浆泵,压力应不小于 3 MPa,排量应不小于 4 L/min。拌制高强无收缩水泥灌浆料的过程中,需取样品进行试验,且每个连接部位应取 3 组甚至更多组的样品,并根据相关试验流程来检测灌浆料的 1 d 抗压强度、3 d 抗压强度及 28 d 抗压强度。

(4)灌浆必须连续施工,不可中断。需在现场配备应急发电设备,以防灌浆过程中发生停电等突发情况。

(5)做完灌浆作业之后,需对构件上的浆液残留进行及时清理。

五、结论

预制拼装技术可缩短施工周期,降低施工对环境的影响,是绿色建筑的发展方向。通过严格的理论计算和试验把关,连接部位的强度不再是整体构件的薄弱部位,但施工环节应严格按设计要求进行控制,保证连接部位的施工质量,使其强度和刚度等技术指标能达到设计要求。

随着工厂化预制技术的发展,预制拼装桥梁在城市高架中的应用必将越来越多,未来研究的重点主要是连接方式与材料、抗震性能和耐久性,技术的真正成熟还需要大量的工程实践和理论研究做支撑。

排水管道非开挖整体及点状原位
固化内衬修复技术应用

一、工程概况

(一)雨水管修复工程

东新路(环城北路—同协路)整治工程雨水管网采用拉入法 CIPP 紫外光修复,工程范围南起东新路环城北路口,北至东新路西文街—K4＋950。非开挖修复管道长 4227.93 m,管径包括 DN300、DN400、DN500、DN600、DN800、DN1000 共六种规格,另检查注浆止水井 1 座,项目工期为 64 日。管内主要存在轻度错口、裂口、轻度脱节、裂痕、滴漏、严重脱节、中度脱节、沉积、轻度腐蚀、变形、起伏和破碎等 12 种病害。

表 1　特殊疏通注浆止水处理

11YS30004—11YS30001 (Y32—Y31)	DN400	修复前	修复后
图片编号	04		
缺陷名称	PL		
等级	3		
距离	11.6		
时钟表示	1101		
3 级(破碎): 管壁破裂或脱落处所剩碎片的环向覆盖范围不超过弧长 60°。 修复视频与原检测视频井号顺序相反。			

11YS30189—11YS30025 (Y50—Y38)	DN500	修复前	修复后
图片编号	04		
缺陷名称	PL/SL		
等级	2/3		
距离	14.3		
时钟表示	1212		

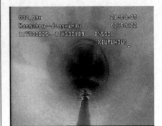

2级(裂口)：
破裂处已形成明显间隙，但管道的形状未受影响且破裂处无脱落。
3级(涌漏)：
水从缺陷点涌出，涌漏水面的面积不大于管道断面的1/3。
修复视频与原检测视频井号顺序相反。

11YS21514—11YS21518	DN500	修复前	修复后
图片编号	02		
缺陷名称	BX		
等级	4		
距离	0.1		
时钟表示	0804		

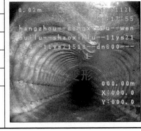

4级(变形)：
变形范围超过管道直径的25％。

(二)污水管抢修工程

万昌中路(万象城—汇头王)污水管道应急抢修工程，钢筋混凝土管径为DN400、DN600二种规格，管内主要存在破碎、裂口和线漏等病害，采用整体紫外光固化修复约388 m，点状原位固化修复11处。

(三)前置条件准备

1.管道通风及有害气体测试

打开检查井盖自然通风，散发有害气体，或采用机械通风并满足安全要求。测试井内硫化氢、甲烷、一氧化碳和氧气的含量，经检测合格，才能下井作业。

2.临时排水作业

固化内衬修复不应带水作业，需进行临时排水，将管道内的积水排出。主要作业内容包括封堵(含水下潜水封堵)、排水,并且采用高压疏通车对管道进行清洗,牵引通沟牛来回疏通,确保管内无障碍物、管壁无残留物。

3.CCTV 管道内部缺陷检测

依据《城镇排水管道检测与评估技术规程》(CJJ181)的规定,管网以井段为单位进行管道缺陷检测,检测结果按管道内部缺陷严重程度分为轻微缺陷、中等缺陷、严重缺陷、重大缺陷 4 种类型。同时,通过量化评估,可得到每段管道修复指数和养护指数,并出具检测录像数据、缺陷照片数据、缺陷分布图数据等成果书。

二、CIPP 紫外光固化内衬特征

(一)工艺特点

CIPP 紫外光固化内衬修复工艺是一种对排水管道进行非开挖现场固化内衬,整体或单点修复管道内部结构性缺陷的方法,其原理是:将浸透树脂的软管牵拉进入旧管道内,软管内通压缩空气使其紧贴在旧管道内壁,利用软管内树脂遇紫外光固化的特性,并控制紫外灯在充气软管内以一定的速度行走,使软管由一端至另一端逐步固化,形成具有较高抗拉强度和径向延伸膨胀性能的内衬管(使用寿命可达 50 年)。

(二)适用范围

老管道内尺寸变化,或存在 30°以内的弧度,以及圆形、椭圆形或经处理的矩形等特殊形状,均可进行无皱褶内衬修复,修复范围从 DN300 至 DN1800,内衬壁厚不宜超过 15 mm(目前材料透光性达不到 15 mm 以上要求)。另外,现场不具备条件或不允许采用开挖方式,可采用该技术进行整段或点状原位固化,从而修复排水管道。

(三)工艺要求

采用紫外固化内衬法修复的排水管道应满足下列性能要求:

(1)过流能力满足排水流量要求;

(2)结构强度满足外部荷载要求;

(3)化学稳定性满足输送城镇污水的要求;

(4)抗冲刷能力满足高压冲洗清淤的要求;

(5)全生命周期不低于 50 年。

三、紫外光整体固化内衬技术应用

(一)软管存储、运输

软管应存储在冷库内,温度应保持 4～17 ℃范围,保存期不超过半年;现场暂存不宜超过 2 天,温度宜为 7～25 ℃,必要时应采取避光与控温措施。软管运输宜使用专用冷藏车,普通车辆运输应采取防晒及控温措施。软管的裁剪宜避开阳光直射,裁剪后应立即将管口用胶带封严,折叠整齐、无皱折。

(二)软管拉入、充气

1. 软管拉入

拉入软管前在所有改变牵引方向的井口、管口等处设置滚筒或定滑轮,滚筒或定滑轮宜采用丝杠定位并固定;旧管道内应铺设垫膜,软管拉入过程中可能与其他物体直接接触处宜衬垫保护垫膜。拉入软管的速度应控制在 5 m/min 以内,当井口外软管的长度与井的深度接近时,关停卷扬机,将软管尾部与粗绳扎牢,再次开启卷扬机,直到软管尾部留出管口约 0.5 m。软管拉入旧管道之后,宜对折放置在垫膜上。

图 1 拖入底膜拉入内衬软管

2. 一次充气

软管充气前,软管两端应各安装一个扎头,检查充气管、测压管与扎头的连接。空压机运行平稳后缓慢打开充气阀,当软管内气压达到 0.02～0.03 MPa 时,应保压约 40 min,以使软管涨开。保压阶段将软管中预置的替换绳拉出,置换为耐高温的紫外灯牵引绳。紫外灯架进入软管之前完成组装,紫外灯的规格与数量应满足固化需要。

紫外灯架全部穿过扎头时停止牵引,适当拉紧紫外灯架控制电缆,打开紫外灯架前端的摄像头,只要控制台的屏幕图像显示正常,即可合上扎头端盖。

3.二次充气

软管二次充气前宜在软管外壁与旧管道内壁之间、距离管口 0.2 m 处放置密封条。当软管内气压上升到最终压力后,进行保压,直至软管固化完成。同时,牵引紫外灯架行走,通过控制台屏幕观察软管涨开情况,如有未完全涨开区域,紫外灯架暂缓通过,适当提高充气压力,使软管完全涨开后,紫外灯架可牵引至软管一端就位。

(三)软管固化

从软管端头的紫外灯开始,依次开启灯开关,相邻两灯的开启间隔则根据灯架长度、紫外灯数、行走速度计算确定,其中,灯架的行走速度应保证软管树脂固化完全,并能确定最佳的树脂固化时间。当灯架到达终点时,及时关闭电缆卷盘开关,按开始固化的顺序,依次关闭灯开关,相邻两灯的关闭间隔与开启间隔相同。软管固化完成后,关闭空压机并缓慢降低管内压力。管内压力降至大气压后,拆除滚筒和滑轮,以及充气管、扎头端盖,最后取出紫外灯架,卸下控制电缆、牵引绳。

内衬管冷却至常温后,切除两端多余部分,检查管口处旧管道与内衬管的黏合情况,其环形缝隙处充填速凝型树脂胶进行密封处理。

图 2　软管紫外光固化作业

四、施工质量控制

(一)材料检验

树脂应具有紫外光可固化性,基底材料采用具有紫外光传导作用的增强玻璃纤维,其弯曲强度、弯曲模量、抗拉强度等性能符合使用要求,相关技术参数如下:

短时弹性模量:20500 N/mm²

长时弹性模量:16000 N/mm²

衰减因子:1.28

(二)外观检查

内衬管均应进行外观检查,内衬管内径不大于 800 mm,采用闭路电视检测;内衬管内径大于 800 mm,宜在完全冷却后人工进入检查,并在缺陷处留下影像资料。外观质量要求是:无裂缝、孔洞、干斑、脱落、灼伤点、软弱带和可见的渗漏现象,内衬管紧贴旧管道,内壁顺滑,无明显的环形褶皱;一个井段内局部隆起的数量应不超过 2 处,且隆起高度不超过内径的 2%(通球法检验);端部切口应平整,贴合缝隙应无渗水现象。

(三)质保资料

(1)原材料进场检验报告;

(2)检测录像数据、缺陷照片数据、缺陷分布图数据等成果报告;

(3)闭水试验报告;

(4)技术总结。

分布式光纤传感技术在沥青路面养护中应用探索

　　沥青路面行车舒适,但也容易产生病害。城市道路交叉口车辆频繁制动、启动,沥青路面在荷载反复作用下容易产生车辙、拥包和开裂等病害,是道路中最容易产生病害的路段。为探索路面结构内部应力变化影响,提出有效养护措施,市政行业协会组织市城乡建设设计院、七一五研究所等单位,成立课题组,利用光纤传感技术实测交叉口路面结构的应变情况。本文根据载重车辆通过和停留于交叉口时的应变曲线,分析沥青路面受力状态。

一、概述

(一)光缆性质

　　沥青路面在铺设压实过程中会对光缆施加非常大的机械作用力,极易产生较大的应变变形,变形量可达 $10000\mu\varepsilon$ 以上。因此,需要机械强度很好的应变监测光缆,本次测试选用钢绳式应变传感光缆。该光缆通过多股金属加强件保护光纤,表面强度得到了极大提高,可以直接铺设在沥青路面结构中。

(二)光缆铺设

　　选择康桥路和电厂路交叉口铺设分布式应变光缆,埋设位置为沥青面层底面,测试时观测沥青层应变变形情况。光缆采用回字形横向(垂直车行方向)布置于单侧三个车道,两段光缆间距 0.8 m,跳线引出并连入接线盒内,接线盒置于机非分隔带内。该交叉口南半幅由西向东一侧车道距停车线 1 m 处铺设传感光缆,光缆位于沥青面层路面 5 cm 下,其位置如图 1 所示。

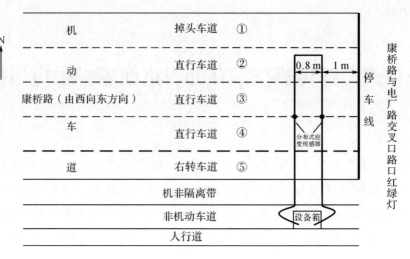

图 1　光缆布置示意图

图 2　光缆铺设现场施工照片

二、现场测试

测试数据中的横坐标为光缆在道路中的铺设长度,截取其中 30 m,覆盖 3 条直行车道。项目组于 2021 年 1 月 28 日和 6 月 24 日进行了两次检测,具体横坐标与车道对应关系如图 3 所示。

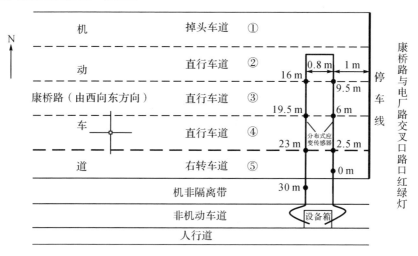

图 3　光缆横坐标与车道关系示意图

横坐标与车道对应关系如下：

光缆 0 m 处为横坐标原点，处在⑤车道上；

第一段 0～2.5 m 与第七段中的 23～26.5 m 位于⑤车道范围，为右转车道；

第二段 2.5 m～6 m 与第六段 19.5～23 m 位于④车道范围，为直行车道；

第三段 6 m～9.5 m 与第五段 16～19.5 m 位于③车道范围，为直行车道，且为货车道；

第四段 9.5～16 m 位于②车道范围，为直行车道；

第七段中的 26.5～30 m 位于机非隔离带范围，处于研究范围之外。

（一）第一次测试

第一次测试于 2021 年 1 月 28 日 14:30～15:30 进行，测试工况如表 1 所示。

表 1　2021 年 1 月 28 日测试工况汇总表

序号	车辆代号	所在车道	车辆类型	车辆载重/t	车辆经过时间	行驶状态
1	无车一	—	—	—	2021 年 1 月 28 日 15:00	
2	工程车 A	③	工程车	41	2021 年 1 月 28 日 15:04	停留
3	货车 a	④	货车	16	2021 年 1 月 28 日 15:30	停留
4	货车 b	③	货车	40	2021 年 1 月 28 日 15:38	停留

图4 光纤传感器测试现场照片

1. 无车一工况

当无车辆时,道路应变情况如图5所示,将其作为基准值与当日其他工况进行对比,即可得到其他工况作用引起的应变变化。

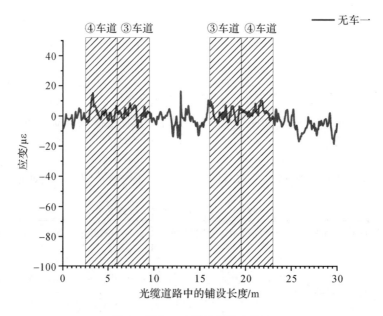

图5 无车一工况路面应变情况

无车工况下,由于光缆埋设于路面下,受到周围路面结构对其的作用,因此具有初始应变。车道下的光缆均处在正负波动状态,波值约为$\pm 10 \mu\varepsilon$。

2.工程车 A 停留于③车道工况

将工程车 A 停留于③车道时与无车时的基准值进行对比,得到应变变化情况,如图 6 所示。

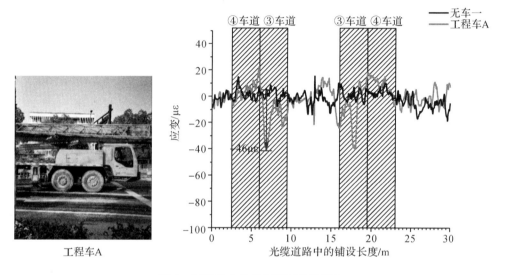

工程车A

图 6　工程车 A 作用下路面应变变化

由图可得出如下结论:

(1)工程车 A 停留于③车道测得的应变值与无车一工况下测得的应变值的最大差值约为$-46.0 \mu\varepsilon$,处在光缆 7 m 位置;

(2)在同车道轮迹正后方、光缆约 18 m 位置出现应变次大值,约为$-43.5 \mu\varepsilon$;

(3)工程车 A 停留于③车道时,应变均为负值,显示其处于受压状态。

3.货车 a 停留于④车道工况

将货车 a 停留于④车道时与无车一时的基准值进行对比,得到应变变化情况,如图 7 所示。

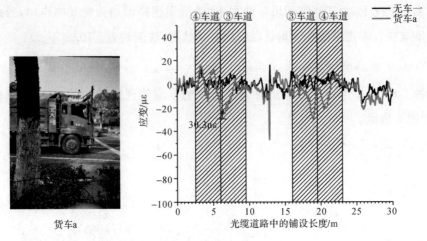

货车a

图7 货车a作用下路面应变变化

由图可得出如下结论：

(1)货车a停留于④车道测得的应变值与无车一工况下测得的应变值的最大差值约为−30.3με，处在光缆6.5 m、靠近④车道位置；

(2)在同车道轮迹正后方、光缆约19 m位置出现应变次大值，约为−23.5με；

(3)货车a停留于④车道时，应变均为负值，显示其处于受压状态。

4.货车b停留于③车道工况

将货车b停留于③车道时与无车一时的基准值进行对比，得到应变变化情况，如图8所示。

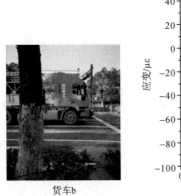

货车b

图8 货车b作用下路面应变变化

由图可得出如下结论：

（1）货车 b 停留于③车道测得的应变值与无车一工况下测得的应变值的最大差值约为 $-37.6\mu\varepsilon$，处在光缆 7.0 m 位置；

（2）在同车道轮迹后方、光缆约 17.5 m 位置出现应变次大值，约为 $-37.0\mu\varepsilon$；

（3）货车 b 停留于③车道时，应变均为负值，显示其处于受压状态。

（二）第二次测试

第二次测试于 2021 年 6 月 24 日 22：00～24：00 进行，测试工况如表 2 所示。

表 2　2021 年 6 月 24 日测试工况汇总表

序号	车辆代号	所在车道	车辆类型	车辆载重/t	车辆经过时间	行驶状态
1	无车二	—	—	—	2021 年 6 月 24 日 23：00	—
2	货车 c	③	货车	31	2021 年 6 月 24 日 23：02	无停留
3	混凝土搅拌车 1	③	混凝土搅拌车	31	2021 年 6 月 24 日 23：09	停留
4	混凝土搅拌车 2	③	混凝土搅拌车	31	2021 年 6 月 24 日 23：34	停留
5	混凝土搅拌车 3	③	混凝土搅拌车	31	2021 年 6 月 24 日 23：44	停留

1. 无车二工况

当无车辆时，道路应变情况如图 9 所示，将其作为基准值与当日其他工况进行对比，即可得到其他工况作用引起的应变变化。

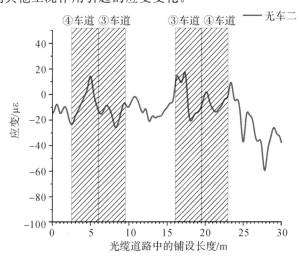

图 9　无车二工况下路面应变情况

该无车二工况与无车一工况相比,具有以下特点:

(1)基准值基本为负值,在$-20\mu\varepsilon$上下波动,比无车一工况大$10\mu\varepsilon$;

(2)仅③车道16 m处和④车道5 m处,各有一个正峰值,且没有对应关系。

2.货车 c 通过③车道工况

货车 c 通过③车道时为绿灯,未作停留,与无车二时的基准值进行对比,得到应变变化情况如图10所示。

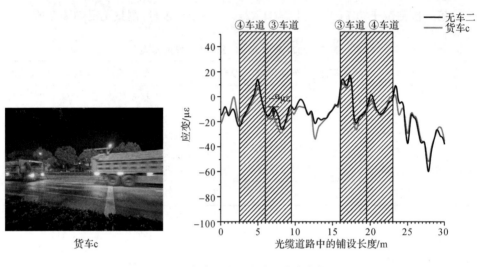

货车 c

图 10　货车 c 作用下路面应变变化

货车 c 通过③车道,未停留测得的应变曲线与无车二工况基本一致,并存在以下特点:

(1)③车道7 m处应变值的最大差值约为$-9\mu\varepsilon$,处于同车道后方的光缆约18.5 m位置无明显的应变差值;

(2)②车道13 m处出现同方向最大应变差值,约为$-10\mu\varepsilon$;

(3)货车 c 通过③车道时,应变均为负值,显示其处于受压状态。

3.混凝土搅拌车 1 停留于③车道工况

将混凝土搅拌车 1 停留于③车道时与无车二时的基准值进行对比,得到应变变化情况,如图11所示。

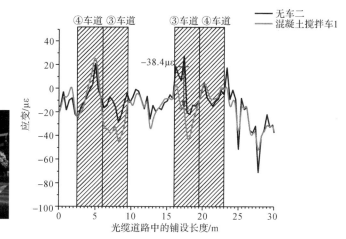

图 11 混凝土搅拌车 1 作用下路面应变变化

由图可得出如下结论：

(1)混凝土搅拌车 1 停留于③车道测得的应变值与无车二工况下测得的应变值的最大差值约为 $-38.4\mu\varepsilon$，处在光缆 17.0 m 位置；

(2)在同车道轮迹前方、光缆约 7.5 m 位置出现应变次大值，约为 $-31.0\mu\varepsilon$；

(3)混凝土搅拌车 1 停留于③车道时，应变均为负值，显示其处于受压状态。

4.混凝土搅拌车 2 停留于③车道工况

将混凝土搅拌车 2 停留于③车道时与无车二时的基准值进行对比，得到应变变化情况，如图 12 所示。

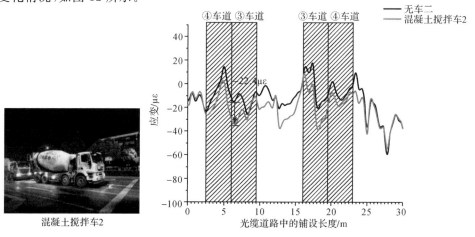

图 12 混凝土搅拌车 2 作用下路面应变变化

混凝土搅拌车2停留于③车道,在光缆约6 m处,③车道靠前区域测得的应变值与无车二工况应变值的最大差值约为−22.4με,处在光缆6.5 m、③车道位置,次大差值约为−20.0με,处在光缆18.5 m位置、最大差值轮迹正后方。并存在以下特点:

(1)应变值基本为负值;

(2)③车道最大应变值达−35με。

5.混凝土搅拌车3停留于③车道工况

将混凝土搅拌车3停留于③车道时与无车二时的基准值进行对比,得到的应变变化情况,如图13所示。

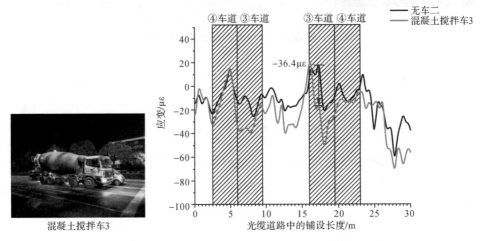

图13 混凝土搅拌车3作用下路面应变变化

由图可得出如下结论:

(1)混凝土搅拌车3停留于③车道测得的应变值与无车二工况下测得的应变值的最大差值约为−36.4με,处在光缆17.0 m位置;

(2)在同车道轮迹前方、光缆约7.0 m位置出现应变次大值,约为−28.0με;

(3)混凝土搅拌车3停留于③车道时,应变均为负值,显示其处于受压状态。

三、测试数据分析

(一)测试数据汇总

1.数据汇总

测试得到的应变数据汇总如表3所示。

表3　测试数据汇总表

序号	车辆代号	所在车道	最大应变值/$\mu\varepsilon$	同一位置无车工况下的应变值/$\mu\varepsilon$	最大应变差值/$\mu\varepsilon$	行驶状态
1	工程车A	③	−38.2	7.8	−46.0	停留
2	货车a	④	−29.0	1.3	−30.3	停留
3	货车b	③	−37.0	0.6	−37.6	停留
4	货车c	③	−16.0	−7.0	−9.0	无停留
5	混凝土搅拌车1	③	−11.0	27.4	−38.4	停留
6	混凝土搅拌车2	③	−42.9	−20.5	−22.4	停留
7	混凝土搅拌车3	③	−9.0	27.4	−36.4	停留

2.基本特征

(1)应变差值最大值和次大值均在车辆停留车道,符合车辆作用路面情况;

(2)停留时的最大应变差值远大于无停留时的最大应变差值。

(二)测试数据分析

1.无车工况下二次测试应变差值分析

测试时间间隔5个月,沥青路面处于正常运行状态。剔除设备、人员等造成的误差,前后两次无车工况下的应变差值为5个月时间内结构层在车辆等因素作用下的永久变形。由图14可得出如下结论:

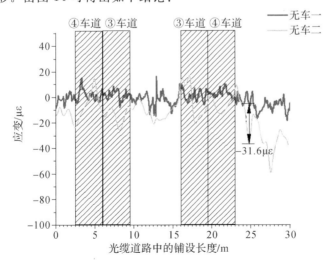

图14　无车一、二工况下路面应变情况对比

（1）二次测试应变基准值曲线形态基本一致；

（2）应变差值有正有负，以负值为主，且负峰值基本出现在车道中间位置，车道边缘应变差值较小，甚至出现正值，与车道中间受车轮直接碾压、两侧路面结构受推挤的情况相符，符合车辆对路面的重复作用产生永久变形累积的情况。

（3）剔除车道外的部分，最大应变差值出现在⑤车道、光缆约 24.8 m 位置，5个月时间，累积永久应变约为 $-31.6\mu\varepsilon$。

因而，沥青路面在经历长期运行后，受车辆荷载重复作用，路面应变相应加大。

2.最大应变差值分析

车辆作用下的最大应变差值即为路面结构在车辆荷载作用下产生的最大应变，根据测试数据分析，可以得出如下结论：

（1）车辆作用下的最大应变均为负值，与路面结构受到车轮直接碾压产生压应力相符；

（2）7组数据得到的最大应变差值在 $-9.0\mu\varepsilon\sim-46.0\mu\varepsilon$ 不等，不同车辆产生的应变不同，应变与车型、装载质量有关，整车质量越大，应变越大；

（3）同一车辆在不同位置产生的应变不同。最大应变差值出现的位置与车辆停留的位置有很大关系，车轮位于光缆正上方时应变最大，应变随距离变远而变小。本次试验光缆铺设的范围小、密度小，车轮几乎不可能正好停留于光缆的正上方，因此，测得的应变数据也未必是实际应变的最大值，在后续的应用中还应对光缆的埋设位置、走向、密度等方面进行深入研究。

3.车辆通过交叉口不停留时的应变分析

货车 c 通过③车道交叉口时测得光缆 7 m 处的最大应变差值仅为 $-9.0\mu\varepsilon$，处于同车道后方的光缆约 18.5 m 位置无明显的应变差值，其余车道也未产生明显的应变，几乎与无车时一致，显示路面应变情况变化微小。车辆以一定速率行经路面时，路表面及路表下不同深度处所经受的轮载作用时间都很短，如此短暂的荷载（或应力）作用时间，使路面结构中的应力分布来不及传递，其变形来不及像静载作用那样充分。因此，车辆通过交叉口不停留时的应变值明显小于停留时的应变值。另外，从应变值的精确性考虑，还需排除以下两方面的原因：

（1）货车 c 为空车或装载量小；

（2）本次试验采用人工测试，不容易捕捉到车辆快速通过光缆埋设位置的瞬间，从而产生误差。

四、数字化监测在沥青路面养护中的应用

（一）实测应变值 ε 的应用

1. 监测车辆超载

根据线弹性体应力应变的关系 $\sigma = E \times \varepsilon$，可以由静载状态下的最大应变差值，即荷载作用下的最大应变值 ε 得到应力值 σ，然后由 $\sigma = p\sigma$（弯拉应力系数 σ：结构层计算模量和厚度的函数，由电算方法或查图得到）反算轮胎接地压强 p，再推算出车轮荷载，从而判断车辆是否超载。因此，通过光缆测应变判断车辆是否超载在理论上是可行的。

2. 监测路面结构状况

通过在各结构层底埋设光缆，实测路面结构在标准轴载 BZZ-100 作用下的层底最大拉应变 ε，再由 $\sigma = E \times \varepsilon$ 计算出最大拉应力 σ，将实测值与材料的容许抗拉强度 $[\sigma_R]$ 进行比较，可判断该结构层是否已发生疲劳破坏。

3. 路面车流实时监控

利用车辆通过时产生的应变变化将分布式光纤传感系统用于路面车流实时监控，为解决城市拥堵提供基础数据。

（二）数字化监测在沥青路面养护中的应用

1. 随着使用时间的增加，在行车荷载及环境因素的反复作用下，沥青路面持续发生应变，其永久变形日渐增大，路面结构状况逐渐变差，甚至丧失工作能力。在路面结构中埋设光缆可以监测结构层的工作状态，在结构层丧失工作能力前及时进行养护维修，提高道路的使用寿命。

2. 从车辆通过交叉口不停留时的应变值明显小于停留时的应变值可以看出，交叉口范围由于通常承受更多的静荷载作用，因此，与一般路段相比，路面结构需要更高的强度和更强的抗变形能力。同理，交叉口也应作为养护时重点关注的区域。

现状雨水管道,主管管径为 D400;污水由北向南排入甘王路现状污水管道,主管管径为 D300。

（二）清江路及清泰立交桥

清泰立交桥为城市主干路,双向 3 车道,现状路幅宽度 25 m,沥青混凝土路面。清江路为地面道路,设置于清泰立交桥两侧,为城市支路,现状路幅宽度约 5 m,沥青混凝土路面。凯旋路六期污水由南向北排入清江路污水管道,清江路污水主管管径为 D300。

（三）地铁 7 号线盾构区间

工程项目主要位于地铁 7 号线莫邪塘站盾构区间,目前该盾构区间已施工完毕,进入铺轨施工阶段。本工程主要为道路及相关管线施工,与盾构区间不存在空间重叠,管线开挖阶段时,盾构上方不得设置材料堆场或弃土堆场,且上方地面荷载应控制在 20 kPa 以内。

（四）给排水

（1）雨水管道设计标准、雨水流量计算的径流系数及降雨历时遵循《室外排水设计标准》规定。规划雨水系统,雨水由南向北及由北向南排至望新路,最终排至新开河,主管管径为 D600～D1000。

（2）望江单元平均日污水总量为 20586 m³,就近排水沿新开河西侧绿化带、秋涛路及近江路的现状污水主干管。规划污水系统,污水由南向北排至清江路污水系统,最终排入华家桥污水泵站,主管管径为 D300。

（3）望江单元最高日用水量为 29724 m³/d。综合规划道路安排的给水管道,并与已建给水管相连,呈环状和树枝状并存形式布置,以保证给水的安全性。规划在道路上铺设 DN600 给水管,与清江路、望新路、甘王路 DN200 给水管衔接,形成周边地块供水网路。

（五）综合管线

（1）电力

望江单元总用电负荷 84409 kW,新建 10 kV 莫邪变电站一座,开闭所 12 座。所有 10 kV 及以下输电线均要求埋地敷设,且 10 kV 输电线采用环网接线,开环运行。规划布置 10 kV 电力管沟,主沟规模为 16Φ175＋2Φ100,与清江路、望新路、甘王路、近江路及婺江路高压电力管衔接,形成区块供电管网。

(2)通信

望江单元固定电话总需求量为 40853 门,数字电视终端需 51027 个,本工程需布置一道通信管道,与清江路、望新路、甘王路通信管衔接。

(3)燃气

望江单元总用气量为 5.83×1010 大卡/年,本工程需布置一道燃气管道,直径为 DN200,与清江路、望新路、甘王路燃气管衔接,形成环状燃气管网,以保证供气的安全性。

三、道路工程提档设计

(一)道路路线

1. 平面设计

凯旋路六期(甘王路—清江路)为城市次干路,位于上城区望北区块,标准路幅宽 30 m,双向 4 车道。全线共设 3 个圆曲线,并按规范进行加宽设计,即小型车单车道加宽值 0.4 m,大型车单车道加宽值 0.65 m,双车道加宽值 1.05 m。

2. 纵断面设计

道路纵坡设计与现状道路衔接平顺,沿线交叉口及两侧应与现有道路标高衔接,并满足平、纵线形组合要求,避免不良组合出现。现状地坪标高 6.6～7.5 m,规划控制标高 6.0～8.3 m。现设计道路的最低标高为 6.650 m;最大设计纵坡 0.486%,最小设计纵坡 0.3%,竖曲线最小半径 $R=28500$ m。

为此,道路纵断面控制标高在满足规划排涝水位要求的前提下,尽量与现状地坪标高一致。本工程道路按以下标高进行控制:工程起点与甘王路相衔接,按甘王路交叉口设计标高 7.558 m 控制;桩号 K0+138.46 点与望清路相衔接,按望清路设计标高 7.099 m 控制;终点与清江路相衔接,按清江路现状标高 6.650 m 控制。

3. 横断面设计

标准横断面组成(略),其推荐理由是该方案与凯旋路五期道路断面形式保持一致,道路绿化率相对较高,且四块板路幅的交通组织相对完善。

(二)道路交叉口

1. 甘王路交叉口设计

采用右进右出的交通组织形式,交叉口南侧凯旋路五期与交叉口北侧凯旋路六期均为"2进2出",交叉口东西两侧甘王路均为"右进右出",交叉口中心标高7.558 m。本交叉口采用信号灯控制,与凯旋路五期近江路口处信号灯联动。

2. 望新路交叉口设计

望新路交叉口为"T"形平面交叉口,采用"右进右出"交通组织方式。交叉口南侧凯旋路六期为2个进口道,北侧与清江路相交,渠化为3个出口道;交叉口东侧望新路为"1进1出"。近期由于凯旋路六期东侧地块尚未拆迁完毕,望新路交叉口暂不实施,仅顺接现状秋涛路一弄,远期待周边地块拆迁完毕后,交叉口由望新路统一实施。

3. 清江路交叉口设计

清江路交叉口为"T"型灯控平面交叉口,交叉口南侧海潮路渠化为"3进2出",采用"右进右出"交通组织设计,清江路为"1进1出"。近期顺接现状清江路,远期待清江路拓宽改建后,交叉口由清江路统一实施。

(三)路基路面设计

本工程机动车道路床范围(0~80 cm)、非机动车道路床范围(0~50 cm),人行道路面结构以下30 cm均采用塘渣换填,一般路段的路基工后沉降不超过0.3 m。同时,在不利季节,路基顶面回弹模量不小于35 MPa。道路施工时,不得在盾构上方设置材料堆场或弃土堆场,盾构上方地面荷载应控制在20 kPa以内。沥青路面结构使用年限为15年。

用水泥稳定碎石基层,并设置级配碎石作为垫层,其厚度不应小于15 cm。

沥青路面上面层推荐采用具有高温稳定、低温抗裂、抗疲劳、抗老化等一系列优点的SMA(沥青马蹄脂碎石混合料);中面层采用AC-16C沥青混凝土,下面层采用AC-25C沥青混凝土。

人行道铺装采用陶瓷透水砖,透水速率不小于20 mm/s。

(四)无障碍设计

行进盲道的位置选择应符合规定,其宽度宜为0.25~0.50 m,弧线形路线的行进盲道宜与人行道走向一致。行进盲道的起点、终点及转弯处应设提示盲道,其长度应大于行进盲道的宽度。相距台阶、坡道和障碍物,以及距人行横道、广场、地下通道等入口 0.25～0.50 m 处应设提示盲道,提示盲道长度与各入口的宽度应相对应。

缘石坡道的坡口与车行道之间高差不应大于 10 mm。

四、排水工程提档设计

(一)规划设计

排水体制采用雨污分流制,雨、污水系统排向、管径与规划保持一致。雨污水管位均避开机动车道,本工程中心线处布设雨水管,雨水排入新开河;中心线以东 11 m 布设污水管,污水排至相交道路污水系统,最终排入华家桥污水泵站。

根据抗震设防分类标准,雨水管道工程抗震设防分类为标准设防类(丙类),雨水管道采用抗震设防烈度为 7 度。污水管道抗震设防分类为重点设防类(乙类),抗震设防烈度为 7 度。

(二)雨水工程设计

雨水工程采用杭州市暴雨强度计算公式,暴雨重现期 $P=5$ 年,综合径流系数 $\psi=0.65$,道路径流系数 $\psi=0.9$;降雨历时 $t=t_1+t_2$,其中:t_1 取 10 min,$t_2=L/v\times 60(s)$。管道按满流设计,满流时最小设计流速为 0.75 m/s。

本工程规划雨水管径为 D600～D1000,经计算复核,雨水管径设计为 D800,雨水汇入望新路段雨水管,并且间隔一定距离在道路两侧预留一管,收集周边地块雨水,就近排入相交道路雨水系统。雨水管线布置如下:甘王路—清江路雨水分两个方向,由南向北及由北向南排至望新路,雨水最终排至新开河。

(三)污水工程设计

1.区域用水量预测

杭州给水最高日变化系数为 1.4,杭州城市规模为特大城市,区域属一区,城镇单位人口综合用水指标为 0.75 万 m³/(万人·d),综合用水指标为建设期限最高日用水量标准。

2. 污水量标准

污水量按规划用水量的 90％计，产污率为 0.9，地下渗水量和未预见水量按平均日污水量的 15％计，污水截污率为 95％。

综合污水量＝平均日用水量×排污系数×截污率

3. 污水工程

甘王路—清江路污水为一个方向，由南向北排至近江路，最终排入华家桥污水泵站，污水系统的排向、管径与规划保持一致。本工程污水管径为 D300，道路中心线以西 11 m 处作为该管位，管材采用内衬聚氨酯球墨铸铁管。同时，道路两侧预留一节污水管。

（四）附属构筑物设计

检查井采用防沉降形式，井盖破坏荷载不小于 400 kN。污水检查井内壁采用环保型防腐措施。污水检查井最大井距宜为 75 m，雨水检查井最大井距宜为 100 m。

道路两侧设置偏沟式单（双）箅雨水口（泄水能力不小于 35 L/s）；水箅盖采用球墨铸铁，排水孔面积/净面积≥30％。

四、附属工程提档设计

（一）海绵城市

城市建设高路面硬化率，使径流雨水直接排入管网，加重了雨水管网的负担；暴雨时段，河道水位相应抬高，又容易造成排水不畅、道路低段积水的现象。而海绵城市的建设可相应减少雨水管网的负担，还具有一定的雨水储蓄功能。

1. LID 设施设计

人行道路面采用透水砖路面，铺装下部设置大孔隙率级配碎石作为调蓄层；树池均设置为生态树池，铺设大孔隙率砾石排水层作为调蓄层。

道路侧石开孔，雨水通过开孔引流至人行道海绵体或生态树池中，通过下渗补充地下水，蓄水饱和后溢流雨水通过纵向渗水管收集，由横向连接管排至邻近雨水口，最终进入市政雨水系统。

2. 主要设计参数

杭州市年平均降水量在 1100～1600 mm，年雨日 130～160 天。年径流总量控制率为 65％时的目标降雨量为 15.3 mm。

新建道路类项目年径流污染削减率不低于 50％。SS 综合去除率按 50％来控制。雨量径流系数不宜大于 0.65。

3. LID 设施计算

本项目占地总面积为 6645 m²，包括车道硬化面积 4997 m²，透水铺装面积 1057 m²，绿化面积 591 m²，其中下凹绿地面积 129 m²，生态树池 76 m²。

(1)雨量综合径流系数 ψzc 为 0.66，道路红线范围内不满足控制指标要求，需由周边地块协调解决。

(2)年径流总量控制率

在人行道下设置级配碎石层，并设置生态树池与下凹式绿地。本工程实际调蓄容积 $V_{调}$ 为 80.82 m³，满足控制指标要求。

对应的设计降雨量 H 为 17.36 mm，满足年径流总量控制率要求。

(3)SS 综合去除率计算

SS 综合去除率为 56％，满足控制指标要求。

4. LID 设施详细设计

透水铺装结构 3 cm M10 砂浆找平层应保证透水能力不低于面层。

生态树池结构为：2 cm 树池盖板＋5 cm 碎石铺面＋100 cm 种植土层＋10 cm 砂层＋15 cm 碎石排水层。

下凹绿地结构为：10 cm 滞水层＋90 cm 种植土＋15 cm 碎石排水层。

为满足透水铺砖性能，配套选择开孔侧石。

本次设计项目雨量综合径流系数为 0.66，海绵城市年径流总量控制率为 65％，SS 综合去除率为 56％。

(二)交通标志、标线设计

交通标志包括警告标志、禁令标志、指示标志和指路标志。交通标线包括车道边缘线、车行道分界线、导向箭头标记、人行横道线、停车线、导向车道线等。

灯控交叉口及行人过街处设置人行横道线。灯控交叉口进口道前 20～25 m

及进口道处分别设置车道指示牌和导向车道线。指示、指路标志前 10 m 内宜种植灌木。

(三)智能交通系统

1.交通监视系统

沿线及互通交叉路口位置设置交通监视系统,交通监视摄像机采用大倍数一体化球型摄像机,配全天候防护罩、大倍数的变焦镜头。摄像机按全线覆盖的要求布设,主要技术指标满足 400 万像素、光学变倍不小于 37 倍和红外距离不小于 400 m。并满足以下功能:

(1)支持区域入侵、越界入侵、徘徊、物品遗留、物品移除、音频异常、人脸检测、人员聚集、快速移动、进入区域、离开区域,并联动报警;

(2)支持车牌识别,抓拍图片叠加设备编号、抓拍时间、车牌号码、车身颜色等;

(3)当规则触发时,设备可支持自动抓拍。

2.交通信号控制系统

根据不同的交通流量采取不同的控制,并具备一套降级控制方案,确保路口控制有序进行。紧急车辆服务应预先告知行驶路线,系统自行将路口相位切换到绿灯状态,为车辆提供"绿波"。

主要技术指标:采用 SCATS 信号控制机,至少 16 个信号灯组输出;同时支持广域雷达检测,具有倒计时联动等功能。

3.交通信号违法监测系统

信息传输必须符合系统整体传输协议和信息加解密要求,以满足非现场执法系统平台的技术处理和接口要求,实现收集、预处理、交互、处理、发布等一条龙作业。

所有路口闯红灯电子警察设备必须按照统一的数据格式操作并纳入中心系统的序列,按同一加密算法进行加密。主要技术指标:闯红灯电子警察系统前端采集部分具有 900W 高清像素,分辨率为 4096(H)×2160(V),帧率不大于 25fps。设备稳定可靠,在光线不好的情况下需配辅助光源进行监测。车速 5~100 km/h 情况下,系统对闯红灯车辆的捕获率不小于 99%,误拍率低于 5%。路口信息可以直接自动上传到服务器中,信息须满足中心平台要求。

4.智能交通通信系统

从外场设备到交叉路口综合监控箱,均采用光电结合的传输方式,即距离近的设备采用电传输,距离远的设备采用光传输。外场设备的视频信号先传输到综合监控箱,再通过综合监控箱内的多路复用光端机和租用的电信光纤传输到控制中心。

本次设计场外设备过路面及交叉路口时,采用钢管预埋方式,过人行道采用PE管预埋方式,埋设深度不小于0.7米。当直线穿管大于50米或管道埋设弯度较大时,应加设手孔井过渡。

5.电气设备保护及防雷系统

为了防止智能交通设备因雷击或地电位升高而损坏,室外立杆直接经过接地棒接地,接地电阻小于4 Ω。各外场智能交通设备就近与变压器箱接地网连接;外场监控设备与其现场设备箱间采用电缆连接时,在电缆两端设置相应的信号防雷设备,以保护监控设备不因雷击和地电位反击而损坏;在电源进线处设交流电源防雷设备,以防止过电压及地电位反击时,危险电压从电力线窜入监控设备。

(四)景观绿化工程

(1)行道树推荐采用黄山栾树,设计间距8 m,要求规格为 $\varphi=12$、$P=500$、$H=650$,自然不截主杆,主干通直,冠形匀称,树形大气美观,分枝点高度一致,种植整齐划一。

(2)树池设计规格为 1.6 m×1.2 m,并设置橡胶树池盖板,要求绿色保水透气,新种行道树必须设置支撑。

(3)中央隔离带、机非隔离带绿化延续凯旋路五期方法,中央隔离带种植香樟,作为道路景观视线中心,设计间距8 m,下层金森女贞、红花继木间隔种植,以色彩鲜艳的欧石竹收边。机非隔离带种植紫叶李、紫薇、含笑球、书带草、石蒜等,形成多层次的植物景观隔离带。

五、综合

砂、石、砖、水泥、商品混凝土、预制构件外照射指数均不得大于1.0。

　　凯旋路六期—甘王路交叉口、凯旋路六期—清江路交叉口受红线限制,未能与现状道路相衔接,建议同步实施。若不能同步实施,可接现状道路。

　　因工程建设时序问题,设计雨水暂做临排处理,即甘王路口处 Y1 雨水井反向接一根 D400 管,接入甘王路现状雨水井,现状井底标高 5.112 m,Y1 雨水井井底标高 5.498 m,满足雨水排放。

　　清江路口处 Y7 雨水井反向接一根 D400 管,接入清江路现状雨水井,现状井底标高 4.540 m,Y7 雨水井井底标高 4.587 m,满足雨水排放。待望新路实施完成时,临排连接管须封堵填实。

　　设计污水接入清江路污水系统,根据现有管线资料,现状清江路上部分路段管线存在雨污混流现象,建议相关单位对此核实。若清江路雨污混流,污水无法正常排出,且近期未实施改建,则 W8 处污水井进行封堵,W5 污水井处往南接一根 D300 管,接入秋涛路一弄现状污水井,井底标高 4.580 m,W5 污水井井底标高 5.518 m,满足污水排放。待清江路改建完成时,临排连接管须封堵填实。

浅谈市政供排水设施数字化建设

供排水设施是城市基础设施的重要组成部分,是城市运行的生命线系统,是维系城市正常运行、满足人民生产生活需要的重要基础设施。党的二十大报告指出,"加强城市基础设施建设,打造宜居、韧性、智慧城市";《数字中国建设整体布局规划》中指出,"整体提升应用基础设施水平,加强传统基础设施数字化、智能化改造"。浙江省作为打造展示新时代中国特色社会主义的重要窗口,打造全国一流的数字化城市管理系统,建设"全省一盘棋"的供排水设施数字化管理系统,对创建和谐社会,更好地为人民服务具有非常重要的意义。

一、浙江省市政供排水设施数字化管理现状分析

截至 2021 年底,浙江省城市公共供水管线总长 115755 千米,供水厂 188 座,全年供水总量 531241.92 万 m³;污水管线总长 39347 千米,污水处理厂 161 座,全年污水排放总量 455345.24 万 m³;雨水管线总长 32038 千米[1]。供排水设施基数庞大,管理缺乏系统性,存在部分管网管龄长、设施老化、管网漏损率高、污水处理厂进水深度低等诸多问题;而从业人员门槛低、行业管理人员素质参差不齐、管理水平与设施内在的安全和效率需求差距较大,急需提高数字化管理水平,确保安全运行。

目前,我省供排水设施数字化管理平台主要由运行单位自主开发,如水务公司、污水处理厂开发建设的"数字化管理在线"。由行政主管部门开发的数字化管理平台正处于试点探索阶段,例如台州市椒江区住建局开发的"污水治理在线",湖州市建设局开发的供水场景数字化管理系统等。由于缺乏统一管理以及对数据的深入挖掘和利用,各系统形成若干个数据孤岛,无法共享信息,无法实现管理部门的线上监管。因此,需从全局出发,打造数据共享的省级、县市级和企业级数字化

管理系统，以信息资源整合共享为基础，充分发挥数据一体化融合的应用价值，用数据决策、用数据管理、用数据创新，推动市政供排水设施的精准、高效可持续的数字化管理，提升行业主管部门的监管水平和科学决策能力。

二、数字化管理架构

实施供排水设施数字化管理的目标是实现城市供排水治理现代化，在过程中需要秉持以人为本的原则，通过系统综合治理，统筹考虑各种治理因素进行综合施治，并把这种理念落实到供排水设施数字化管理的三要素——主体、客体和事件中。其中，主体是人，即管理者；客体是物，即管理对象——供排水设施；事件是指某个时段内在某个地点发生的关于供排水设施的正常巡查、操作、维护、考核等正常工作行为以及发生的非正常事故等。

市政供排水设施数字化管理架构搭建时需解决以下问题：（1）打破信息孤岛，搭建数字平台，实现数据共享。（2）充分发挥数字化管理的价值，提高管理的效率和质量，通过不同主体的积极参与，实现厂、站、网供排水一体化设施的全方位、立体化管理。（3）通过制定科学合理的工作制度，有效规避管理中存在的漏洞和人为因素所造成的工作失误，实现精细化、智能化的管理，提升管理效率。（4）通过数字化管理，共享信息，及时发现并解决管理中存在的问题；通过对数据的监控，对管理中的各项工作进行监督考核，有效促进城市治理水平。

市政供排水设施数字化管理架构搭建需建立在现有的管理体系上，满足不同管理主体的需求。城市供排水设施管理主体主要包括主管部门和运行维护单位，其中主管部门指当地人民政府行政主管部门及其下属管理单位（机构），省级主管部门负责本行政区域内的供排水设施管理工作，设区市和县（市、区）人民政府主管部门负责本行政区域内的供排水设施管理工作。运行维护单位指从事城市公共供排水的企业。因此，在搭建供排水设施数字化管理构架时应分省级平台、县市级平台和企业级平台等三个层级，每个层级应根据其管理主体的职责实现其相应功能，避免不同层级之间的重复或低效的交互，同时需要考虑到各层级的可扩展性和可持续性，对系统进行模块化设计，使得系统的每个功能模块都能够独立生长演变。市政供排水设施数字化管理架构如图 1 所示。

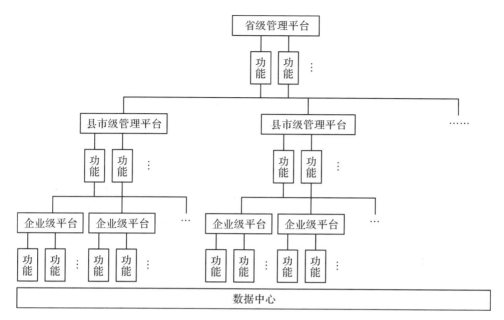

图 1　市政供排水设施数字化管理架构

三、市政供排水设施数字化管理要素

实现市政供排水设施数字化管理的首要任务是将管理要素中的主体、客体及事件等数据数字化。

(一)主体数字化

市政供排水设施数字化管理要素中的主体主要包括主管部门和运行维护单位两级管理体系中主要责任人、关键岗位人员以及特殊岗位人员。其中特殊岗位人员主要包括安全员、电工、焊工、起重工、化验员等按国家规定需持证上岗的作业人员。主体数字化需赋予各要素相关特征,如以上人员的姓名、电话、所属单位、岗位、操作证等管理数据应录入管理系统并定期更新。

(二)客体数字化

市政供排水设施数字化管理要素中的客体是指所有供排水设施。客体的数字化首先应对供排水设施进行分类,并合理确定设施要素数据的细分程度,即颗粒度;其次应规定每项要素的数据内容及更新周期。

　　设施要素颗粒度一定程度上决定了管理的精准化程度,理论上颗粒度越小则管理越精准,数字化建设的工作量也越大。从工作实际出发,经过广泛调研及探讨,初步确定现阶段将设施要素数字化管理的颗粒度按设施→设施要素分类1→设施要素分类2三级细分,远景可根据管理精细化要求进行扩展。

　　根据行政主管部门内部职责划分情况,将市政供排水设施分为城市供水、城镇排水及排水防涝三个系统。

　　城市供水设施分为水源地、供水厂、供水管线及其附属构筑物、二次供水设施四类。设施要素分类1如表1所示。设施要素分类2主要包括各要素分类1中日常管理维护的主要设施,一般指所含的设备、管道、阀门、仪表等。

表 1　城镇供水设施分类表

序号	设施分类	设施要素分类1	序号	设施分类	设施要素分类1
1	水源地	取水口			氯库
		取水泵站			加氯间
		原水管道及附属设施			加氯间
2	供水厂	配水井			污泥贮池
		混凝池			污泥脱水机房
		沉淀池			变配电室
		过滤池			出水在线监测
		过滤池			附属设施
		中间水池及臭氧接触池	3	供水管线及其附属构筑物	供水泵站
		活性炭滤池			供水泵站
		紫外消毒渠			管线及附属设施
		消毒接触池及清水池	4	二次供水设施	水箱(池)
		泵房			水箱(池)
		除臭发生器间			二供泵房
		加药间			

　　城镇排水设施分为排水户、污水管段、合流制管段、污水泵站、合流制调蓄池及泵站、污水处理厂、再生水七类。设施要素分类1如表2所示。设施要素分类2主要包括各要素分类1中日常管理维护的主要设施,一般指所含的设备、管道、阀门、仪表等。污水管段一般按照一级、二级、三级管网进行分类,相邻两条街道之间的管段作为单个设施主体,也可根据实际情况进行划分。

表2　城镇排水设施分类表

序号	设施主体分类	设施要素分类1	序号	设施主体分类	设施要素分类1
1	排水户	重要排水户污水排放口			水解酸化池
		一般排水户污水排放口			生化反应池
2	污水管段	管道			生化反应池
		检查井			配水井及二沉池
		倒虹管			中间水池及提升泵房
		倒虹井			高效沉淀池/磁混凝高效沉淀池/加砂高效沉淀池/加载多效澄清池
		闸门井			
		排泥井			
		排泥阀井			气浮池
		消能井			反硝化深床滤池/生物滤池/V型滤池
		排气阀井			
		阀门井			反硝化深床滤池/生物滤池/V型滤池
		在线监测			
3	合流制管段	管道			膜处理单元
		检查井			排放泵房
		倒虹管			紫外消毒渠
		倒虹井			排放口
		闸门井			排放口
		沉泥井			鼓风机房
		消能井			加药间
		排气阀井			污泥浓缩池
		阀门井			污泥贮池
		在线监测			污泥脱水车间
4	污水泵站	泵房			污泥脱水车间
		除臭系统			除臭系统
5	合流制调蓄池及泵站	泵房			附属构筑物
		除臭系统			泵房
6	污水处理厂	格栅及泵房	7	再生水	膜处理单元
		格栅及泵房			膜处理单元
		沉砂池			再生水管道及其附属构筑物
		初沉池			

排水防涝设施分为雨水管渠、雨水泵站、下穿隧道/地下通道/下穿立交、雨水调蓄池四类。设施要素分类1如表3所示。设施要素分类2主要包括各要素分类1中所包含的工艺设备、阀门、仪表，可根据现场实际情况调整。

表3 排水防涝设施分类表

序号	设施主体	设施要素分类Ⅰ	序号	设施主体	设施要素分类Ⅰ
1	雨水管渠	雨水口	3	下穿隧道、地下通道、下穿立交	排水沟
		管段（管渠）			排水沟
		检查井			泵站
		出水口			泵站
2	雨水泵站	进水井（渠）	4	雨水调蓄池	进水井（渠）
		集水池			调蓄池
		变、配电房			出水口
		出水口			变、配电房

城市供水设施、城镇排水设施、排水防涝设计等各要素的录入数据内容应满足相应的"浙里城市生命线"及地下空间综合治理应用中各治理场景建设的要求。

（三）事件数字化

供排水设施数字化管理要素中的事件主要包括两类。一类是常规事件，即供排水设施的常规巡查、操作、维护、考核等正常工作行为，主要包括运行维护单位的常规巡查、检测、维护，主管部门的定期专项监管检查；另一类是应急事件，即发生的非正常事件，主要包括检测预警及突发事故等。

对于常规事件，可将运行维护单位日常工作进行流程化、标准化梳理并形成程序化管理过程，主管部门可对运行维护单位的具体管理过程进行监管及考核。对于应急事件，需制定应急事件处理流程，以提高处理效率及主管部门的管理能力。一般情况下，应急事件发生后，相关责任单位在处置事件的同时应及时上报所在地县（市、区）行业主管部门，相关主管部门再按照事件分类的重要性逐级上报至设区市、省级行业主管部门。各地市根据实际情况编制应急处置流程如图2所示。

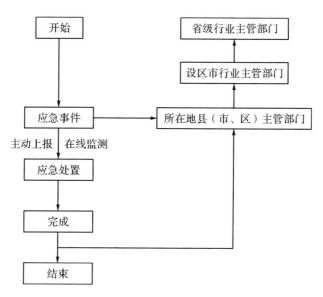

图2　应急事件处理流程图

四、供排水设施数字化管理部件编码

为实现全省统一的供排水设施的数字化管理,需对供排水设施进行编码,设施的部件编码规则应按照统一的数据标准,要素类、要素内容、要素属性值应完整,无遗漏、多余或重复。

供排水设施部件管理编码采用六层29位层次码结构,由7位行政区划代码＋2位行业编码＋4位设施分类＋4位设施流水号＋6位设施要素分类＋6位设施要素流水号构成。

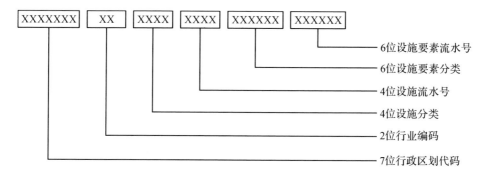

图3　设施部件管理编码

(1)行政区划代码：共 7 位。参考中华人民共和国行政区划代码（GB/T 2260），乡镇街道级行政区划代码。

(2)行业编码：共 2 位。

(3)设施分类：共 4 位。

(4)设施流水号：共 4 位，从 0001 开始顺序编排。

(5)设施要素分类：共 6 位。

(6)设施要素流水号：共 6 位，从 000001 开始顺序编排。

【示例】设施部件编码如下：0102001GS00010001010100000001。行政区划代码"为"0102001"，代表"上城区清波街道"；"行业编码"为"GS"，代表"供水"；"设施分类"为"0001"，代表"场站"；"设施流水号"为"0001"，代表 1 号场站；"设施要素分类"为"010100"，代表"格栅"；"设施要素流水号"为"000001"，代表 1 号格栅。

五、结束语

在城市供排水治理现代化进程中，数字化管理方式不仅可以规避传统治理中存在的问题，还能有效提升城市供排水治理能力和治理水平。目前台州椒江数字化管理平台"污水治理在线"，湖州市开发的城市供水子场景数字化管理平台以及绍兴柯桥区作为市政基础设施综合场景建设试点正在有序推进，各试点单位取得了良好成效，积累了丰富的实践经验。可以期待全省供排水设施数字化管理平台的建设实现供排水设施的实时监控和智能处理，从而大大提升行业管理水平和效率，有效保障市政供排水设施的安全运行。供排水设施数字化管理系统作为市政基础设施数字化管理系统的子系统，其建设必将完善市政基础设施数字化管理，从而推动城市的智慧管理。

"迎亚运"项目北支江北岸综合整治
工程设计要点综述

　　北支江北岸综合整治工程是改善北支江水系综合景观环境、提升富阳城区防洪能力，满足亚运水上运动赛事需求、优化江滨东大道整体交通环境的重大工程。

　　本项目建设是富阳区对接杭州、融入杭州主城的重要途径，是体现以人为本、改善生活环境、展示富春山水文化的重要载体，同时也是借助亚运契机、提升城市品质的重大机遇。

一、工程概况

　　项目位于杭州富阳区东洲街道，包含北支江北岸综合整治和江滨东大道提升工程两大部分内容。

　　北支江北岸综合整治包括景观整治和防洪堤建设。景观整治工程总面积约633170 m²，整治内容包括景观节点、景观平台、给排水、夜景亮化、驿站、绿道等；防洪堤建设（东洲坝—富阳区界）全长 7.5 km，采用固定防洪堤坝与临时堤坝两种形式。

　　江滨东大道综合提升（大桥路—东桥路段），全长 8.5 km，宽 32～53 m，是富阳区城市路网主干路中连接杭州方向的重要入城通道。整治内容包括道路工程、交通工程、绿化景观工程等，如图 1 所示。

图 1　项目平面范围图

二、设计思路与设计要点

（一）北支江北岸综合整治设计

项目以"梦栖富春、艺养生活，灵山秀水、诗画桃源"为设计理念，通过整体性、多样性、生态性、功能弹性、贯通性、通达性、持续性、创新性、舒适性九大设计策略，形成"两带、四区、十点"的景观结构。通过本项目建设，打造了以下四大亮点。

1. 串联多元融合的区域文化脉络

北支江北岸综合整治工程以富春江文化、山水文化为基底，以打造具有国际一流水准的滨水景观带为目标。项目将《富春山居图》隐逸文化、亚运会皮划艇运动文化、富阳诗词文化、富阳历史名人文化等元素融入景观，在自然和谐中展现诗情画意和人文内涵，打造识别性高的区域名片，创造具有归属感和认同感的人居环境。

本工程在公园主入口设置了"春江花月"主题小品，在亚运场馆对面设置了"乘风破浪"主题雕塑；绿道驿站、休息亭廊、自行车棚等构筑物的设计上，均采用含"富春山居"特色的"山体"造型屋顶，并采用装饰铝板、不锈钢喷漆格栅等作为载体，将富春江诗词与构筑物结合，打造富春江畔的诗词之路。通过以上对设计及工程细节的把控，为游客及周边居民带来了充分的文化体验。

图 2　建成后的公园出入口

2.打造安全通达的沿江交通体系

项目综合防洪和生态的要求,以绿化堆坡达到防洪标准。贯穿全园的防洪堤作为骑行绿道,同时也是浙江省省级绿道一号线。绿道总长 7.5 km,采用"望江"骑行道、"探绿"跑步道、"亲水"漫步道三条线路结合的设计。绿道的网红打卡点"樱花大道"处,通过彩色透水沥青点缀荧光颗粒,重点打造 850 m 长的荧光跑道——"星空绿道",地面上点缀了如繁星般的荧光颗粒。

同时,选择人流量较高的位置,采用彩色透水沥青加两侧 10 cm 宽的自发光石铺设。发光石如江畔起舞的"飘带",又如精美如织的"锦缎",使游客走入一个由绚丽荧光打造的"仙境"。

图 3　骑行绿道(浙江省省级绿道一号线)

3.构建低碳中和的多彩生态水岸

绿化景观提升突出江滩绿地自然生态的郊野风貌,避免采用城市化植物配置。现状树木以保留大乔木为原则,重点梳理林下杂草,保持场地原生态的景观风貌。河岸种植绿色缓冲带,减轻河流对水岸的侵蚀,同时在绿地、湿地、池塘错综复杂的生态系统中重建本土植物,以最少的人为干预,实现低成本的修复,为野生动物提供良好的栖息地。

由于工程位于北支江畔,大部分绿地位于防洪堤(标准为 20 年一遇)外侧,因此,绿地高程处于常水位至设计洪水位之间,高差变化较大,工程采用水文适应性原则,分级布置极耐淹、耐淹、短期耐淹、喜湿和极少需要养护的植物种类。

通过生态景观的整体打造,形成了草滩、林地、湿地三类生境,满足不同类型动物对栖息环境的要求。草滩生境主要吸引鸟类、两栖类和昆虫类生物;林地生境可以为鸟类和小型哺乳动物提供栖息场地;湿地生境则为鱼类提供了良好的栖息环境。

工程建设将防洪堤与透水铺装结合,将绿化景观与植草沟、下凹式绿地、雨水花园结合,自然湿地区域种植水杉、池杉、落羽杉千余棵,水岸同步设置水质自动监测系统,通过终端精准控制,实现对水质的智慧管理。

图4　水上栈道

4.打造全龄友好的趣享生活剧场

项目通过打造春江花月、欢乐草坡、秋色水岸、童趣乐园、浪漫花海等特色鲜明的景观节点,为周边居民提供了全时段、全年龄段的共享空间。在这里可以跑步打卡、露营野餐、滨江漫步,还可以游玩亲子乐园、举办公司团建、体验星空跑道、观赏落日余晖,同时可以在花海进行婚纱摄影,在夜晚观看特色水秀。

除以上游赏景观外,由于项目地块毗邻多个居住区,本工程通过增设智能健身跑道,更换原有健身休闲设施,增设消防、监控、救生设施等,完善了社区配套。微型消防站、救生设施、全景监控系统等基础设施,有效增强了社区安全预防、预警能力,铸就了社区"生活安全"的坚固防线。

智能健身跑道基于AI人脸识别算法,使用户可在运动过程中,通过主动式触发人脸识别打卡,记录自身的运动数据;同时,系统对采集的数据进行模型计算,分析运动数据,形成运动报告。通过数字赋能,打破传统健身方式,吸引社区全龄人群参与到户外有氧运动中。

图 5 绿化提升

(二)江滨东大道提升工程设计

本次设计中江滨东大道东西走向,设计范围西起大桥路,东至东桥路,沿线与赛家坞路、大下线、高尔夫路、公望路、中桥路等现状路相交,道路总长约 8.4 km,宽度为 32~53 m,设计速度 60 km/h,为城市主干路。

1.道路平面优化设计

本次整治对道路沿线机非分隔带开口处进行优化,开口过大的增画导流线、设置示警柱,使交通更有序、更安全。对高尔夫球会、富春江花苑附近开口进行整合优化。

(1)高尔夫球会附近开口优化。高尔夫球会前后有三处黄闪灯,间距分别为370 m、240 m,间距较近,对江滨东大道主干道的交通通行干扰较大。为提高此处的交通通行效率,高尔夫球会前后三处黄闪灯合并至一处设置红绿灯,调整南侧辅道进入主线开口位置,同时缩小北侧两处侧分带开口距离,提高江滨东大道的交通效率。

(2)富春江花苑附近开口优化。富春江花苑南侧现状设有行人过街通道,黄闪灯进行警示。东侧导向车道内有机非分隔带开口,车辆在此处进出交通较混乱,容易引起拥堵。本次设计将此处机非分隔带开口向东移约 100 m,距离富春江花苑

主出入口更近,方便小区进出,且不影响行人过街处车辆行驶。

(3)掉头车道优化。掉头车道结合信号灯位置设置。万科君望南侧掉头车道随黄闪灯取消,高尔夫球会南侧掉头车道西移,逸城北侧掉头车道东移。掉头车道由现状9处整合为8处。

2.路面结构设计

现状江滨东大道沥青面层使用年限较长,存在较多裂缝和老化情况,本次整治对全路段4 cm上面层沥青进行铣刨后加铺沥青处理,然后铺设SMA-13沥青玛蹄脂碎石混合料。部分路段存在坑洞、沉降和龟裂等道路病害,因基层已受到严重破坏、道路功能受到较大影响,对路面基层受损处进行全面翻修,挖除现状破损路面结构至路基顶面后再重新铺筑路面结构。

人行道基本利用现状路面结构,对局部需要新建或翻修的路段重新铺设人行道路面结构。

3.景观绿化设计

在保持原有的景观形态的基础上,适当整形疏理,增加特色苗木,并在道路绿化带端头、路侧绿化、交叉口等节点进行重点提升,形成东洲片区生态自然、景观优美的迎宾大道,使江滨东大道形成整体统一的道路景观特色。

(1)生态休闲区。以秋意盎然为主题,保留绿带原有植物,对中央绿化带植物组团补充中层植物红枫(秋色叶),丰富组团层次与季相变化。道路端头增加罗汉松、灌木球、景石相搭配的植物小组团。路侧绿带的设计重点是对道口两侧植物景观进行整形疏理,预留草坪空间,并配以菊花类时花点缀,适当补充秋色叶树种作为骨干树种。

(2)滨水活力区。以春花烂漫为主题,保留绿带原有植物并对其进行梳理整形修剪,中央绿化带植物组团则补充中层开花亚乔垂丝海棠(春花)。对部分植物缺失段进行补植,对长势不足的苗木进行更换。道路端头增加蔚花、景石搭配的植物小组团。

(3)精致雅居区。保留绿带原有植物,进行梳理整形修剪;机非隔离带部分路段缺失开花亚乔,按现状补植木槿、紫薇;道路端头增加植物组团搭配,体现富阳山水文化的造型石景。人行道、过街通道的车挡石设计为方形,并在两侧分别采用

"富春山居"及"激流勇进"的主题图案,对应黄公望隐居地及亚运场馆。

三、结语

江滨东大道作为富阳区重要的交通性主干路和亚运会场馆主通道,本次提升从视觉、驾乘、氛围等方面营造了美观、舒适、大气的通行环境,较大地提高了行车的安全性和通行效率,进一步完善了城市道路交通功能,改善了道路绿化、景观品质,提升了城市道路基础设施水平。项目交付使用后,于2022年荣获年度浙江省优质综合公园称号。

隧道下穿既有高架桥梁变形控制研究

一、工程概况

紫金港立交是杭州首个半隧道半桥梁的全互通立交，主要用于满足文一路地下通道和紫金港高架快速路的转化需求。下穿高架桥的隧道（下文简称"下穿隧道"）基坑长 80 m，宽 42.5～43.5 m，深 11.3～12.8 m。紫金港立交优先于下穿隧道施工，并完成了下穿隧道的围护结构。因此，下穿隧道的基坑开挖过程，须确保高架桥梁的结构安全及正常运营。

三跨连续钢箱梁高架桥梁，中间一跨投影面下方为下穿隧道，距离隧道基坑较近的墩台包括 2 个四桩承台和 2 个双桩承台。下穿隧道与上方高架桥梁的平面关系及立面关系如图 1—图 2 所示。

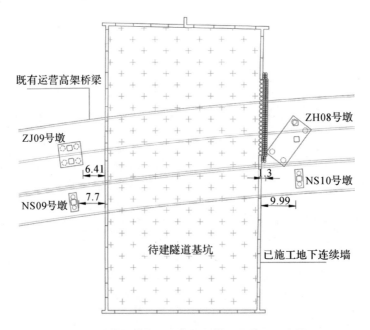

图 1 下穿隧道与上方高架桥梁平面关系示意图

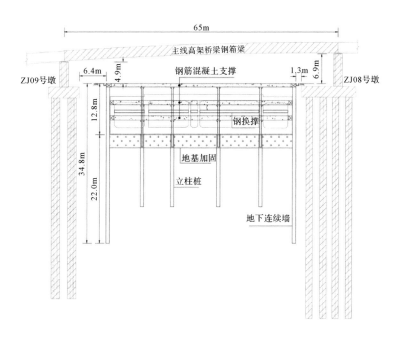

图2 下穿隧道与上方高架桥梁立面关系示意图

基坑开挖影响深度范围内的土层由上至下分别为：①人工填土层；②黏土；③淤泥质粉质黏土；④黏土；⑤含砂粉质黏土；⑥强风化；⑦中风化。各土层参数如表1所示。

表1 土层物理力学参数表

土层	E_s/MPa	μ	ϕ/(°)	c/kPa	容重/(kN/m³)	平均厚度/m
①人工填土层	8	0.3	12	10	18	2
②黏土	15	0.3	12.5	16	18.2	2
③淤泥质粉质黏土	12	0.3	12	11	17.8	10
④黏土	17	0.3	15	43.5	19.3	17
⑤含砂粉质黏土	18	0.3	18	20	19.8	4
⑥强风化	30	0.3	32	6	20	8
⑦中风化	50	0.3	50	200	22	10

(二)计算工况

隧道开挖地层中的初始应力场随着开挖重新分布,桥梁桩基侧面和底端的土体承载力由于地层变形而发生变化,桥梁桩基将产生沉降和水平位移,并增加上部结构的附加内力。而控制基坑变形可应用时空效应原理,实施基坑开挖、支护的设计和施工组织,采用模拟实际开挖工序的计算工况如表3所示。

表3 计算工况

工况步	模拟施工阶段
工况1	土体初始应力状态
工况2	开挖土方至第一道支撑以下0.5 m,施工第一道支撑
工况3	开挖土方至第二道支撑以下0.5 m,施工第二道支撑
工况4	开挖土方至第三道支撑以下0.5 m,施工第三道支撑
工况5	开挖土方至坑底,施工结构底板

(三)计算结果分析

如上述图1所示,基坑周边墩台编号为ZJ08、ZJ09、NS09、NS10,距坑边的最小水平距离分别为1.30 m、6.41 m、7.70 m、9.99 m。通过模拟计算,在5种工况下,4个桥梁承台和墩柱的最大沉降以及最大水平位移如表4所示。其中,水平位移取背离基坑方向为正值。

表4 模型计算位移值

工况步	最大沉降/mm	最大水平位移/mm
工况1	0.00	0.00
工况2	2.01	0.22
工况3	2.04	0.28
工况4	2.07	0.30
工况5	2.09	0.35

根据以上四个施工阶段的计算结果,桥梁承台和桥墩的位移最大值均发生在工况5,且位移均小于预警值。其中,最大水平位移发生在ZJ08号墩顶,水平位移值为0.35 mm,最大沉降发生在ZJ08号墩台角点,沉降值为2.09 mm。

四、安全复核

高架桥下部结构桩基在原设计组合作用下,轴力设计值为 6236.7 kN,弯矩设计值为 220 kN·m。基坑开挖导致墩台底发生沉降 2.09 mm,水平位移 0.35 mm,在墩台产生的位移与原设计组合共同作用的情况下,桥梁结构的内力会有所改变,其中桩基弯矩设计值改变为 859 kN·m,根据《公路钢筋混凝土及预应力混凝土桥涵设计规范》,桩基最大轴力承载力[N]＝11222 kN＞6236.7 kN(轴力设计值),桩基最大弯矩承载力[M]＝1546 kN·m＞859 kN·m(弯矩设计值),最大裂缝控制值 0.2 mm＞0.12 mm(裂缝计算值),承载内力极限状态和正常使用极限状态均满足规范要求,结构仍处于安全状态。

根据《公路桥涵钢结构及木结构设计规范》,采用桥博士 V3.6 计算软件,原设计作用组合下附加墩台竖向位移后,桥梁主梁各控制节点对应应力如表 5 所示。根据结果,应力变化幅度不超过 1%,变化值较小,主梁结构受力均满足规范要求。

由数值分析结果和桥梁结构安全复核可初步得出,该设计方案具备安全可行性。施工过程应同步实施监测,保证设计方案的顺利实施。

表 5　主梁控制节点应力对比　　　　　　　　单位:MPa

荷载组合		边跨跨中	中支点	中跨跨中
原设计作用组合	上缘	69.93	−127.11	145.94
	下缘	−59.04	149.83	−142.48
附加 2.09 mm 沉降位移作用	上缘	70.42	−127.66	146.41
	下缘	−59.46	150.47	−143.25
应力变化幅度/%	上缘	0.70	0.43	0.32
	下缘	0.74	0.43	0.54

注:拉应力为正,压应力为负

五、现场监测

基坑开挖期间,采用 NET05AX 索佳精密全站仪进行墩台位移监测,监测点布置墩台 ZJ08、ZJ09、NS09、NS10 的角部。为减小温度应变对监测结果的影响,每天测 3 次位移数值,监测时间为 9:00、14:00 和 17:00。

经监测统计发现,墩台水平位移上午 9:00 和 17:00 的数值较大,14:00 的数值较小;沉降位移数值大小接近。因此,墩台水平位移取同一天监测结果的平均值,为当天的水平位移;墩台沉降位移选取上午 9:00 的监测结果,为当天沉降位移。其原因是 14:00 的气温相对较高,坑内支撑产生一定的温度压应力,使围护墙体、坑外土体及墩台产生背离基坑方向位移,而本工程墩台水平位移相对较小,基本不受影响。根据开挖时间对四处墩台的水平及沉降位移进行汇总处理,如图 5 所示。

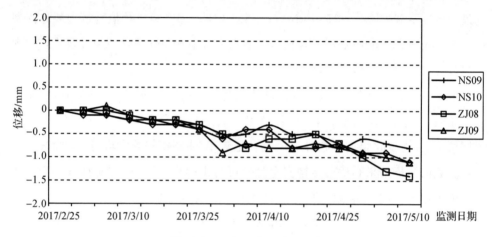

图 5(a)　现场沉降位移监测表

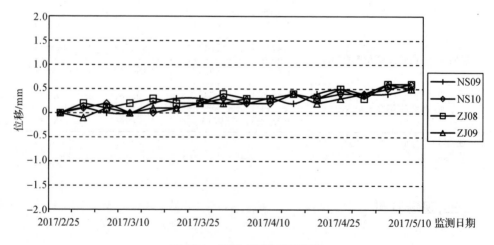

图 5(b)　现场水平位移监测表

根据监测结果的汇总分析,基坑开挖施工期间桥梁墩台发生的最大沉降为1.4 mm,最大水平位移为0.6 mm。实测位移结果与计算值的变化趋势基本吻合,实际沉降和水平位移均小于预设的位移控制预警值。

六、结语

施工监测结果表明,邻近桥梁墩台的实际位移满足预先制定的位移标准。因此,隧道下穿既有高架桥梁时,采用大刚度围护墙＋多道支撑结构体系,并结合坑底软土加固形式,能控制墩台位移起到良好的效果。本工程的设计和施工,可为类似工程实施,提供借鉴和参考。

窨井盖周边沥青预加热调平处置工艺
在城市道路中的应用

随着经济的发展,人均汽车保有量不断提升,我们城市道路建设的标准也在不停地提高。路上行车经过窨井跳不跳车关系到每个市民的日常行车体验,彰显一座城市的精细化治理程度和民生温度。通常,城市道路窨井的修复方法主要是传统冷修补,即切割问题窨井周边沥青路面并挖除,之后调整窨井的标高,调整好后,在窨井周边摊铺沥青并压实。这种施工方法,工期长,人、材、机配置繁多,对周边环境影响大,新旧料结合程度较低,路面质量较差,修补质量保证期较短,且对路面外观影响较大,存在明显修补痕迹。

为此,结合施工中工况改进措施和设想,提出了城市道路窨井沥青预加热调平处置施工工艺。该工艺能够经济、快速、有效地克服了道路上窨井周边平整度不达标,跳车严重的问题,在对交通通行影响最小,同时保证质量、安全、经济的基础上,确保了施工效率。

一、工程概况

东新路(环城北路—同协路)整治工程道路全长约 10.4 km,作为城市主干路,南起环城北路,沿上塘河东南侧向东偏转,东至同协路。东新路南接建国北路(主干路),可南至西湖景区,北接华丰路(主干路),可北至临平城区,是南北贯穿杭州市原下城区的城市主干道。东新路沿线敷设地铁 3 号线和地铁 5 号线,与 3 条城市高架快速路(由南向北依次为:德胜快速路、留石快速路、秋石快速路)相交,为一条贯穿南北的城市主干道,设计理念是将现状东新路打造成拱墅区贯穿南北的景观大道。

一、工艺特点和工艺原理

(一)工艺特点

1.本工艺采用井盖周边沥青预加热调平技术将处理区域的沥青与原周边沥青混合料紧密结合在一起,路面质量好,修补后质量保证期较长,可达到2～3年。

2.本工艺不需要切割铣刨原路面上面层沥青,工序少,修补单个窨井的时间短,因而交通管制时间短,在交通压力大的道路优势特别明显。

3.本工艺采用沥青预加热调平技术处理上面层沥青路面,施工期间噪声小,固体废料少,PM2.5等扬尘空气污染小。

4.本工艺原路面沥青料不需要清除,人、材、机消耗量少,成本更低。

(二)适用范围

本工艺主要适用于大部分城市道路,尤其适用于交通流量繁忙、不允许长时间占道施工、对路面外观感官质量要求高、周边噪声污染和空气污染防治要求高的城市道路,施工速度快,施工简便,对周边环境、交通影响小,外观质量好。

(三)工艺原理

本工艺是平整度较差窨井处置施工的一种非常有效的工艺方法。工艺原理为:利用专用设备进行沥青预加热调平技术,将平整度较差窨井周边(约2 m×2 m范围)上面层沥青预加热,达到摊铺时温度和状态,之后调整窨井的高程,调整完毕后,在窨井周边除去除多余混合料,或适量填补加热存储的热沥青混合料,通过重新碾压密实,确保新旧路面混合料紧密结合在一起,形成整体结构,消除接缝,解决传统冷接缝存在的质量隐患问题和外观观感缺陷。

三、施工工艺流程及操作要点

(一)施工工艺流程

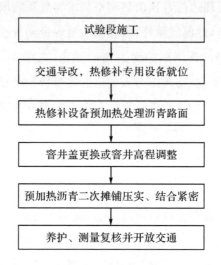

图 1　施工工艺流程图

(二)工艺操作要点

1.试验段施工

施工前,在待整治道路上随机选择三个平整度不佳的窨井盖作为试验段。通过试验段施工确定加热温度、加热时间、压实机械指标、压实遍数、开放交通时间、处理平整度效果等。

2.预加热设备加热处理

预加热设备就位后,降下加热墙,控温 180～200 ℃,预加热 10 分钟左右,使窨井周边沥青面层软化,达到摊铺状态,去除结块、枯焦、干散等观感质量不良的沥青混合料。

3.窨井盖更换及高程调整

待窨井周边沥青软化后,更换原有不符合标准的窨井盖或旧井盖为新式自调式井盖,原有井盖可继续使用的可直接进入下面步骤。

当发现井盖比路面略高(≤10 mm)时,撬动井盖,将其降低调整到预定标高,并通过压路机在井盖中央进行微震(震动不可过大)整平去除多余混合料,然后在井盖框四周进行碾压即可。如井盖表面略低(≤10 mm),撬动井盖,将其提高到预定标高,并通过在其法兰面下添加少许沥青后碾压密实来完成标高的控制。

4.加预加热混合料摊铺压实

窨井高程调整完毕后,在高出路面的井盖周边去除多余混合料,低于路面需补料时:

(1)在窨井周边喷洒乳化沥青黏层油。

(2)窨井周边摊铺预加热设备预先加热储存的热沥青混合料,根据试验段所得松浦系数,控制新混合料碾压后与周边未处理老路面的高程一致。

(3)初压:小型压路机静压1~2遍;复压:小型压路机开启振动模式,碾压遍数

根据试验段确定;终压:小型压路机静压直至无轮迹。

5.养护、测量复核并开放交通

完成后将井盖及周边路面清理干净,设置围挡进行养护。当沥青混合料降低到 50 ℃后,测量复核窨井井框与周边路面高差,用 3 m 直尺测量井圈与周边路面纵横向平整度(要求:±5 mm),用 1 m 直尺测量井圈与井盖纵横向平整度(要求:±2 mm),均满足要求后即可开放交通。

四、材料与设备

(一)主要材料

1.沥青混合料

沥青混合料选用与既有路面沥青上面层一致的沥青混合料。

2.其他周转材料

施工期间为保证安全,所使用的护栏、锥帽按照属地交警部门要求采购使用。

(二)主要设备

以一个窨井修复施工为例,其主要机具设备如表 1 所示。

表 1　主要设备表

名称	规格型号	数量
预加热设备	PM390	1 辆
小型压路机	YYL-600C	1 台
平整度测量靠尺	3 m、1 m	2 把
塞尺	0.2 mm	1 把
水准仪	S3	1 套

五、质量控制

(一)验收依据

1.《城镇道路工程施工与质量验收规范》(CJJ 1—2008);

2.《关于落实主体责任强化政府监管进一步提升迎亚运道路质量的通知》(杭道专〔2022〕4 号)。

(二)质量控制项目及指标

1. 质量控制项目

井井框与周边路面的高差应满足《城镇道路工程施工与质量验收规范》(CJJ 1-2008)和《关于落实主体责任强化政府监管进一步提升迎亚运道路质量的通知》(杭道专〔2022〕4 号)有关要求。

2. 质量控制指标

表 2　沥青面层井框与路面高差

施工工序	检查项目	检测指标要求	联合抽检率
沥青面层	井框与路面高差	高差≤5 mm	规范要求自检频率的 50% 以上
沥青面层	井框与井盖高差	高差≤2 mm	规范要求自检频率的 50% 以上

(三)质量保证措施

1. 沥青路面加热时间和加热温度、松铺系数和虚铺厚度、碾压遍数需通过试验段确定。

2.为保证井盖周边压实度需采取如下措施:首先确保摊铺混合料油石比及级配满足施工要求;其次确保混合料温度满足施工要求,如果降温过快,可采用热修补车对其进行二次加热;最后采用小型压路机进行碾压(先静压后振动)。

3.为控制窨井周圈平整度需采取如下措施:第一,对井盖周边用三米直尺进行十字法测量,找出需要处理的部位,在处理的过程中要先确保摊铺层底面相对平整,如有必要事先找平;第二,混合料施工温度必须满足施工要求,避免温度离析;第三,严格控制人工松铺系数;第四,碾压方向与行车方向一致,先静压再振动,直至井盖与沥青路面搭接平顺。另外,还需要根据不同的实际情况针对性调整处理方法。

六、安全环保措施

1.施工必须符合国家现行的《建设工程安全生产管理条例》的要求。

2.建立健全安全岗位责任制。从项目部到作业班组,实行安全生产责任制,由专人负责,未经岗前教育和安全教育者不得上岗工作,特种作业人员必须持证上岗。在施工前对施工操作人员进行安全及技术交底。

3.对于影响较大的声、光因素,通过隔、挡、吸等措施,尽可能降低其对外界的影响。

4.施工污物不得随意排放或漫流,应按环保部门规定地点排放。

5.施工场地应保持清洁整齐;沥青废料等粉尘物要保持袋装或罐装,妥善管理,不得裸露空置以防随风飘浮。

6.各种机械设备都要控制噪声,噪声大的机械尽量不在22点至次日6点使用,必须夜间使用的高噪声设备要采取各种防护、降噪措施,使噪声尽量控制在市环保部门规定范围之内。

七、效益分析

采用传统冷修补方法施工,先切割或铣刨路面沥青,再调整窨井高程,然后分层摊铺压实沥青面层。这种施工方法,施工工序多,时间长,新旧料结合位置有一道冷接缝,质量较差,质量保证期只有 3~9 个月。在高标准、高要求道路上,特别是迎亚运道路上,需多次修复同一个窨井,经济效益较差。

采用城市道路窨井沥青预加热调平处置施工工艺,施工工序少,时间短,新旧料结合紧密,修复质量好,质量保证期较长,可达 2—3 年。在高标准、高要求道路上,2—3 年内只需修复一次,可以取得良好的经济效益。

表 3　窨井修补施工效益分析表

项目	传统冷修补	热修补车修补
人、材、机等费用/(元/井)	785	700
每年人、材、机等费用/(元/井)	1570(按修复两次计算)	700
总结	采用热修补车修补可减少支出 10.8%(每个井),减少支出 55.4%(每个井每年)。	

八、结语

采用城市道路窨井沥青预加热调平处置施工工艺,在热修补车就位后无须切割或铣刨窨井周边面层沥青,只需要进行沥青预加热调平,软化窨井周边沥青路面,工效较传统冷修补施工可提升近 33%,有效地提高施工工效、降低施工成本。该工艺,相较于传统冷修补,因无须切割或铣刨沥青面层,可以有效减少扬尘污染、噪声污染和固体废料污染;而且施工期间,因施工时间、交通管制时间较短,在交通压力大的道路上施工的社会效益尤其好;另外,采用该工艺,新旧沥青接缝可基本消除,不但结合紧密保证了质量,而且外观基本不受影响,大大提高了道路的观感质量。

江底隧道修复工程高压气举反循环清淤技术应用

一、工程概况

杭州市第二水源输水通道工程过江段西起富春江边,穿富春江后横穿长安沙岛以北区域,并再次穿富春江,然后到达萧山区地界,在袁浦大桥(传雅沙段)以南400 m 左右向东横穿传雅沙并穿过浦阳江,后沿渔浦苑小区南侧敷设,至四季大道终止,到达过江段终点,线路总长约 6.8 km,沿线共设置工作井 3 座。穿越的主要构筑物为富春江大堤及富春江,如图 1 所示。

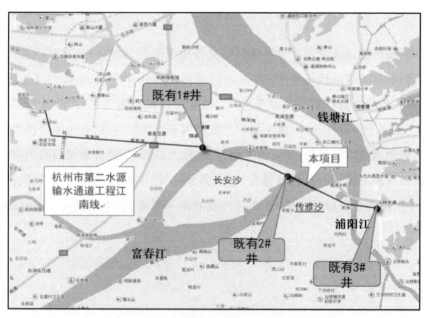

图 1　工程线路走向及位置图

拟建过江段修复工程项目,起点为长安沙岛既有 2 号工作井,终点为传雅沙岛新建 4 号工作井东侧保留隧道段。管道出 2 号工作井后与原设计线路重合敷设

30 m,以 $R=500$ m 曲线向南拐入废弃隧道上游,与废弃隧道间距 50 m 平行敷设,在接近传雅沙岛富春江南岸江堤时以 $R=500$ 曲线靠近废弃隧道,并在大里程端以直线顺接新建 4 号工作井,到达本修复段工程终点。如图 2 所示。

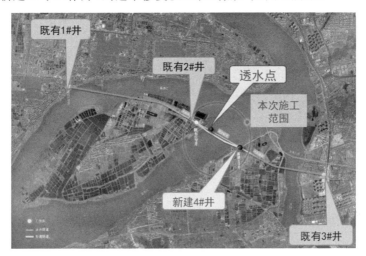

图 2　工程总平面图

如图 3 所示,新建 4 号工作井位于富春江边,与江边距离约 22.5 m,与富春江南岸大堤堤脚净距约 11.4 m,工作井基坑长 30.1 m,宽 18.4 m,基坑最大深度为37.94 m,采用明挖顺做法施工。围护结构采用 1200 mm 地下连续墙,地下连续墙深度为 66.1 m;基坑沿竖向设置 8 道支撑(局部 9 道),其中第 1、3～6 道为砼支撑,尺寸为 1.2×1.4/1.6/1.8 m,水平间距约为 7 m;第 2、7、8、9 道为 $\Phi800(t=20)$ 双拼钢支撑,水平间距约为 3 m。图 4 为新建 4 号井平面图。

图 3　新建 4 号井周边环境

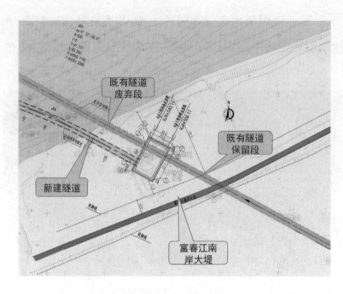

图4　新建4号井平面图

因新建4号井需要切断既有隧道，涉及施工工艺较多，具体施工流程如图5所示。为保证地下连续墙顺利施作和保留段隧道的完整性，在围护结构施工前需要对既有隧道进行打孔并填充水下混凝土。根据3号井观测情况，既有隧道内存有较多泥沙，需要在填充前进行抽水清淤。

图5　新建4号井施工流程

二、打孔清淤

(一)打孔施工

在确定好既有隧道位置后进行打孔施工,填充孔采用 Φ273 外套管＋Φ219 内套管的组合形式,孔间距与既有隧道管片宽度相同,为 1.5 m,共打设 21 孔。孔位布置断面与设计地下连续墙相对位置如图 6 所示。

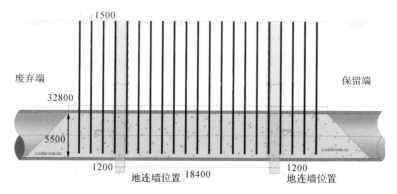

图 6　隧道打孔断面示意图

现场施工过程中,需钻穿土层和既有隧道管片,根据施工经验,钻孔设备选择 SM9 钻机,该设备最大钻孔深度 50 m,钻孔速度每分钟 1 m,孔径 55—350 mm,可满足施工各阶段的钻孔需求。最终用时 11 天将 21 个填充孔施工完毕,接下来的抽水清淤施工将通过这些孔进行。施工现场如图 7 所示。

图 7　隧道打孔施工现场情况

（二）抽水清淤施工

考虑到既有隧道埋深较深、清淤设备下放空间有限、定点清淤无法走行等限制条件，最终决定采用高压气举反循环对既有隧道进行抽水清淤。

1.气举反循环原理

气举装置包括两个不同的过程：吸入过程、提升过程。

气力提升中所需的能量由空压机产生的高压压缩气体提供。由空压机产生的压缩气体经喷嘴高速喷出，从而在混合管形成局部真空。在收受室底部的液固混合物在收受室与入口处压差作用下，将收受室底部的液固混合物吸入到混合室与压缩气体混合，从而在喉管形成液、固、气三相混合物，此三相混合物的密度小于水，在大气压的作用下被输送出来。

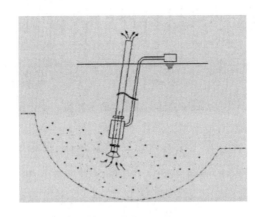

图8　气举清淤装置示意图

气力提升在我国最早运用于北方干旱地区的深井抽水，最深可达数百米。近年来逐渐用于矿物开采、河道内砂石开采和抽水清淤等工作。

2.现场施工情况

施工现场在传统气举装置上进行了改进，采用"一冲两抽"的方式进行清淤，通过高压注浆泵向隧道底部冲入高压水，搅动隧底淤泥沉积层，解决清淤设备无法走行的问题。两侧采用气举反循环进行清淤，解决清淤设备下放空间有限的问题。

清淤过程中，适时调动旋喷喷嘴及水管至隧道底的距离，并采取定向摆喷方式，保证隧道内不同高度及死角的清淤效果。

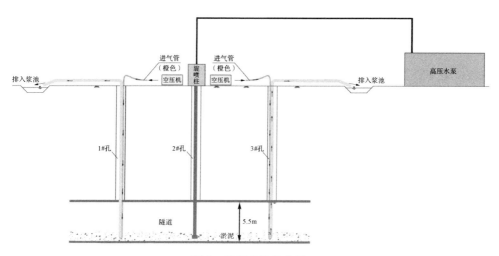

图 9   设备组装示意图

图 10   施工现场选用设备

图 11   现场焊接进气通道与抽水管

清淤从保留端最右侧孔位开始,每个孔位清淤完毕后进行含泥量检测,满足要求后施工设备向下一个孔位挪动,最终完成全部孔位的抽水清淤。在清淤过程中,时刻关注抽水流量,若流量过大,则通过最左侧孔位回灌清水,保持隧道内水流动态平衡,防止两侧泥沙涌入。

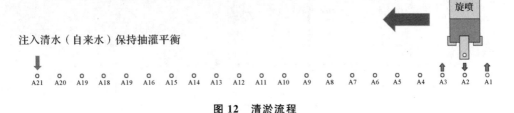

注入清水（自来水）保持抽灌平衡

图 12　清淤流程

3. 清淤效果

通过在气举反循环后台出浆口取新抽出来的泥浆进行含泥量的测定,确保所有孔位清洗完成后泥水含泥量小于 5％（体积比）。最终所有孔位均通过检验。

表 1　清淤现场记录表

工程名称	杭州市第二水源输水通道工程江南线过江段(一阶段)修复工程既有隧道封堵填充						
旋喷钻机型号	SJW-60		空压机型号	CA75G-10/8		日期	10 月 22—23 日
孔号	时间	进水量	注浆泵压力	出水量	空压机压力	含泥量	备注
A1	8：20	20 m³/h	5 Mpa	20 m³/h	0.8 Mpa	30％	
	10：12	20 m³/h	5 Mpa	20 m³/h	0.8 Mpa	1％	清孔结束
A2	10：20	20 m³/h	5 Mpa	18 m³/h	0.8Mpa	30％	
	12：02	20 m³/h	5 Mpa	18 m³/h	0.8 Mpa	2％	清孔结束
A3	12：13	20 m³/h	5 Mpa	20 m³/h	0.8 Mpa	30％	
	13：50	20 m³/h	5 Mpa	20 m³/h	0.8 Mpa	2％	清孔结束
A4	14：00	20 m³/h	5 Mpa	19 m³/h	0.8 Mpa	30％	
	15：00	20 m³/h	5 Mpa	19 m³/h	0.8 Mpa	1％	清孔结束
A5	15：12	20 m³/h	5 Mpa	18 m³/h	0.8 Mpa	30％	
	16：02	20 m³/h	5 Mpa	18 m³/h	0.8 Mpa	1％	清孔结束

工程名称		杭州市第二水源输水通道工程江南线过江段(一阶段)修复工程既有隧道封堵填充					
旋喷钻机型号		SJW-60		空压机型号	CA75G-10/8	日期	10 月 22—23 日
孔号	时间	进水量	注浆泵压力	出水量	空压机压力	含泥量	备注
A6	16:10	20 m³/h	5 Mpa	20 m³/h	0.8 Mpa	30%	
	18:00	20 m³/h	5 Mpa	20 m³/h	0.8 Mpa	1%	清孔结束
A7	18:08	20 m³/h	5 Mpa	18 m³/h	0.8 Mpa	30%	
	19:55	20 m³/h	5 Mpa	18 m³/h	0.8 Mpa	2%	清孔结束
A8	20:00	20 m³/h	5 Mpa	20 m³/h	0.8 Mpa	30%	
	21:48	20 m³/h	5 Mpa	19 m³/h	0.8 Mpa	1%	清孔结束
A9	22:00	20 m³/h	5 Mpa	19 m³/h	0.8 Mpa	30%	
	23:50	20 m³/h	5 Mpa	20 m³/h	0.8 Mpa	2%	清孔结束
A10	00:05	20 m³/h	5 Mpa	19 m³/h	0.8 Mpa	30%	
	02:00	20 m³/h	5 Mpa	19 m³/h	0.8 Mpa	2%	清孔结束
A11	02:10	20 m³/h	5 Mpa	18 m³/h	0.8 Mpa	30%	
	04:00	20 m³/h	5 Mpa	18 m³/h	0.8 Mpa	1%	清孔结束
A12	04:12	20 m³/h	5 Mpa	18 m³/h	0.8 Mpa	30%	
	06:02	20 m³/h	5 Mpa	18 m³/h	0.8 Mpa	1%	清孔结束
A13	06:15	20 m³/h	5 Mpa	20 m³/h	0.8 Mpa	30%	
	08:03	20 m³/h	5 Mpa	20 m³/h	0.8 Mpa	1%	清孔结束
A14	08:11	20 m³/h	5 Mpa	19 m³/h	0.8 Mpa	30%	
	10:00	20 m³/h	5 Mpa	19 m³/h	0.8 Mpa	1%	清孔结束
A15	10:14	20 m³/h	5 Mpa	20 m³/h	0.8 Mpa	30%	
	12:00	20 m³/h	5 Mpa	20 m³/h	0.8 Mpa	2%	清孔结束
A16	12:20	20 m³/h	5 Mpa	20 m³/h	0.8Mpa	30%	
	14:09	20 m³/h	5 Mpa	20 m³/h	0.8 Mpa	1%	清孔结束
A17	14:22	20 m³/h	5 Mpa	18 m³/h	0.8 Mpa	30%	
	16:08	20 m³/h	5 Mpa	18 m³/h	0.8 Mpa	2%	清孔结束
A18	16:20	20 m³/h	5 Mpa	20 m³/h	0.8 Mpa	30%	
	18:00	20 m³/h	5 Mpa	20 m³/h	0.8 Mpa	1%	清孔结束

工程名称	杭州市第二水源输水通道工程江南线过江段（一阶段）修复工程既有隧道封堵填充					
旋喷钻机型号	SJW-60		空压机型号	CA75G-10/8	日期	10月22—23日
孔号	时间	进水量	注浆泵压力	出水量	空压机压力	含泥量	备注
A19	18:10	20 m³/h	5 Mpa	18 m³/h	0.8 Mpa	30%	
	19:55	20 m³/h	5 Mpa	18 m³/h	0.8 Mpa	1%	清孔结束
A20	20:05	20 m³/h	5 Mpa	20 m³/h	0.8 Mpa	30%	
	21:57	20 m³/h	5 Mpa	20 m³/h	0.8 Mpa	2%	清孔结束
A21	22:06	20 m³/h	5 Mpa	20 m³/h	0.8 Mpa	30%	
	23:55	20 m³/h	5 Mpa	20 m³/h	0.8 Mpa	2%	清孔结束

图 13　现场含泥量检验

三、施工总结

通过改进的气举反循环清淤工法，有效克服了隧道埋深较深、清淤设备下放空间有限、清淤设备定点清淤无法走行的难题。在隧道内存在较多障碍物（轨道、轨道板、管道等）的情况下，使用该方法进行抽水清淤可以完全满足设计要求，为后续水下混凝土填充顺利施工提供了保障。

金联热电烟气余热回收项目建设评价

一、项目概况

(一)意义

为推广应用绿色低碳节能减排技术,满足降低企业生产成本、提高企业竞争力的需要,杭州热电集团于 2019 年同意上海金联热电有限公司对三台锅炉的烟气余热进行回收利用,并将锅炉排烟温度从 100 ℃降至 50 ℃左右。

(二)项目主要内容及效益

拆除 3 台高温高压燃气锅炉尾部原脱硫塔部分及周围烟道,每台锅炉配 1 台烟气喷淋塔,系统配 1 套以吸收式热泵及板式换热器为主的余热回收装置。至 2022 年 11 月,烟气余热回收设备全部改造完成并投入运行,实现了排烟温度目标,经济效益良好,年均可实现节能净利润 775 万元。

(三)工程地质条件

根据拟建场地的工程地质条件,土层起伏不大,分布稳定,无滑坡,河流冲刷及全新活动断裂,故本场地属稳定场地,适宜建设各类建(构)筑物。根据工业区规划,该区域防洪标准为五十年一遇。防洪设施由开发区统一考虑。目前该地块地势平坦,标高多在 3.90 m～4.10 m 之间(吴淞高程系,下同)。

厂址抗震设防烈度为 7 度,设计基本地震加速度为 0.10 g。场地地下水和土对混凝土无腐蚀性,对钢筋混凝土结构中的钢筋无腐蚀性。

二、项目可研分析

(一)技术应用

可研报告推荐采用喷淋式直接换热技术,建设安装 3 台烟气喷淋塔及相应的

板式换热器,以及1套吸收式热泵;烟囱应具有防腐蚀危害的相应举措;烟气凝结水回收的加药处理方案及水处理系统的可靠性进一步优化细化;原有砖烟道、引风机出口等处可能出现结水的,提出改进措施。

(二)项目决策

项目以实地调查、科学分析为基础,通过对前一年供热负荷数据进行测算,对典型日供热负荷曲线进行分析,全面掌握公司的生产状况和节能需求,估算节能效益情况,在汇集了大量调查资料的基础上,参考北京华源泰盟节能设备有限公司实施锅炉烟气余热回收利用的经验,通过召集专家进行讨论论证,最终做出投资决策。

(三)可行性分析

1.平面布置

项目建设场地拟利用上海金联主厂房炉后原有脱硫、除尘设施进行改造,不需要新征土地,建设期内需将3♯炉东侧空地作为施工预备场地和临时材料库。改造区域标高和原标高保持一致。改造过程中破坏、拆除的道路、硬化地坪应修复新建,尽量利用原有排水设施。

2.烟气余热回收技术方案比选

回收烟气余热用于加热除盐水,提高了燃气锅炉能源综合利用效率。同时大量烟气冷凝水经综合处理后可循环再利用,节约水资源,并减少向环境排放的热量。目前,烟气余热回收技术主要有传统烟气余热回收技术(如 GGH、MGGH)和喷淋式直接换热技术。

传统烟气余热回收技术:多采用低温省煤器和冷凝器的形式,将低温省煤器布置于炉膛出口,换热器多采用翅片管间壁换热的形式。通过这种方式,可将 90 ℃～100 ℃烟气降低 20 ℃～30 ℃,降温后约 70 ℃的烟气再通过烟囱排入环境。当烟气温度较高时,可使用采暖回水、工艺补水等吸收烟气的显热余热。当烟气温度较低时,只能使用空气或冷源循环水吸收烟气余热。"气一气"换热系数极低,换热面积较大、阻力大、成本高,需配置增压风机,增加额外电耗;冷源循环水来源较少,直供地暖循环水通常可作为冷源,但有很大的局限性。另外,换热时产生的冷凝水溶解烟气中的硫氧化物、氮氧化物,形成酸性液体,对金属换热面产生强烈的低温酸腐蚀,由于结构的限制,设备防腐难度大,使用寿命无法保障。

喷淋式直接换热技术:余热机组产生的低温冷水在烟气换热器中与烟气进行直接接触换热,利用烟气热量加热锅炉补水,从而实现回收烟气余热。同时,该技术可以搭配热泵技术,提高余热回收效率。由于热泵产生的低温冷水温度远低于烟气露点温度,在理想情况下,可以将烟气温度从 60 ℃ 降低至 20 ℃ 并回收大部分冷凝热量(约占燃气总输入热量的 11%),有效提高经济效益,达到节能减排的效果。同时,冷凝水经水处理后可以回收利用,排烟中水蒸气的含量大幅度降低,避免了冒"白烟"现象。

换热冷源的温度和换热效率对烟气余热回收量影响最大,直接喷淋式换热器换热端差小,可达到 5 ℃ 以下(即排烟温度 30 ℃ 时,换热冷源水喷淋温度为 25 ℃),而间壁式换热器端差较大,冷源温度处于 20 ℃ 以下,冷源余热水温度过低不利于机组的运行。具体如表 1 所示。

表 1　传统烟气余热回收技术与喷淋式直接换热技术方案对比表

比较内容	方案一 传统烟气余热回收技术	方案二 喷淋式直接换热技术	结论
设备防腐难度	大 (直接在换热面上形成酸性冷凝水,无法进行中和,容易发生烟气低温酸腐蚀)	小 (可以对中间循环水进行水处理)	方案二优
锅炉排烟温度	要控制在 60℃ 以上	理想情况可降低至 22℃ 以下	方案二优
换热端差	大	小(可实现 5℃ 以下)	方案二优
烟气余热回收量	小(大量烟气潜热余热未回收)	大(回收烟气显热及潜热 11% 以上)	方案二优
烟气阻力	较大(烟气阻力一般大于 800Pa)	较小(烟气阻力一般在 300Pa 以下)	方案二优
运行灵活性	低 (余热机组停运后,管道内仍为满管状态,排烟温度高时容易出现高温汽化现象,影响锅炉安全运行)	高 (系统设计采用"一炉一塔"的设计思路,可根据锅炉实际运行方式进行选择性喷淋,余热机组停运,喷淋塔也可作为烟道使用,完全不影响原系统锅炉的运行)	方案二优

综合上述比选结果,本项目采用喷淋式直接换热技术。

三、主要技术及流程设计

烟气余热回收装置主要包括混合式烟气喷淋塔、中介质循环水泵、间接式换热器、加药系统、控制系统等，其中主设备为烟气喷淋塔。

(一)烟气喷淋塔

采用一对一模式，即 3 台锅炉配置 3 套直接混合式烟气喷淋塔，烟气流程为下进上出，其主要参数如下：

入口烟气温度：100 ℃

出口烟气温度：45 ℃

烟气流量：180000 Nm³/h

外形尺寸：6 m（直径）×12 m（高）

(二)热力系统设计流程

热力系统流程为蒸汽凝水流程、锅炉补水流程、烟气流程、中介水系统及热泵系统。

蒸汽凝水流程：热泵驱动蒸汽主用汽源为汽动泵排汽，备用汽源为减温减压器供汽。驱动蒸汽压力为 0.3 MPa，蒸汽温度为 160 ℃。蒸汽进入热泵的发生器加热溴化锂溶液后凝结成疏水，疏水经过疏水降温板降温，蒸汽余压进入场内疏水箱内并经过加压泵进入锅炉除氧器。

锅炉补水流程：锅炉补水（除盐水）经板式换热器与中介水换热，升温至 50 ℃左右，又经热泵继续回收中介水中热量，升高至 86 ℃左右进入锅炉除氧器。

烟气流程：锅炉配置了喷淋塔进行烟气余热回收，锅炉排烟按空预器→喷淋塔的流程逐步降温至 48 ℃，排入大气中。

中介水及热泵系统：余热回收系统运行时，热泵降温后的中介水通过喷淋塔上部进行喷淋，喷淋水与烟气逆向流动，喷淋水通过布置的喷嘴雾化成小水滴，增大换热面积，换热效率大幅提高。而锅炉负荷随着热负荷需求的变化具有较大幅度波动，锅炉处于变工况运行，因此与锅炉匹配的热泵不能按照单一工况设计，需考虑锅炉低、中、高负荷工况。

（三）电气系统

烟气余热回收系统的电负荷总计约 300 kW。原脱硫系统已停运，1♯炉与 2♯炉脱硫 MCC 进线开关均为 1000 A，足够供本期负荷。且脱硫 MCC 离本期新增负荷较近，本工程在原有 1♯炉与 2♯炉脱硫 MCC 各扩建 1 面低压柜，作为本期负荷的供电电源。低压厂用电系统与原有一致，为 380 V，三相四线制，中性点直接接地。

新增低压电动机均在 PLC 内远程控制，同时也能就地控制。厂房内的电缆均采用沿电缆沟敷设，电力电缆布置在上层，控制电缆布置在下层。厂区内电缆采用电缆沟和电缆桥架及部分穿钢管方式敷设。厂区内设以水平接地体为主、垂直接地体为辅的接地网，并与原有接地网相连，全厂接地电阻设计值不大于 1Ω。

（四）水处理系统

烟气含有微量的 SO 和少量 NO_x，SO 与水接触后反应生成 HSO，NO_x 中的 NO 溶于水后生成 HNO，因此烟气喷淋换热的中介水在喷淋后呈弱酸性，且酸性主要是 NO_x、SO 溶于水形成，pH 值处于 5.5～6.5 之间，通过测点测量喷淋后中介水的 pH 值，并配置缓蚀剂、凝结水处理剂等加药装置，可根据水质变化自动变频调节加药量，避免系统管道及设备出现腐蚀现象。

针对湿烟气运行的工况，对引风机、烟道及烟囱进行排水改造，增加排水点，减轻烟气带水工况。

（五）仪表与控制系统、信息系统

余热回收装置采用 PLC 控制，PLC 系统品牌与全厂统一。PLC 系统预留通信接口，通过光缆通信连接至全厂控制网络。烟气余热回收装置的操作员站布置在主厂房的集控室中，PLC 机柜布置在原脱硫开关室。

变送器选用可以使用 Hart 通信的智能型变送器。其应具备量程比大、精度高、可靠性好、调校方便的特点。热电阻选用 Pt100。电动的调节阀及执行机构选用智能型带诊断功能的产品。流量测量选用孔板等测量元件。二次仪表电源选交流 220 V，变送器全部由 DCS 供电。选用阻燃分屏总屏的计算机专用控制电缆。

（六）建筑及消防

基本风压值为 0.55 kN/m²，基本雪压值为 0.20 kN/m。大荷载设备（如喷淋

塔)采用桩基,荷载较轻的构筑物采用天然地基。设计使用年限为 50 年,建筑物设计满足防火要求,建筑结构安全等级为二级,地基基础设计等级为丙级。

四、项目建设后评价

(一)经济性

本项目自筹资金按全部资金的 30% 考虑,年利用小时数按 7000 h 计算。在保证年运行小时的基础上,经济效益良好,年均可实现节能净利润 775 万元。此外,本项目总投资收益率、内部收益率、投资回收期等指标均能满足有关要求,且具有一定的抗风险能力,因此项目在财务上是可行的。

(二)节能收益

节能收益计算公式:$VZ = V1 + V2 - V3 - V4 - V5 - V6$

VZ	月节能总效益
V1	月天然气节气收益/元
V2	月烟气凝水收益/元
V3	月烟气余热系统运行电费/元
V4	月烟气余热系统自来水耗费用/元
V5	月电费损失/元
V6	月人工成本/元

设备自投运后运行状况良好,系统适应负荷变化的能力强,故障率低。2022 年 8 月至 2023 年 7 月共节约天然气 3878876.307 立方,节能效益总计 12239753.112 元,全厂综合热效率提高约 1%,经济效益显著,达到预期效果。同时,接触式换热对烟气排放有较大的捕捉力,减少 SO_2 排放 7664.65 吨,有效减少大气环境污染,环境效益十分显著。

(三)影响收益的主要因素

锅炉排烟温度由 90～100 ℃降至 55 ℃,并通过烟囱排入大气。主要影响因素:供热热负荷越大,除盐水流量越大,热交换越多。排烟温度控制在 55 ℃左右,热泵的效率最高。除盐水温度越低,热量回收效果越好,回收热量越多。接触式换热,中介水杂质较多,水处理系统经常堵塞,滤芯更换频繁,维护成本高,影响水的回收。烟气余热回收系统增加水泵、热泵等设施,其在运行中增加厂用电,2023年半年耗电量占厂用电量的6.5%。

（四）有待改进的地方

（1）通过提高热交换量来从烟气中提取更多的热量,如通过多卖热水来增加冷源,多吸收热量。通过对公司暖通系统进行改造,冬季利用烟气余热替代蒸汽来加热暖通,减少厂用蒸汽来提高经济性。

（2）项目投产后,虽节能效益明显,但受天然气价格波动影响较大,同时由于供热负荷日夜负荷差值较大,机组日开夜停频繁,除盐水流量没有达到设计值,总体节能效益未达到设定值,有待提升。

（3）因项目在设计初期,预测供热负荷是增长的,热泵的功率设计偏大,没有考虑受汽机轴封加热的影响,实际运行过程除盐水水温未达到额定工况,水温偏高,回收热量未达到预期值。

后期通过将给水泵改造成汽电给水泵,用小汽轮机将蒸汽排至烟气余热回收系统的热泵进口,使整个系统进一步节能降耗;对汽轮机轴封系统进行改造,节约厂用蒸汽,并使除盐水水温接近设计值。另外,运行人员根据负荷变动情况及时调整,减少机组停运次数,提高生产的稳定性和可靠性。

（4）烟气余热回收项目各项预期目标已基本实现,在生产准备阶段,已编制烟气余热回收系统运行规程初稿,基本满足了调试、试运行的需要。随着项目正式投入运行,总结经验,企标《烟气余热回收系统运行规程》编制完成。

降低热网蒸汽输送管道管损率研究

一、研究意义

(一)建立循环经济模式

丽水市杭丽热电有限公司主要经营热、电生产和销售,灰渣综合利用,为丽水市经济开发区的热力需求提供保障,同时有效地减少二氧化硫、氮氧化物和粉尘等大气污染物的排放,实现节能减排,为区域的大气及生态环境做出贡献。公司坚持践行科学发展观,坚持"环保和节能为先"的方针,致力于推进园区和丽水市的节能环保事业,建立健全符合现代经济发展要求的循环经济模式。

(二)降低管道蒸汽损耗

丽水市经济开发区近年来快速向前发展,合成革、布业、医药等行业整体发展趋势一片明朗,蒸汽作为这些产业所必备的能源之一,是工业规划发展过程中非常重要的组成部分。但蒸汽不同于水、电、燃气资源,在实际输送工作过程中很容易受到温度条件的影响出现凝结成水的现象,进而造成在初步输送过程中的蒸汽总量和到达用户终端的蒸汽总量之间存在较大的差值,这也称为热力管道蒸汽损耗,而损耗的蒸汽总量和热源点供出的蒸汽总量的比率称为管损率。其计算公式如下:

$$\Delta q = \frac{Q_0 - Q_s}{Q_0}$$

式中:Δq 为管损率,Q_0 为热源点供出的蒸汽总量;Q_s 为终端用户用汽总量。

(三)确定 5% 管损率目标

改造前一年,每月的管损率如表1所示。

表1　改造前一年月度管损率统计表

月份	1	2	3	4	5	6	7	8	9	10	11
管损率/%	5.20	21.24	5.29	5.96	4.97	4.48	4.55	4.67	4.97	4.16	4.89

备注:2月正值春节,大部分企业处于放假阶段,热网流量较低,蒸汽排放量剧增。

经统计,改造前年度管损率为 5.13%。根据公司目标责任书要求,2022 年度热网管损目标为 5%。为此我们以公司技术骨干为成员,成立攻关小组,确定研究课题"热网蒸汽输送管道管损率低于 5%",并明确各成员的分工。

攻关小组由 9 名技术管理人员及一线员工组成,小组成立后,根据现场实际情况,选择生产当中的疑难杂症为研究课题,积极开展活动,采取实际调查,分析研究解决问题。

二、可行性分析

(一)现状

公司为丽水市经济开发区范围内 90 余家用热企业输送蒸汽能源,管网总长度共计 26.8 km。改造前热网年均损耗的蒸汽总量为 89716 吨,按每吨蒸汽售价 200元计,全年热网管损造成的经济损失高达 1525 万元,在降耗提效方面,管损有着巨大降耗空间。

因此,将降低热网管道蒸汽损耗,全面争取 2022 年的热网管损率从改造前一年的 5.13% 降为 5% 以下,作为研究课题的目标。

(二)具备条件

如图 1 所示,改造前热网管损率 5～11 月均低于 5%,因此有完成目标的基础。另外该课题得到了公司领导的重视和大力支持。热网管损攻关小组成员由经验丰富的技术骨干组成,有多次成功攻关的经历,近几年获得杭州市 QC 小组活动一、二等奖等,且解决公司生产过程中碰到的疑难杂症问题的能力强。

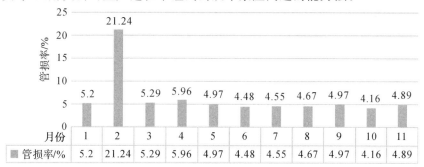

月份	1	2	3	4	5	6	7	8	9	10	11
管损率/%	5.2	21.24	5.29	5.96	4.97	4.48	4.55	4.67	4.97	4.16	4.89

图 1　改造前热网管损率

（三）原因分析

通过攻关小组成员头脑风暴，讨论分析造成热网管损率高的诸多因素：热网操作人员操作不熟练、疏水器工作不正常、计量仪表不准确、蒸汽管道保温效果差以及其他可能影响的因素。

1. 分析末端疏水阀开关花费时间

针对热网管道巡查发现：由于夜晚热网负荷低，为保障管道安全，需要对末端开启疏水阀，使管道保证最低负荷。但各末端企业出现最低负荷的时间不同，且各疏水点分布遥远（距离最远一个疏水点 6 公里）。根据实际操作经验，下午 5 点左右操作人员开车逐一开启疏水阀（时间 2 小时），第二天早 8 点 30 分操作人员逐一关闭疏水阀（时间 2 小时）。

人为开关疏水阀时间较长，会造成大量蒸汽损失，管损率变大。由于各企业低负荷时间不同，为了操作切实可行，都是提前开关，这样也会造成大量蒸汽损失，也会造成管损率变大。如表 2 所示。

表 2　公司到各末端疏水点间行程

疏水点位置	管径	设计最低负荷/(t/h)	低负荷流量/(t/h)	从公司到疏水点行程/km
维康药业	DN250	2.8	1	5.3
金旭	DN200	1.8	0	2.3
五养堂	DN100	0.45	0.2	6.2
伸美亚克力	DN250	2.8	0.2	2.5
天伦无纺布	DN125	0.7	0	2.0
富来森	DN100	0.45	0.1	1.8

2. 分析蒸汽压力、温度是否不达标

蒸汽温度不达标容易造成管道凝结水量增多，公司配备了在线系统，实时监控蒸汽管道的运行压力、温度等参数，经检查实际供热参数为 1.16 MPa(G)、264 ℃，各运行参数稳定，符合设计要求（设计院提供的设计供热参数压力为 1.0 MPa，温度为 189 ℃，而实际运行参数远优于设计要求）。

3. 分析热网末端管道负荷与设计区别

经查询，热网运行曲线记录和设计符合比较，设计院与公司前期可行性报告调查显示，末端用热企业夜间热负荷远低于设计值（流量差别在 120 吨左右），导致夜间末端管网各支线凝结水多,疏水器动作频繁,空排时间长,造成管损率增大。

4.要因确认

热网末端管道负荷与设计时差别大,疏水操作不及时,导致夜间末端管网各支线负荷凝结水多,疏水动作频繁,空排时间长,造成管损率增大。

三、对策措施

为消除疏水操作不及时的缺点,减少末端疏水器开启时间,从实时性、人力物力费用和开关时长等方面对人为定时操作和远程无线操作进行深度分析。结果显示,远程无线实时开关疏水比人力去现场更贴合实际使用,而且时间由原来人力操作的3个小时缩减到远程无线开关阀门的15分钟,这将很大程度地减少蒸汽排放,有效地降低管损率。因此,使末端疏水实现智能化操作是实现降低管损率的最优方案,其措施为通过改造,增加无线控制模块,实现远程实时开关阀门。图2是热网管道疏水阀门示意图,经过讨论研究,决定在此基础上增加三次阀和电动阀部分,直管段一次阀、二次阀保持全开,原有疏水部分不变,用新增的三次阀节流,通过视频监控实时观察管道末端疏水排放情况,即时通过远程控制的电动阀门全开全关,来达到及时控制疏水阀门的目的。

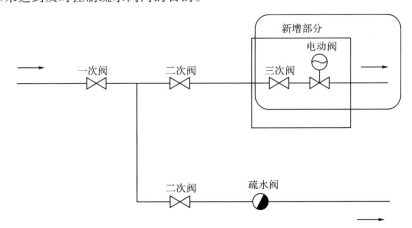

图2　热网管道疏水阀门示意图

远程智慧疏水改造实施步骤如图3—图8所示。

步骤一:在原有疏水阀后焊接三次阀(图3)

步骤二:在三次节流阀后焊接电动球阀(图4)

步骤三:现场控制柜接线安装(图5)

步骤四:安装监控摄像机(图6)

步骤五:现场设备整体安装完成(图7)

步骤六:设备远程调试(图8)

图3 焊接三次阀

图4 焊接电动球阀

图5 接线

图6 安装监控

图7 安装完成

图8 调试

四、成效

1. 远程无线开关运行良好

热网远程无线开关疏水改造完成后进行试运行,试运行期间运行情况良好,操作时间大幅减少(由原先 4 小时减少到现在 15 分钟),并且远程开关疏水调节情况达到预期设想。

2. 管损率下降

改造运行前后管损率对比如图 9 所示。项目改造完成后,开始正式投入使用后,管损率与往年未改造前同期相比明显下降。

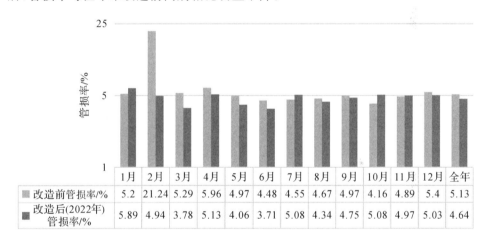

	1月	2月	3月	4月	5月	6月	7月	8月	9月	10月	11月	12月	全年
改造前管损率/%	5.2	21.24	5.29	5.96	4.97	4.48	4.55	4.67	4.97	4.16	4.89	5.4	5.13
改造后(2022年)管损率/%	5.89	4.94	3.78	5.13	4.06	3.71	5.08	4.34	4.75	5.08	4.97	5.03	4.64

图 9　技改前后管损率对比

3. 效果结论

对策实施后,2022 年度管损率明显下降,由改造前的 5.13% 降至 4.64%,低于目标值。本次改造投入的设备购置费用、人工费用及相关措施费用,共计 6.5 万元。改造后,每年的维护成本比改造前约节省 3.5 万元;除了节约了人工费、车辆费,还将大量减少由人工开关疏水损耗的蒸汽费用。

按每年 190 万吨售汽量计算,管损率由改造前 5.13% 降至改造后 4.64%,一年可节约蒸汽 9310 吨,大约增加收益 186 万元,可以减少 2499 吨二氧化碳的排放。

无机物透水混凝土路面(砖)性能及施工要点

为推广无机物透水混凝土(砖)的应用,确保无机物透水混凝土路面工程质量,并做到技术先进、经济合理、安全适用、质量保证,总结提出了典型工程试点应用的性能及施工要点。随着"海绵城市"深入推进,透水混凝土这种生态环保型地面材料将会发挥越来越重要的作用。

一、适用范围及成分组成

(一)适用范围

无机物透水混凝土及透水砖制品主要适用于休闲广场、人行道盲道一体化道路、绿道、小区步行道、树池、停车场等区域。同时市政工程领域里,无机透水混凝土与透水砖铺设不同,可按路面地势整体铺设,也可铺设彩色、重载型,以及夜光、天然露骨料等不同形态的道路。

无机透水混凝土及透水砖制品在应用中,可结合建筑垃圾回收再生利用项目,解决城建固废形成二次垃圾的问题,将透水市政道路融入绿色生态文明建设。同时,无机透水混凝土及透水砖制品也是一种有利于促进水循环,改善城市生态环境的环保型建筑材料,具有透水性好、强度高、施工简便、造价适中等特点。

(二)成分组成及设计计算

无机透水混凝土主要材料组成为:胶凝材料(水泥)、无机增强剂、碎石料、彩色保护剂。其中,无机增强剂是通过添加一定量的无机材料来增强透水混凝土的力学性能。常见的无机增强剂有微珠粉、石英粉、硅灰等。

无机透水混凝土的配制强度满足设计要求,碎石性能按有关规范要求执行,透水混凝土配合比采用填充理论及体积法公式计算:$(Mg/rg)+(Mc/rc)+(Mw/rw)+(Mz/rz)+P=1$。

（三）无机增强剂作用机理

无机透水道路能否具备高品质性能,取决于组合透水混凝土的制剂——透水无机增强剂的品质。透水无机增强剂由特殊无机质等化合而成,能促进包裹在粗骨料周围的水泥浆晶体不断膨胀,快速促进水泥浆早期和后期强度的增长,使透水道路更加坚固、耐用和耐磨。该增强剂从生产到使用均为无毒无味,生态环保。在相同强度等级下,透水路面与普通路面相比可节约 13％以上的水泥用量,且施工工艺简单。这些材料可以填充混凝土中的毛细孔隙,提高混凝土的致密度和均匀性,有效地提高透水混凝土的力学性能,从而提高混凝土的耐久性和抗压强度,保障了其在实际工程中的应用效果。市政工程中,透水混凝土增强剂将会得到越来越广泛的应用,成为建筑环保化重要手段之一。

二、技术性能及措施

（一）透水性

1. 原理

无机透水混凝土是骨架空隙结构,孔隙分为开口孔隙、半开口孔隙和闭口孔隙三种,从排水角度看,前两种孔隙构成透水混凝土的有效孔隙。水流经过透水混凝土表层时,主要依靠孔隙,还有一小部分通过渗流作用流走。

2. 避免水漂现象

当雨水落到透水面表层时,可以进入透水混凝土结构内部,并通过内部连通孔隙流走,而不会在路面表层形成有害水膜和径流,从而降低了动水压力。因此,车辆在透水混凝土路面上行驶时,轮胎会与路面保持良好的接触,可以避免车辆在雨中高速行驶时产生的水漂现象,从而提高行车安全性。遇到大暴雨时,透水混凝土可以迅速将积水汇集于地下排水系统,使其进入河湖,从而降低发生洪涝的风险。

3. 拌制、碾压改善透水性

随着水胶比增大,透水混凝土的有效孔隙率降低,透水系数减小。路面采用静压成型,施加适当压力将骨料压实,减小了颗粒间空隙,但有效孔隙率较大,可提高透水性。采用水泥裹石法后,透水混凝土的实测孔隙率及透水系数均有一定程度

的增加,有利于改善透水混凝土的透水性。

4.恢复初始渗透率

使用中,粉尘和泥沙堆积会使透水混凝土的孔隙出现堵塞,影响水在混凝土结构中的传输,进而严重影响透水混凝土的透水性。为此,采用4—7 MPa的小型高压清洗机清洗路面,可以使透水混凝土的透水功能恢复到初期的80%。

(二)抗压强度提高措施

无机透水混凝土是由胶凝材料浆体把粗骨料颗粒黏结成的多孔堆聚结构,其力学性能主要取决于骨料的性质、胶结材料性质以及骨料和胶结材料界面间的黏结力。其中,骨料与胶结材料的结合区域是透水混凝土最薄弱的部位,这也是透水混凝土强度较低的关键原因。为此,通过采取预拌浆料、改善界面结构、静压成型、优化水胶比和设计有效孔隙率等措施,提高无机物透水混凝土的抗压强度。

1.预拌浆料

通常混合料配制采取普通搅拌法和预拌浆料法二种,预拌浆料法可以提高混凝土抗压强度,且在水泥用量相同情况下,预拌浆料可使透水混凝土强度提高约45%～60%。这是由于预拌浆料法使浆体均匀分布在骨料表面,降低了结构离散性,提高了透水混凝土强度,也减少了水泥用量。

2.改善界面结构

骨料粒径与级配也会影响透水混凝土强度。骨料粒径与级配、集灰比是影响透水混凝土孔隙率与抗压强度的关键因素,随着小粒径骨料比例的增加,骨料压碎值的增大,透水混凝土的抗压抗折强度增大,但小粒径骨料又不能太多,否则会影响透水混凝土的排水性能。

而水泥用量相同条件下,骨料堆积密度越大,粒径越小,骨料堆积的孔隙率越小,硬化混凝土的结构密实度越大,抗压强度也越高。而且,小粒径骨料的比表面积更大,会增大骨料与胶结材料的黏结面积,改善界面结构,进一步提高透水混凝土的抗压强度。

3.静压成形

无机透水混凝土的成型方式一般有静压成型、普通振动成型和人工振捣成型,方法不同也会影响透水混凝土抗压强度。

振动成型有利于提高透水混凝土密实性,但过振会使浆料从骨料表面淌下,导致结构不密实,又会降低抗压强度;人工振捣难以保证混凝土结构密实均匀,从而使强度降低;相比之下,静压成型可以将材料压实,也有利于骨料黏结,制备的透水混凝土强度较高。

4.优化水胶比

特定骨料和水泥品种及其用量,水胶比是影响透水混凝土强度的最主要因素。配制透水混凝土时,根据材料组成和性能要求确定透水混凝土的最佳水胶比。

水胶比较小时,浆体难以均匀包裹在骨料周围,不仅流动性差,难于密实成型,也会使硬化组织结构中孔隙更大,虽透水性好,却不利于强度提高;水胶比较大时,浆体总量多,流动性大,但黏结能力明显下降,不仅难以均匀包裹在骨料表面,反而更容易从其表面流下,造成封底现象,导致透水混凝土结构严重不均,抗压强度下降。

最佳水胶比状态下,拌合过程中观察到浆体能均匀分布在骨料表面而不会流淌,且颗粒表面发亮。采用粒径为 4.75~9.5 mm 粗骨料、0.30 左右的水灰比,通过静压成型工艺,配制出表观密度 1900 kg/m³、透水系数大于 1.5 mm/s 的 C30 透水混凝土。

此外,外加剂和掺合料在提高透水混凝土强度方面发挥越来越重要的作用。超细粉煤灰、硅灰以及增强剂对透水混凝土的界面的增强增韧效应,能使透水混凝土强度进一步提高,28d 抗折强度达到 8.5 MPa,抗压强度达到 34.7 MPa。

5.设计有效孔隙率

透水性和抗压强度是透水混凝土最重要的性质,二者相互矛盾。用有效孔隙率表征透水性,通过试验研究抗压强度与有效孔隙率的关系,得出:

$R = 0.8631$

$fc,7 = -0.3806ne + 17.058$

式中,R 为相关系数;$fc,7$——$7d$ 抗压强度,单位是 MPa;ne——有效孔隙率,单位是％。

由此可见,透水混凝土的抗压强度与孔隙率存在着良好的线性关系。这对透水混凝土的配合比设计优化和强度理论计算,具有重要意义。

(三)抗冻融性措施

抗冻融性是衡量无机透水混凝土耐久性的重要指标。透水混凝土结构主要通

过骨料间的交接点传递受力，但由于骨料界面间胶结面较小，胶结层较薄，在冻融环境下，界面区域成为透水混凝土力学性能劣化最快的区域，导致透水混凝土的抗冻性较普通混凝土更差。

破坏原因：一是浆体微空隙中的水经历冻融循环后，会造成混凝土自表及里的剥蚀破坏；二是对于饱水受冻的透水混凝土，初始外部结冰会向内挤压未冻部位，当由此产生的膨胀压大于透水混凝土的抗拉强度时，硬化水泥浆体部位就会产生裂纹，继续冻融就会导致裂纹扩展直至破坏。

而掺入粉煤灰和硅灰可以明显提高透水混凝土的抗冻性能，冻融 150 次后抗压强度的损失值也在 25％以内。另加入长纤维则会提高其抗冻性，但会对透水混凝土的透水性不利。适当增加胶材用量也有助于提高透水混凝土的抗冻融性能。

（四）抗疲劳性措施

透水混凝土通常作为路面基层和面层一起受到车辆荷载和温度的反复作用，其结构内部孔隙多连通，界面复杂且强度较低，在反复荷载的作用下，极易产生应力集中现象，一旦内部出现裂纹，该损伤就会迅速扩展直到结构破坏。因此，在结构设计中必须考虑透水混凝土的抗疲劳性能。

采用有限元模型进行数值分析，发现透水混凝土特定区域的应力集中现象是导致其早期脱落的重要原因。但通过对比疲劳方程发现，掺加改性剂的多孔混凝土疲劳性能优于其他稳定材料的疲劳性能，也明显优于未掺加改性剂的多孔混凝土的疲劳性能。这是因为改性剂与水泥混合而成的胶凝材料明显改善了胶结料—骨料间的界面状态，加强了界面延性，提高了在荷载作用下界面产生裂隙的初始荷载水平，从而具有较好的疲劳韧性。

三、特征比较

（一）比普通混凝土优异

无机透水混凝土是按特定配合比经特殊工艺制备而成的具有连续空隙的生态环保型混凝土。其表观密度一般为 1600～2100 kg/m³，28 d 抗压强度 10～30 MPa，28d 抗折强度 2～6 MPa，透水系数 0.5～20 mm/s。与普通混凝土相比，无机透水混凝土具有透水、透气、净化水体、吸声降噪、保护地下水资源、减缓城市热岛效应、改善土壤生态环境和路面不易粘贴污染物等众多优良的使用性能。

（二）比沥青混凝土优异

（1）无机材料污染性方面无毒无味，呈液体状，可物流运输；抗滑性（BPN 值达62－65）优于沥青路面。

（2）无机透水混凝土路面雨天不积水，雪天融雪透水，路面不结冰，不易变形和开裂，可使用无机颜料调配出各种颜色，并可根据设计要求和各种功能需求，进行个性化搭配施工。

（3）耐高温，由于路面既能保水又能逐渐释放水分，可以调节湿度及舒适度。由于所添加外加剂主要由无机盐构成，所以道路不怕高温不怕冻。

（4）有机材料容易老化、分解，无机经久耐用，可以降低地表温度，无机材料耐久性高，不受环境和气候影响，平均使用寿命不低于 30 年。

（5）铺设施工完毕，24 小时后即可走人，抗压强度达 C25，7 日后强度达到C35，混凝土胶凝剂为无机材料，不会开裂和堵塞，因此不用养护。蓄水保水比例可达 44％，地表温度高时水分可挥发出来，因此行人走路不烫脚，比较舒适；车辆行驶轮胎不受热，降低爆胎风险。

（三）比有机透水材质优异

目前，道路的透水铺装混凝土分别为有机和无机两种，二者不易辨认。相对于使用有机透水材质改造的道路稳定性比较弱、容易被分解老化、属轻载强度难保持等，无机增强剂主要是通过改善透水混凝土内部的微观结构来提高其力学性能。常见的无机增强剂有聚丙烯纤维、聚合物增强剂等。这些增强剂可以增强混凝土的抗拉强度、抗裂性和耐久性，并且还能减少混凝土的收缩和开裂。而且，无机化合物的特性改变了传统有机路面铺装产品常见的易老化问题，延长了路面使用年限，降低了运营期维养成本。

四、路基路面设计施工要点

（一）设计

（1）按现行国家行业标准设计施工，基层和底基层应具有足够的强度和刚度，

做到稳定、密实、均质,为轻荷载、重荷载无机透水道路的路面结构提供均匀的支承。

(2)透水混凝土地坪土基为湿陷性黄土、盐渍土、砂性土时,不应使用全透水和半透水结构混凝土道路,应使用基层有序排水混凝土结构。

(3)面层结构设计可分为单层及双层,采用双层时,其表面层厚度应不少于40 mm,底层铺设60～100 mm 厚时应使用 C400 平板夯,同时将透水混凝土粒料再行摊铺至模板平面处抹平。

(4)铺设完成后 24 小时,应切割纵向和横向缩缝,缩缝深度为总厚度的50%,宽度为 6～8 mm。纵向接缝的间距按路面宽度在 3.0～4.5 m 范围内确定,横向接缝的间距一般为 4～6 m;广场缩缝切割平面尺寸不大于 25 m²,面层板的长宽比不超过 1.30。基层有结构缝时,面层缩缝应与其相应结构缝位置一致,缝内可填嵌柔性材料。施工中要注意,间隔过长一定要用模板靠实,标记 24 小时后,应切割贯穿缝。

(5)面层施工长度超过 30 m 或弯道或与其他构造物连接处(如侧沟、建筑物、窨井、铺面的连锁砌块、沥青铺面)应设置上下贯通的胀缝,胀缝厚度为 10～15 mm,缝内可放置柔性塑胶材料。

(6)考虑路面下排水时,可设排水管、排水盲沟、蓄水井。设计的排水管、排水盲沟可与道路设计中的市政排水系统相连,排水系统可利用市政排水沟或雨水井。面积较大的广场宜设置排水盲沟排水结构。如雨水回收利用时可将雨水井设计成蓄水井。

(二)施工

(1)施工时应根据设计文件及施工条件确定施工技术方案,编制施工技术交底书,组织施工人员熟悉设计要求,勘查施工现场,复核地下隐蔽设施的位置和标高。

(2)施工前应对基层作清洁处理,确保基层表面粗糙、无积水。

(3)采用强制式搅拌机进行搅拌,搅拌机的容量应根据工程量大小、施工进度、施工顺序和运输工具等参数选择,搅拌地点距作业面运输时间夏季不超过 40 分钟、冬季不超过 70 分钟。

(4)将计量好的石料、水泥、氧化铁颜料(如有色彩拌入式要求时)一同投入搅拌机中,先进行干拌 30 秒,待搅拌均匀后,再将计量好的水和增强胶凝剂进行勾兑,加入搅拌机中充分拌和 180 秒,根据搅拌均匀黏稠程度,可适当延长机械搅拌的时间,但不宜超过 5 分钟。

(5)透水混凝土拌合物运输时要防止离析、初凝,注意保持拌和物的湿度,天气炎热或运途超过 10 分钟时应采取遮盖等措施。透水混凝土拌合物从搅拌机出料到运至施工地点的时间要根据水泥初凝时间及施工气温确定。

(6)模板制作与立模

立模施工时,模板应选用质地坚实、变形小、刚度大的材料,模板的高度应与施工路面厚度一致。透水混凝土拌合物摊铺前应再对模板的高度、支撑稳定情况等进行全面检查。

(7)摊铺

透水混凝土在摊铺时,以人工(面积不大于 3000 m^2 时)或摊铺机(面积大于 3000 m^2 时)均匀摊铺,找准平整度与排水窨井高度,由专用平板夯或压路机夯压实底层(厚度超过 15 cm 时应分两次压实叠加),再由抹平设备或大型摊铺机压实整平。摊铺厚度应考虑其摊铺系数,松铺系数设定为 1.1。施工时对边角处特别注意如有缺料现象,要及时补料并用人工夯实整平。

采用专用低频振动压实平板振动器振动压实表面,并采用抹平机抹平,立模施工时,首先要对其四边进行压实整平,然后在进行大面积施工。整平或抹平时,应避免在同一位置上持续振动、研磨。同时应辅以人工及时补料并立即整(抹)平,人工整平时,施工人员应穿上减压鞋在施工面上进行操作,并应随时检查模板,如有下沉、变形或松动,应及时纠正。

采用大型沥青摊铺机摊铺整平时,应将侧边每边加宽 100 mm 进行摊铺压实整平,边施工边覆膜以确保足够的水分。施工完毕 24 小时后应切除加宽部分。36 小时后应切割缩缝,在使用摊铺机时应关闭加热和洒水装置。

(8)接缝处理

透水混凝土路面施工时须设伸缩缝,深度与路面厚度相同。施工中的缩缝、胀缝均可嵌入塑胶材料,以免杂物堵塞。道路工程施工时,如果宽度为 5 米、厚度小于 20 cm,每隔 30~60 m 应设一道胀缝,缝宽为 5~10 mm,上下贯通,缩缝应在面积为 25 m^2 时设置纵缝和横缝,纵缝的施工缝可视为缩缝,横缝切割宽度为 5~8 mm。

广场的接缝应以不大于 25 m² 进行分隔,以小胀缝方式设置,缝宽 5 mm,深为板厚的 50%。厚度和宽度按实体定。

(9)保养

施工完毕,养护时间根据气候和透水混凝土强度增长情况而定,一般情况立即覆盖塑料膜或彩条布以避开阳光直射和冬季保暖保湿。脱模之后切割收缩缝,并将切割时产生的泥浆立即冲刷干净,待表面完全干燥时,须使用无气喷涂机喷涂彩色保护剂。喷涂保护剂前,面层必须保持干燥清洁。

(10)质量验收

具备产品合格证、出厂检验报告和复验报告,以及强度试验报告和透水系数检验报告。路面面层应板面平整,边角整齐,彩色路面颜色必须均匀一致,不得有大于 0.5 mm 宽的裂缝;路面施工缝必须垂直,直线段应顺直,曲线段应弯顺,缝内不得有杂物。

五、典型工程案例赏析

工程案例——无机透水混凝土道路
案例 1:杭州迎亚运会学院北盲道一体化(2021 年 12 月投入使用)

案例 2：杭州市亚运村示范工程（2020 年 6 月投入使用）

案例 3：杭州市申花路人行道整改工程（2021 年投入使用）

案例 4：杭州迎亚运学院北路路人行道整改工程（2021 年投入使用）

案例5：人民小学人行道（2023年5月投入使用）

案例6：杭州湾游步道（2019年9月投入使用）

案例7：绍兴镜湖游步道工程（2022年投入使用）

案例 8：杭州市城管执法局白石巷 365 号盲道一体化（2020 年 12 月使用）

案例 9：杭州市顺福路人行道整改工程（2019 年 10 月投入使用）

案例 10：杭州市滨江区闻涛诚苑内部路（2020 年月投入使用）